Erasmus von Rotterdam | Moriae encomium

Erasmus von Rotterdam
Moriae encomium
Das Lob der Torheit

Lateinisch / Deutsch

Übersetzt von Anton J. Gail
Herausgegeben von Stefan Zathammer

Reclam

RECLAMS UNIVERSAL-BIBLIOTHEK Nr. 14198
2021 Philipp Reclam jun. Verlag GmbH,
Siemensstraße 32, 71254 Ditzingen
info@reclam.de
Durchgesehene und bibliographisch ergänzte Ausgabe 2025
Gestaltung: Cornelia Feyll, Friedrich Forssman
Druck und Bindung: Elanders Waiblingen GmbH,
Anton-Schmidt-Straße 15, 71332 Waiblingen
Printed in Germany 2025

ISBN 978-3-15-014198-4
reclam.de

Moriae encomium
Das Lob der Torheit

ERASMVS ROTERODAMVS
THOMAE MORO SVO S. D.

Superioribus diebus cum me ex Italia in Angliam reciperem, ne totum hoc tempus quo equo fuit insidendum ἀμούσοις et illiteratis fabulis tereretur, malui mecum aliquoties vel de communibus studiis nostris aliquid agitare, vel amicorum, quos hic ut doctissimos, ita et suavissimos reliqueram, recordatione frui. Inter hos tu mi More vel in primis occurrebas: cuius equidem absentis absens memoria non aliter frui solebam, quam praesentis praesens consuetudine consueveram, qua dispeream, si quid unquam in vita contigit mellitius. Ergo quoniam omnino aliquid agendum duxi, et id tempus ad seriam commentationem parum videbatur accomodatum, visum est Moriae encomion ludere. Quae Pallas istuc tibi misit in mentem? inquies. Primum admonuit me Mori cognomen tibi gentile, quod tam ad Moriae vocabulum accedit, quam es ipse a re alienus. Es autem vel omnium suffragiis alienissimus. Deinde suspicabar hunc ingenii nostri lusum tibi praecipue probatum iri, propterea quod soleas huius generis iocis, hoc est, nec indoctis, ni fallor, nec usquequaque insulsis, impendio delectari, et omnino in communi mortalium vita Democritum quendam agere. Quanquam tu quidem, ut pro singulari quadam ingenii tui perspicacitate, longe lateque a vulgo dissentire soles, ita pro incredibili morum sua-

Erasmus von Rotterdam an seinen Freund Thomas Morus

In den jüngst vergangenen Tagen, als ich von Italien nach England unterwegs war, wollte ich den ganzen langen Ritt (über die Alpen) nicht mit läppischem Geschwätz verbringen und habe mir stattdessen über unsere gemeinsamen Fragen nach Sinn und Aufgabe der Bildung Gedanken gemacht. So konnte ich mich zugleich in die Gesellschaft jener geschätzten klugen Freunde zurückversetzen, die ich verlassen habe. Unter diesen stehst du, mein Freund Morus, an erster Stelle. Auch fern von dir hat mein Geist sich nicht weniger an dir erquickt als damals während unseres täglichen Umgangs. Ich wüsste nichts, was für mich je beglückender gewesen wäre als deine Freundschaft. Da es mich nun drängte, etwas zu schaffen, die Umstände aber keine wissenschaftliche Arbeit zuließen, kam es mir in den Sinn, der Moria, also der Torheit, ein Lob zu singen. Du wirst fragen, wieso mir Pallas (Athene) gerade diese Idee in den Sinn brachte. Zunächst war es dein Familienname, der ebenso auf die Torheit[1] anspielt, wie du dich von allem törichten Wesen gründlich unterscheidest. Darin sind alle über dich einer Meinung. Außerdem hatte ich den Eindruck, dass dir eine ironische Spielerei dieser Art gefallen würde, zumal du gewöhnlich deine unverhohlene Freude an Scherzen dieser Art hast, sofern sie geistvoll und beziehungsreich sind. Du liebst es ja, das menschliche Leben immer ein wenig wie Demokrit[2] zu betrachten. Obwohl du, was Intelligenz angeht, weit über die große Masse hinausragst, verstehst du es doch, dir im täglichen Leben durch

vitate facilitateque cum omnibus omnium horarum hominem agere, et potes et gaudes. Hanc igitur declamatiunculam non solum lubens accipies, ceu μνημόσυνον tui sodalis, verum etiam tuendam suscipies, utpote tibi dicatam, iamque tuam non meam.

Etenim non deerunt fortasse vitilitigatores, qui calumnientur, partim leviores esse nugas, quam ut theologum deceant, partim mordaciores, quam ut Christianae conveniant modestiae, nosque clamitabunt veterem comoediam aut Lucianum quempiam referre, atque omnia mordicus arripere. Verum quos argumenti levitas, et ludicrum offendit, cogitent velim, non meum hoc exemplum esse, sed idem iam olim a magnis autoribus factitatum. Cum ante tot secula Βατραχομυομαχίαν luserit Homerus, Maro culicem et moretum, nucem Ovidius. Cum Busiridem laudarit Polycrates et huius castigator Isocrates, iniusticiam Glauco, Thersiten et quartanam febrim Favorinus, calvicium Synesius, muscam et parasiticam Lucianus. Cum Seneca Claudii luserit ἀποθέωσιν, Plutarchus Grylli cum Ulysse dialogum, Lucianus et Apuleius asinum, et nescio quis Grunnii Corocottae porcelli testamentum, cuius et [403] divus meminit Hieronymus.

Proinde si videbitur, fingant isti me latrunculis interim animi causa lusisse, aut si malint, equitasse in arundine

eine unwahrscheinliche Liebenswürdigkeit überall Freunde zu erwerben. Es macht dir sogar Freude, dich so zu geben. Ich weiß, du wirst diesen Essay nicht nur wohlwollend aufnehmen als Dankesgabe deines Gastes, du wirst ihn auch in sichere Obhut nehmen; denn da er dir gewidmet ist, gehört er schon nicht mehr mir, sondern ist dein Eigentum.

Zweifellos werden die gehässigen Kritiker nicht ausbleiben, die es für unziemlich halten, dass ein theologischer Autor sich mit solchen Spielereien abgebe; andere werden Anstoß nehmen an meiner Bissigkeit, die nicht zu christlicher Bescheidenheit passe. Sie werden mir vorwerfen, dass ich es wie Aristophanes oder Lukian mache und an allem meine Zähne wetze.[3] Wen aber Leichtigkeit und Verspieltheit der Behandlung stören, der mag immerhin bedenken, dass ich damit keinesfalls ein Neuerer bin, sondern an großen Autoren der Vergangenheit rühmliche Vorbilder habe. Schon in der grauen Vorzeit hat Homer seinen scherzhaften »Froschmäusekrieg« geschrieben, Vergil seine »Mücke« und sein »Kräutergericht«, Ovid seine »Nuss«.[4] So hat Polykrates ein Lob auf Busiris verfasst, ebenso dessen Kritiker Isokrates, Glaukon ein Lob der Ungerechtigkeit, Favorinus ein Lob des Thersites und des viertägigen Fiebers, Synesius ein Lob auf die Glatzköpfigkeit, Lukian ein Lob auf die Fliege und den Schmarotzer.[5] Seneca schrieb die »Verkürbissung des Kaisers Claudius«, Plutarch den Dialog des Gryllus mit Odysseus, Lukian und Apuleius einen Eselsroman, dann noch irgendwer das Testament des Schweines Grunnius Corocotta, das [403] der heilige Hieronymus erwähnt.[6]

Mögen also jene Kritiker sich sagen, ich hätte zu meinem Vergnügen gleichsam die Figuren auf einem Schachbrett

longa. Nam quae tandem est iniquitas, cum omni vitae instituto suos lusus concedamus, studiis nullum omnino lusum permittere, maxime si nugae seria ducant, atque ita tractentur ludicra, ut ex his aliquanto plus frugis referat lector non omnino naris obesae, quam ex quorundam tetricis ac splendidis argumentis? veluti cum alius diu consarcinata oratione rhetoricen aut philosophiam laudat, alius principis alicuius laudes describit, alius ad bellum adversus Turcas movendum adhortatur. Alius futura praedicit, alius novas de lana caprina comminiscitur quaestiunculas. Ut enim nihil nugacius, quam seria nugatorie tractare, ita nihil festivius quam ita tractare nugas, ut nihil minus quam nugatus fuisse videaris. De me quidem aliorum erit iudicium: tametsi, nisi plane me fallit φιλαυτία, stulticiam laudavimus, sed non omnino stulte.

Iam vero ut de mordacitatis cavillatione respondeam, semper haec ingeniis libertas permissa fuit, ut in communem hominum vitam salibus luderent impune, modo ne licentia exiret in rabiem. Quo magis admiror his temporibus aurium delicias, quae nihil iam fere nisi solemnes titulos ferre possunt. Porro nonnullos adeo praepostere religiosos videas, ut vel gravissima in Christum convicia ferant citius, quam pontificem aut principem levissimo ioco aspergi, praesertim si quid πρὸς τὰ ἄλφιτα attinet. At enim

hin und her geschoben oder, wenn ihnen das mehr gefällt, mein Steckenpferd geritten[7]. Ist es nicht eine hanebüchene Ungerechtigkeit, wenn wir jeder Lebenslage ihre eigentümlichen Spiele zugestehen, dem Schriftsteller aber sein Spiel verwehren wollen, besonders wenn es ernsthafte Einsichten vermittelt und seine Kurzweil einem urteilsfähigen Leser doch oft genug mehr die Augen öffnet als die abgenutzten Paradeargumente gewisser Leute. Etwa jene Autoren, die mit zitatenreicher Rede das Lob der Rhetorik oder der Philosophie verkünden, die die Vorzüge eines Fürsten feiern oder zum Türkenkrieg auffordern.[8] Wieder andere verlegen sich auf Weissagungen oder machen ihre Problemchen aus einem reinen Nichts. Sicher ist es läppisch, ernsthafte Dinge zu verniedlichen; es ist aber mindestens so eindrucksvoll, wenn jemand witzig schreibt und dabei keineswegs den Eindruck erweckt, er treibe dummes Zeug. Ich stelle mich mit meiner Arbeit dem Urteil der Öffentlichkeit; immerhin, wenn mich meine Eigenliebe nicht blendet, habe ich die Torheit nicht witzlos gelobt.

Was den Vorwurf der Bissigkeit angeht, sollte man immerhin bedenken, dass es zum Vorrecht des Künstlers gehört, sich straflos über das menschliche Leben lustig zu machen, vorausgesetzt, dass die Freiheit nicht in Gehässigkeit ausartet. Umso mehr wundere ich mich über den Geschmack der Zeitgenossen, denen fast nur noch hochtrabende Titel gefallen. Da gibt es unter anderem Leute von reichlich merkwürdigen religiösen Auffassungen, die eher bereit sind, Christus aufs Heftigste anzugreifen, als auch nur den harmlosesten Scherz gegen den Papst oder einen Fürsten zuzulassen, vor allem wenn es um deren Einkünfte oder Amtsgewalt geht. Wenn nun wirklich jemand Lebens-

qui vitas hominum ita taxat, ut neminem omnino perstringat nominatim, quaeso utrum is mordere videtur, an docere potius, ac monere? Alioqui quot obsecro nominibus ipse me taxo? Praeterea qui nullum hominum genus praetermittit, is nulli homini, vitiis omnibus iratus videtur. Ergo si quis extiterit, qui sese laesum clamabit, is aut conscientiam prodet suam, aut certe metum. Lusit hoc in genere multo liberius ac mordacius divus Hieronymus, ne nominibus quidem aliquoties parcens. Nos praeterquam quod a nominibus in totum abstinemus, ita praeterea stilum temperavimus, ut cordatus lector facile sit intellecturus nos voluptatem magis quam morsum quaesisse. Neque enim ad Iuvenalis exemplum, occultam illam scelerum sentinam usquam movimus, et ridenda magis, quam foeda recensere studuimus. Tum si quis est, quem nec ista placare possunt, is saltem illud meminerit, pulchrum esse a stulticia vituperari, quam cum loquentem fecerimus, decoro personae serviendum fuit. Sed quid ego haec tibi patrono tam singulari, ut causas etiam non optimas, optime tamen tueri possis? Vale disertissime More, et Moriam tuam gnaviter defende. Ex Rure. Quinto Idus Iunias. AN. M. D. VIII.

gewohnheiten bloßstellt, ohne einen Namen zu nennen, ist das dann Bissigkeit oder nicht vielmehr Unterweisung und Ermahnung? Bitte, wie gründlich nehme ich mich denn selbst unter die Lupe? Wer schließlich keinen Stand ungeschoren lässt, nimmt nicht die Menschen, sondern ihre Fehler aufs Korn. Sollte sich jemand getroffen fühlen, bekennt er sich damit eben schuldig oder hat Angst davor, es zu sein. Der heilige Hieronymus[9] legte sich keinen Zwang auf in bissigen Anspielungen, er scheute sich nicht einmal, gelegentlich Namen zu nennen. Ich habe jeden Namen grundsätzlich vermieden und meinen Ausdruck so gemäßigt, dass ein verständiger Leser sofort merkt, es gehe mir mehr um Vergnügen als um Satire. Ich habe es auch nicht gemacht wie Juvenal[10], der dauernd der geheimen Spur des Lasters folgt. Statt Schändlichkeiten Revue passieren zu lassen, habe ich Stoff zum Lachen geboten. Sollte nun jemand auch damit noch nicht zufrieden sein, mag er daran denken, wie gut es ist, von der Torheit getadelt zu werden. Wir legen ihr ja alle Worte in den Mund und durften doch nicht aus der Rolle fallen. Doch wozu setze ich dir das alles auseinander? Du bist ein so vorzüglicher Anwalt,[11] dass du selbst eine bedenkliche Sache erfolgreich vertreten kannst. Leb wohl, beredter und gewandter Freund Morus, und mach die Sache der Moria zu deiner eigenen. In ländlicher Zurückgezogenheit am 9. Juni 1508.[12]

ΜΩΡΙΑΣ ΕΓΚΩΜΙΟΝ, ID EST, STVLTICIAE LAVS, ERASMI ROTERODAMI DECLAMATIO

STVLTICIA LOQVITVR:

[405] Utcunque de me vulgo mortales loquuntur, neque enim sum nescia, quam male audiat stulticia etiam apud stultissimos, tamen hanc esse, hanc, inquam, esse unam quae meo numine deos atque homines exhilaro, vel illud abunde magnum est argumentum quod, simulatque in hunc coetum frequentissimum dictura prodii, sic repente omnium vultus nova quadam atque insolita hilaritate enituerunt, sic subito frontem exporrexistis, sic laeto quodam et amabili applausistis risu, ut mihi profecto quotquot undique praesentes intueor, pariter deorum Homericorum nectare non sine nepenthe temulenti esse videamini, cum antehac tristes ac solliciti sederitis, perinde quasi nuper e Trophonii specu reversi. Caeterum quemadmodum fieri consuevit, ut cum primum sol formosum illud et aureum os terris ostenderit aut ubi post asperam hyemem novum ver blandis aspirarit Favoniis, protinus nova rebus omnibus facies, novus color ac plane iuventa, quaedam [406] redeat, ita vobis me conspecta mox alius accessit vultus. Itaque quod magni alioqui Rhetores vix longa diuque meditata oratione possunt efficere, nempe ut molestas animi curas discutiant, id ego solo statim aspectu praestiti.

Quamobrem autem hoc insolito cultu prodierim hodie, iam audietis, si modo non gravabimini dicenti praebere aures, non eas sane quas sacris concionatoribus, sed quas fori circulatoribus, scurris ac morionibus consuevistis arrigere,

Das Lob der Torheit, eine Lehrrede des Erasmus von Rotterdam

Die Torheit spricht:

[405] Was auch immer der große Haufen von mir sagt – ich weiß sehr gut, in welch schlechtem Ruf die Torheit sogar bei den ärgsten Dummköpfen steht –, ich behaupte dennoch, aus eigener Macht Götter und Menschen erheitern zu können. Das beweist schon der plötzliche Anflug ungewöhnlicher Heiterkeit auf euren Zügen in dem Augenblick, da ich mich in dieser großen Gesellschaft zu Wort melde. Eure Stirn glättet sich, und ihr zeigt mir froh und liebenswürdig ein beifälliges Lächeln. Wenn ich euch so vor mir sehe, erscheint ihr mir trunken von Nektar wie die homerischen Götter, wo ihr doch eben noch trübsinnig und bekümmert dasaßt. Es ist, als wärt ihr gerade erst aus der Höhle des Trophonius[13] zurückgekommen. Wie auf der Erde beim ersten Strahl der goldenen Sonne oder nach dem rauen Winter beim ersten schmeichlerischen Hauch des Frühlings gleich alle Dinge ein neues Gesicht erhalten, neue Farbe und Jugend [406] wiederkehrt, so zeigt ihr bei meinem Anblick gleich ein anderes Aussehen. Während nämlich sonst berühmte Redner kaum mit einer wohlgesetzten Ansprache die lästigen Sorgen verscheuchen können, zerstreut meine Erscheinung allein sie gleich.

Warum ich aber heute so kostümiert auftrete, sollt ihr bald hören. Leiht mir nur geduldig euer Ohr, freilich nicht wie ihr den Predigern zuzuhören pflegt, sondern wie ihr euch den Spielleuten, Possenreißern und Narren widmet,

quasque olim Midas ille noster exhibuit Pani. Lubitum est enim paulisper apud vos Sophistam agere, non quidem huius generis, quod hodie nugas quasdam anxias inculcat pueris ac plusquam muliebrem rixandi pertinaciam tradit, sed veteres illos imitabor qui, quo infamem Sophorum appellationem vitarent, sophistae vocari maluerunt. Horum studium erat deorum ac fortium virorum laudes encomiis celebrare. Encomium igitur audietis non Herculis neque Solonis, sed meum ipsius, hoc est, Stulticiae.

Iam vero non huius facio sapientes istos qui stultissimum et insolentissimum esse praedicant, si quis ipse laudibus se ferat. Sit sane quam volent stultum, modo decorum esse fateantur. Quid enim magis quadrat quam ut ipsa Moria suarum laudum sit buccinatrix, et αὐτὴ ἑαυτὴν αὐλῇ? Quis enim me melius exprimat quam ipsa me? Nisi si cui forte notior sim quam egomet sum mihi. Quanquam ego hoc alioqui non paulo etiam modestius arbitror quam id quod optimatum ac sapientum vulgus factitat, qui perverso quodam pudore vel [407] Rhetorem quenpiam palponem vel poetam vaniloquum subornare solent eumque mercede conductum, a quo suas laudes audiant, hoc est, mera mendacia; et tamen verecundus interim ille pavonis in morem pennas tollit, cristas erigit, cum impudens assentator nihili hominem diis aequiparat, cum absolutum omnium virtutum exemplar proponit, a quo sciat ille se plus quam δὶς διὰ πασῶν abesse, cum corniculam alienis convestit plumis, cum τὸν αἰθίοπα λευκαίνει, denique cum ἐκ μυίας τὸν ἐλέφαντα ποιεῖ. Postremo sequor tritum illud vulgi prover-

mit sogenannten Midasohren[14]. Ich möchte mit euch ein wenig Sophisterei[15] treiben, will es aber nicht machen wie gewisse Zeitgenossen, die ihre läppischen Angstgebilde Kindern aufdrängen und mehr als weibische Zanksucht zur Mode machen. Lieber will ich mich an die Alten halten, die sich Sophisten nennen ließen, um der fragwürdigen Bezeichnung eines Weisen aus dem Weg zu gehen. Ihr Anliegen war es, den Ruhm der Götter und wackerer Männer in Lobreden zu preisen. Ihr werdet also eine Lobrede hören, nicht zum Preis des Herkules, auch nicht zum Preis des Solon[16], sondern zu meiner eigenen, der Torheit, Verherrlichung.

Ich halte nicht so viel von jenen Weisen, die es als besonders dumm und ungezogen bezeichnen, wenn einer sein eigenes Lob singt. Es mag immerhin töricht sein, wenn sie nur zugeben, dass es mir ansteht. Ist es nicht selbstverständlich, dass die Torheit ihr eigenes Lob trompetet und sich selbst die Flöte bläst? Wer könnte mich besser darstellen als ich selbst? Bin ich doch keinem besser vertraut als mir selbst! Das ist doch viel bescheidener als der gemeine Brauch der Ehrenmänner und Weisen, die sich meistens aus falscher Scham [407 oben] gegen Geld einen Lobhudler oder Reimschmied bestellen, um von ihm unter dreisten Lügen ihr Lob zu vernehmen. Und dann schlägt der Biedermann doch auch nach Pfauenart ein Rad, und der Kamm schwillt ihm, wenn der unverschämte Lobhudler den Nichtsnutz zu einem Gott macht, wenn er ihn als höchstes Muster aller Tugend hinstellt, von dem er sich doch selbst meilenweit entfernt weiß, wenn er seine Helmzier mit fremden Federn schmückt, wenn er eine Mohrenwäsche und geradewegs aus der Mücke einen Elefanten macht.

bium, quo dicitur is recte laudare sese, cui nemo alius contigit laudator.

Quanquam hic interim demiror mortalium ingratitudinem dicam, an segniciem, quorum cum omnes me studiose colant, meamque libenter sentiant beneficentiam, nemo tamen tot iam seculis extitit, qui grata oratione Stulticiae laudes celebrarit, cum non defuerint, qui Busirides, Phalarides, febres quartanas, muscas, calvicia, atque id genus pestes accuratis magnaque et olei et somni iactura elucubratis laudibus vexerint. A me extemporariam quidem illam et illaboratam, sed tanto veriorem audietis orationem. Id quod nolim existimetis ad ingenii ostentationem esse confictum, quemadmodum vulgus [408] oratorum facit. Nam ii, sicuti nostis, cum orationem totis triginta annis elaboratam, nonnunquam et alienam proferunt, tamen triduo sibi quasi per lusum scriptam aut etiam dictatam esse deierant. Mihi porro semper gratissimum fuit, ὅττικεν ἐπ' ἀκαιρίμαν γλῶτταν ἔλθῃ dicere.

At ne quis iam a nobis expectet ut iuxta vulgarium istorum Rhetorum consuetudinem meipsam finitione explicem, porro ut dividam, multo minus. Nam utrumque ominis est inauspicati, vel fine circumscribere eam cuius numen tam late pateat vel secare in cuius cultum omne rerum genus ita consentiat. Tametsi quorsum tandem attinet mei velut umbram atque imaginem finitione repraesentare, cum ipsam me coram praesentes praesentem oculis intueamini? Sum etenim, uti videtis, vera illa largitrix ἑάων quam Latini Stulticiam, Graeci μωρίαν appellant.

Schließlich halte ich es mit dem alten Sprichwort, dass jeder ein Recht hat, sich zu loben, wenn ihm kein anderer den Gefallen tut.

Ich wundere mich manchmal über die menschliche Undankbarkeit und Säumigkeit, da seit Anbeginn der Welt bisher noch keiner aufstand und mit dankbarer Rede das Lob der Torheit feierte, wo doch alle voll Eifer in meinem Dienst stehen und mit Freude meine Wohltaten wahrnehmen. Es fanden sich genug Menschen, die das Lob des Busiris, des Phalaris, des viertägigen Fiebers, der Fliegen, der Glatzen und ähnlicher Absonderlichkeiten in nächtelanger Arbeit gesungen haben.[17] Von mir sollt ihr aus dem Stegreif eine mühelose, aber umso treffendere Lobrede hören. Ihr sollt eben nicht glauben, dass sie zur Schaustellung des Geistes ersonnen ist, wie das so [408 oben] Rednerart ist. Ihr wisst, dass diese, wenn sie nach runden dreißig Jährchen eine Rede, manchmal noch fremdes Eigentum, ans Licht bringen, beteuern, ihr Werk in drei Tagen mit spielender Leichtigkeit niedergeschrieben oder gar diktiert zu haben. Mir war es immer am liebsten, alles zu sagen, wie es gerade auf die Zunge kam.

Es soll aber keiner erwarten, dass ich mich nach gemeinem Rednerbrauch selbst erläutere oder gar auslege. Das zu umschreiben, dessen Wirkung so verbreitet ist, oder das zu zergliedern, in dessen Kult alle Welt übereinstimmt, wäre beides ein gleich heilloses Unterfangen. Wozu soll ich in einer Erläuterung meinen Schatten oder mein Abbild vorführen, da ihr mich doch von Angesicht zu Angesicht leibhaft unter euch seht? Ich bin ja, wie ihr wisst, jene Spenderin der Güter, die man im Lateinischen Stultitia, im Griechischen Moria nennt.

Quanquam quid vel hoc opus erat dicere, quasi non ipso ex vultu fronteque, quod aiunt, satis quae sim prae me feram, aut quasi si quis me Minervam aut Sophiam esse contendat, non statim solo possit obtutu coargui, etiam si nulla accedat oratio, minime mendax animi speculum. Nullus apud me fucis locus, nec aliud fronte simulo, aliud in pectore premo. Sumque mei undique simillima, [407] adeo ut nec ii me dissimulare possint, qui maxime Sapientiae personam ac titulum sibi vendicant, καὶ ἐν τῇ προφύρᾳ [408] πίθηκοι, καὶ ἐν τῇ λεοντῇ ὄνοι obambulant. Quamvis autem sedulo fingant, tamen alicunde prominentes auriculae Midam produnt. Ingratum me Hercle et hoc hominum [409] genus, qui cum maxime sint nostrae factionis, tamen apud vulgum cognominis nostri sic pudet, ut id passim aliis magni probri vice obiiciant. Proinde istos, cum sint μωρότατοι re, caeterum sophi ac Thaletes videri velint, nonne iure optimo μωροσόφους illos appellabimus?

Visum est enim hac quoque parte nostri temporis rhetores imitari, qui plane deos esse sese credunt, si hirudinum ritu bilingues appareant, ac praeclarum facinus esse ducunt latinis orationibus subinde graeculas aliquot voculas velut emblemata intertexere, etiam si nunc non erat his locus. Porro si desunt exotica, e putribus chartis quatuor aut quinque prisca verba eruunt, quibus tenebras offundant lectori, videlicet ut qui intelligunt, magis ac magis sibi placeant, qui non intelligunt, hoc ipso magis admirentur, quo minus intelligunt. Quandoquidem est sane et hoc nostra-

Ist es wirklich noch nötig, das zu sagen? Zeige ich denn nicht auf Gesicht und Stirn deutlich genug, wes Geistes Kind ich bin? Wer mich als Minerva[18] oder als Weisheit darstellen wollte, müsste sich durch meinen Anblick allein vom Gegenteil überzeugen lassen, da er auch ohne Beweisführung ein untrüglicher Spiegel des Geistes ist. Verstellung gibt es bei mir nicht, und man sieht mir immer an, was ich denke. Ich bleibe mir immer völlig gleich, [407 unten] so dass selbst jene mich nicht verheimlichen können, die für sich besonders nachdrücklich Maske und Titel der Weisheit in Anspruch nehmen und Affen [408 unten] im Purpur und in der Löwenhaut Esel bleiben. Je eifriger sie sich bemühen, umso deutlicher stehen irgendwo die Midasohren[19] hervor. Diese Art Menschen ist, bei Gott, undankbar, da sie als unsere unleugbaren [409] Zunftgenossen unsern Namen, dessen sie sich vor der Menge schämen, allgemein als ausgesuchten Schimpfnamen gebrauchen. Werden wir sie nicht mit gutem Recht die Töricht-Weisen nennen, da sie doch in Wirklichkeit überaus töricht sind, aber weise wie Thales[20] erscheinen wollen?

Unsere zeitgenössischen Rhetoren machen es offenbar so und kommen sich wie Götter vor, wenn sie doppelzüngig auftreten wie die Blutegel[21]. Sie tun sich etwas darauf zugute, ihr Latein da und dort mit einigen griechischen Brocken gleichsam zu verbrämen, auch wenn sie gar nicht am Platze sind. Fehlen ihnen Fremdwörter, graben sie vier oder fünf Worte aus vergilbten Pergamenten aus und benebeln den Geist des Lesers. Das soll bei allen, die es verstehen, die Selbstgefälligkeit heben; die es nicht verstehen, sollen umso mehr in ehrfürchtige Bewunderung versinken, je weniger sie begreifen. Gerade uns bereitet es aber

tium voluptatum genus non inelegans, quammaxime peregrina maxime suspicere. Quod si qui paulo sunt ambitiosiores, arrideant tamen et applaudant, atque asini exemplo τὰ ὦτα κινῶσι, quo caeteris probe intelligere videantur. Καὶ ταῦτα δὴ μὲν ταῦτα.

Nunc ad institutum recurro. Nomen igitur habetis viri. Quid addam epitheti? Quid nisi stultissimi? Nam quo alio honestiore cognomine Mystas suos compellet dea Stulticia? Sed quoniam non perinde multis notum est, quo genere prognata sim, id iam Musis bene iuvantibus exponere conabor. Mihi vero neque Chaos neque Orcus neque Saturnus neque Iapetus aut alius id genus obsoletorum ac putrium deorum quispiam pater fuit. Sed πλοῦτος, ipse unus, vel invitis Hesiodo et Homero atque ipso adeo Iove, πατὴρ ἀνδρῶν τε θεῶν τε. Cuius unius nutu, ut olim, ita nunc quoque sacra prophanaque omnia sursum ac deorsum miscentur. Cuius arbitrio bella, paces, imperia, consilia, iudicia, comitia, connubia, pacta, foedera, leges, artes, ludicra, seria, iam spiritus me deficit: breviter, publica privataque omnia mortalium negocia administrantur. Citra cuius opem totus ille poeticorum numinum populus, dicam audacius, ipsi quoque dii selecti, aut omnino non essent aut certe οἰκόσιτοι sane quam frigide victitarent. Quem quisquis iratum habuerit, huic ne Pallas quidem satis auxilii tulerit; contra, quisquis propicium, is [410] vel summo Iovi cum suo fulmine mandare laqueum possit. Τούτου πατρὸς

ein köstliches Vergnügen, das Gesuchte und Unpassende vor allem zu beargwöhnen. Sind nämlich streberhafte Menschen darunter, lächeln sie beifällig und verständnisinnig, wackeln wie ein Esel mit den Ohren, um den andern ihre gute Auffassung zu bezeigen. So ist es nun einmal.

Wenden wir uns zu unserm Gegenstand zurück! Den Namen des Mannes habt ihr nun. Welches schmückende Beiwort soll ich ihm geben? Am besten »Krone der Torheit«! Mit welchem ehrenvollen Beinamen wird die Göttin Torheit sonst ihre Geweihten antreiben? Da aber kaum einer meine Ahnen kennt, will ich mithilfe der Musen versuchen, sie darzulegen. Mein Vater war weder das Chaos noch der Orkus, Saturn oder Japetus, noch sonst einer von den altersgrauen, abgestandenen Göttern. Plutos, der Reichtum, war es. Ob nun Hesiod und Homer, ja selbst Jupiter wollen oder nicht,[22] er allein ist der Vater der Götter und Menschen. Nach seinem Willen regt und bewegt sich heute wie einst alles Geistliche und Weltliche. Seiner Entscheidung unterliegt alles, Kriege, Friedensschlüsse, Reichsgründungen, Verfassungen, Gerichtsbeschlüsse, Wahlen, Heiraten, Verträge, Bündnisse, Gesetze, Künste, Spiel, Ernst, kurz – mir geht schon der Atem aus –, jede private und öffentliche Tätigkeit unter Menschen. Ohne seine Hilfe wäre das ganze Volk poetischer Geister, frei herausgesagt, sogar die höchsten Götter selbst, entweder einfach nicht vorhanden, oder sie führten ein nüchternes, wenn nicht karges Leben. Hat ihn jemand zum Feind, wird ihm selbst die Hilfe der Pallas Athene nichts nützen[23]. Wer dagegen unter seinem Schutz steht, [410] darf getrost dem blitzeschwingenden Götterhaupt Jupiter den Strick empfehlen. Seiner Vaterschaft rühme ich mich. Er erzeugte mich nicht aus sei-

εὔχομαι εἶναι. Atque hic quidem me progenuit non e cerebro suo, quemadmodum tetricam illam ac torvam Palladem Iupiter, verum ex Neotete nympha multo omnium venustissima pariter ac festivissima. Neque rursum id tristi illi alligatus coniugio, quomodo faber ille claudus natus est, verum, quod non paulo suavius, ἐν φιλότητι μιχθείς, quemadmodum noster ait Homerus. Genuit autem, ne quid erretis, non Aristophanicus ille Plutus, iam capularis, iam oculis captus, sed quondam integer adhuc calidusque iuventa, neque iuventa solum, verum multo magis nectare, quod tum forte in deorum convivio largius ac meracius hauserat.

Quod si locum quoque natalem requiritis, quandoquidem id hodie vel in primis ad nobilitatem interesse putant, quo loco primos edideris vagitus: ego nec in erratica Delo nec in undoso mari nec ἐν σπέσσι γλαφυροῖσι sum edita, sed in ipsis insulis fortunatis, ubi ἄσπαρτα καὶ ἀνήροτα omnia proveniunt. In quibus neque labor neque senium neque morbus est ullus, nec usquam in agris asphodelus, malva, squilla, lupinumve, aut faba, aut aliud hoc genus nugarum conspicitur. Sed passim oculis simulque naribus adblandiuntur moly, panace, nepenthes, amaracus, ambrosia, lotus, rosa, viola, Hiacynthus, Adonidis hortuli. Atque in his quidem nata deliciis nequaquam a fletu sum auspicata vitam, sed protinus blande arrisi matri.

Iam vero non invideo τῷ ὑπάτῳ Κρονίωνι capram altricem, cum me duae lepidissimae nymphae suis aluerint mammis, Methe Baccho progenita et Apaedia Panos filia. Quas hic quoque in caeterarum comitum ac pedisequarum

nem Haupt wie Jupiter jenes finstere Mannweib Pallas, sondern mit der Nymphe Jugend, der hübschesten und ansehnlichsten von allen. Es war auch keine freudlose Ehe, wie sie den lahmen Schmied[24] hervorgebracht hat, sondern ein viel schwungvollerer Liebesbund, wie unser Homer sagt. Täuscht euch nicht, der altersschwache und blinde Plutos des Aristophanes[25] war nicht mein Erzeuger, sondern es war der einst frische und noch jugendwarme Plutos, der nicht nur von Jugend, sondern ebenso vom Nektar glühte, den er damals gerade reichlich und ungemischt beim Göttermahl getrunken hatte.

Ihr werdet gewiss nach meinem Geburtsort fragen, da die gesellschaftliche Geltung heute davon abhängen soll, wo man das erste Geschrei ausgestoßen hat. Ich bin weder auf dem haltlosen Delos noch auf dem wogenden Meer noch in der glatten Höhle der Kalypso geboren,[26] sondern auf den Inseln der Glückseligen selbst, wo alles ungesät und ungepflügt hervorsprießt. Dort gibt es keine Anstrengung, kein Alter und keine Krankheit, nirgendwo auf den Feldern findet man dort Asphodillwurz, Malve, Meerzwiebeln, Wolfsbohnen, Pferdebohnen oder andere »Köstlichkeiten« dieser Art. Weit und breit haben Auge und Nase ihr Ergötzen an Molykraut, Allheilkraut, Zauberkraut, Majoran, Ambrosia, Lotosblumen, Rosen, Veilchen, Hyazinthen und den Gärtlein des Adonis[27]. Inmitten solcher Köstlichkeiten habe ich das Licht der Welt erblickt und der Mutter zugelächelt, statt zu weinen.

Ich neide dem erhabenen Jupiter nicht seine Nährmutter Ziege; denn zwei neckische Nymphen nährten mich an ihren Brüsten, die Bacchustochter Methe und Apaedia, die Tochter des Pan.[28] Ihr seht sie beide hier unter der Herde

mearum consortio videtis. Quarum me Hercle nomina si voletis cognoscere, ex me quidem non nisi [411] Graece audietis. Haec nimirum quam sublatis superciliis conspicamini, Φιλαυτία est. Huic, quam velut arridentibus oculis ac plaudentem manibus videtis, Κολακία nomen. Haec semisomnis ac dormitanti similis Λήθη vocatur, haec cubito utroque innitens consertisque manibus Μισοπονία dicitur. Haec roseo revincta serto et undique delibuta unguentis Ἡδονή, haec lubricis et huc atque illuc errantibus luminibus Ἄνοια dicitur. Haec nitida cute probeque saginato corpore Τρυφή nomen habet. Videtis et deos duos puellis admixtos, quorum alterum Κῶμον vocant, alterum Νήγρετον Ὕπνον. Huius, inquam, famulitii fidelibus auxiliis genus omne rerum meae subiicio ditioni, ipsis etiam imperans imperatoribus.

Genus, educationem et comites audistis. Nunc, ne cui sine causa videar mihi deae nomen usurpare, quantis commoditatibus deos simul et homines adficiam quamque late meum pateat numen, arrectis auribus accipite. Etenim si non inscite scripsit quidam, hoc demum esse deum, iuvare mortales, et si merito in deorum senatum asciti sunt, qui vinum aut frumentum aut unam aliquam huiusmodi commoditatem mortalibus ostenderunt, cur non ego iure deorum omnium ἄλφα dicar habearque, quae una omnibus largior omnia?

Principio quid esse potest vita ipsa vel dulcius vel preciosius? At huius exordium cui tandem acceptum ferri convenit, nisi mihi? Neque enim aut ὀβριμοπάτρης hasta Palladis aut νεφεληγερέτου Iovis aegis hominum genus vel progignit

meiner Trabanten. Wenn ihr die Namen wissen wollt, müsst ihr euch schon [411] an das Griechische halten. Die ihr hier mit finsteren Augenbrauen seht, heißt Eigenliebe. Dort steht die Schmeichelei sozusagen mit verzückten Augen und mit den Händen Beifall klatschend. Vergessen nennt man, die hier fast im Stehen schläft. Trägheit stützt sich mit verschränkten Händen auf beide Ellenbogen. Mit Rosen bekränzt und duftend vor Salben seht ihr das Vergnügen, und jene mit dem unsteten Blick ist der Wahnsinn. Ergötzen nennt man die andere mit der glänzenden Haut und dem geschmackvollen Mantel. Ihr seht gleichfalls zwei Götterknaben unter den Mädchen, von denen einer Ausgelassenheit und der andere Siebenschläfer heißt. Mithilfe dieses meines Anhangs halte ich alle Welt in meinem Bann und bin sogar Herr über die Herrscher.

Herkunft, Werdegang und meine Gesellschaft kennt ihr nun. Damit ihr nun aber nicht glaubt, ich würde mir den Rang einer Gottheit zu Unrecht anmaßen, spitzt die Ohren und vernehmt, was für Annehmlichkeiten ich Göttern und Menschen bereite. Irgendwer hat einleuchtend nachgewiesen, dass hilfreiches Verhalten gegenüber den Menschen die Gottheit ausmacht.[29] Wenn man also verdientermaßen alle zum Rat der Götter zählt, die der Menschheit Wein, Getreide oder ähnliche Annehmlichkeiten gaben, warum werde ich dann nicht von Rechts wegen als »Alpha« des Götterhimmels angesehen, wo ich allein die Fülle des Alls schenke?

Was gibt es denn Angenehmeres und Kostbareres als das Leben selbst? Wer anders als ich gibt aber den Auftakt für dieses Leben? Weder die Lanze der hochgeborenen Pallas Athene noch die Ägis[30] des Wolkenbewegers Jupiter hat

vel propagat; verum ipse deum pater atque hominum rex, qui totum nutu tremefactat Olympum, fulmen illud trisulcum ponat oportet et vultum illum Titanicum, quo, cum lubet, deos omneis territat, planeque histrionum more aliena sumenda misero persona, siquando velit id facere, quod nunquam non facit, hoc est παιδοποιεῖν. Iam vero Stoici se diis [412] proximos autumant. At date mihi terque quaterque aut, si libet, sexcenties Stoicum: tamen huic quoque, si non barba, insigne sapientiae, etiam si cum hircis commune, certe supercilium erit ponendum, explicanda frons, abicienda dogmata illa adamantina, ineptiendum ac delirandum aliquantisper. In summa, me, me inquam, sapiens ille accersat oportet, si modo pater esse velit.

Et cur non apertius meo more vobiscum fabuler? Quaeso, num caput, num facies, num pectus, num manus, num auris, quae partes honestae putantur, progenerant deos aut homines? Non, opinor, imo ea pars adeo stulta adeoque ridicula, ut nec nominari citra risum possit, humani generis est propagatrix. Is demum est sacer ille fons, unde vitam hauriunt omnia verius quam ille Pythagoricus quaternio. Age vero, qui vir, obsecro, matrimonii capistro velit praebere os, si quemadmodum isti sapientes facere consueverunt, prius eius vitae incommoda secum perpenderit, aut quae tandem mulier virum admissura sit, si partus periculosos labores, si educationis molestiam vel norit vel cogita-

das Menschengeschlecht erzeugt oder vermehrt. Der Göttervater und König des Menschengeschlechts selbst, der den ganzen Olymp mit einem Wink erschüttert, muss doch den dreigezackten Blitz und den Titanenblick, mit dem er nach Belieben alle Götter in Furcht erhält, ablegen und wie ein Schauspieler eine fremde Maske aufsetzen, wenn er seiner Gewohnheit gemäß ein Kind in die Welt setzen will.[31] Die Stoiker dünken sich den Göttern [412] am nächsten, aber gib mir nur einmal drei oder vier, meinethalben auch das Sechshundertfache an Stoikern! Wenn sie schon den Bart, das Abzeichen ihrer Gelehrtheit, das sie übrigens mit den Geißböcken gemein haben, nicht beseitigen, müssen sie aber doch sicher auf die finsteren Augenbrauen verzichten, die Stirne glätten und ihre Lieblingsdogmen über Bord werfen, ja, sie müssen eine gute Weile läppischen Unfug machen. Zuletzt muss der weise Mann mich, mich, sage ich, bemühen, wenn er Vater werden will.

Warum sollte ich meiner Art gemäß nicht offener mit euch reden? Erzeugen etwa Kopf, Gesicht, Brust, Hände oder Ohr, die man ja gemeiniglich als edle Teile ansieht, Götter und Menschen? Nein, jener Körperteil, der in seiner Albernheit und Lächerlichkeit eine ernsthafte Erwähnung gar nicht zulässt, ist Erzeuger und Mehrer des Menschengeschlechts. Er ist schließlich mit mehr Anspruch als der vierfache pythagoreische jener heilige Quell,[32] aus dem das All sein Leben schöpft. Welcher Mann würde den Kopf unter das Joch des Ehestands beugen, wenn er nach der Gewohnheit jener Weisheitsapostel zuvor bei sich die Nachteile jenes Lebens erwogen hätte? Oder welche Frau würde sich einem Mann hingeben, wenn sie die Mühen und Gefahren der Geburt und die Last der Erziehung kennen würde oder

rit? Porro si coniugiis debetis vitam, coniugium autem debetis Ἀνοίᾳ pedisequae, mihi nimirum quid debeatis, intelligitis. Tum quae semel haec experta denuo repetere velit, nisi Λήθης praesens numen adfuerit? Neque vero id Venus ipsa, vel reclamante Lucretio, unquam inficias iverit, sine nostri numinis accessione suam vim mancam atque irritam esse. Itaque ex nostro illo temulento ridiculoque lusu proveniunt et superciliosi philosophi, in quorum locum nunc successere, quos vulgus monachos appellat, et purpurei reges et pii sacerdotes et ter sanctissimi pontifices. Postremo totus etiam ille deorum poeticorum coetus, adeo frequens ut turbam vix iam ipse capiat Olympus, tametsi spaciosissimus.

At sane parum sit mihi vitae seminarium ac fontem deberi, nisi quicquid in omni vita commodi est, id quoque totum ostendero mei muneris esse. Quid autem vita haec, num omnino vita videtur appellanda, si voluptatem detraxeris? Applausistis. Equidem sciebam neminem vestrum ita sapere, vel desipere magis, imo sapere potius, ut in hac esset sententia. Quanquam ne Stoici quidem isti voluptatem aspernantur, tametsi sedulo dissimulant milleque conviciis eam apud vulgus dilacerant, [413] nimirum ut deterritis aliis ipsi prolixius fruantur. Sed dicant mihi per Iovem, quae tandem vitae pars est non tristis, non infestiva, non invenusta, non insipida, non molesta, nisi voluptatem, id est stulticiae condimentum, adiunxeris? Cuius rei cum satis idoneus testis esse possit ille nunquam satis laudatus Sophocles, cuius extat pulcherrimum illud de nobis elogi-

überlegt hätte? Wenn ihr also der ehelichen Vereinigung das Leben verdankt, die Ehe aber der Unbesonnenheit und ihrem Gefolge, seht ihr doch ein, was ihr mir dankt. Welche Frau würde dies alles, nachdem sie es einmal erfahren hat, wiederholen wollen, wenn die Göttin Vergessenheit nicht einspränge? Selbst Venus würde – mag Lukrez abstreiten, soviel er will[33] – damit einverstanden sein müssen, dass ihre Macht ohne unsern göttlichen Beistand kümmerlich und wirkungslos ist. So gehen also aus diesem Spiel unserer lächerlichen Benommenheit sogar die finstern Weisheitslehrer hervor, deren Stelle heutzutage die sogenannten Mönche einnehmen, die Purpurträger, die frommen Priester und die dreimal heiligen Päpste. Nicht anders ist es mit dem Gremium der Götter der Poesie, deren große Menge selbst der überaus geräumige Olymp kaum zu fassen vermag.

Was bedeutet es schon, Pflanzstätte und Quell des Lebens zu sein, wenn ich nicht auch zeige, dass alle Bequemlichkeit des Lebens von mir kommt? Was soll denn das? Kann man überhaupt von »Leben« sprechen, wo kein Vergnügen ist? Ihr klatscht Beifall. Ich wusste wohl, dass keiner von euch so weise oder, besser, so geistlos sein würde oder, noch besser, so geweckt wäre, dass er diese Ansicht hätte. Nicht einmal jene Stoiker verschmähen das Vergnügen. Trotzdem heucheln sie eifrig und hecheln es vor dem Volk durch. Offenbar doch nur, [413] um die anderen wegzugraulen und selbst weidlicher zu genießen! Sie sollen, beim Jupiter, einmal sagen, welcher Teil des Lebens denn nicht traurig, freudlos, unansehnlich, witzlos und beschwerlich ist, wenn man das Vergnügen, die Würze der Torheit, davon wegnimmt? Das hat ja der nie genug hervorgehobene Sophokles deutlich bestätigt, von dem wir jenen wunder-

um ἐν τῷ φρονεῖν γὰρ μηδὲν ἥδιστος βίος, tamen, age, rem omnem singilatim aperiamus.

Principio quis nescit primam hominis aetatem multo laetissimam multoque omnibus gratissimam esse? Quid est enim illud in infantibus quod sic exosculamur, sic amplectimur, sic fovemus, ut hostis etiam huic aetati ferat opem, nisi stulticiae lenocinium, quod data opera prudens natura recens natis adiunxit, ut aliquo voluptatis velut autoramento et educantium labores delinire queant et tuentium favores eblandiantur? Deinde quae succedit huic adolescentia, quam est apud omnes gratiosa, quam illi candide favent omnes, quam studiose provehunt, quam officiose porrigunt auxiliares manus! At unde quaeso ista iuventae gratia? Unde nisi ex me? Cuius beneficio quam minimum sapit atque ob id quam minime ringitur. Mentior, nisi mox, ubi grandiores facti per rerum usum ac disciplinas virile quiddam sapere coeperint, continuo deflorescit formae nitor, languescit alacritas, frigescit lepos, labascit vigor. Quoque longius a me subducitur, hoc minus minusque vivit, donec succedat τὸ χαλεπὸν γῆρας, id est, molesta senectus, non iam aliis modo, verum etiam sibimet invisa. Quae quidem prorsum nulli mortalium foret tolerabilis, nisi rursum tantorum miserta laborum dextra adessem et, quemadmodum dii poetarum solent pereuntibus aliqua metamorphosi succurrere, itidem ego quoque iam capulo proximos denuo, quoad licet, ad pueritiam revocarem; un-

schönen Lobspruch auf uns haben: »Vergnügen bringt das Leben, wenn die Weisheit fehlt.«[34] Immerhin wollen wir den ganzen Sachverhalt im Einzelnen nachweisen.

Jedermann weiß, dass die Kindheit dem Menschen das fröhlichste und lieblichste Alter ist. Was hätscheln, liebkosen und pflegen wir an den Kindern denn so, dass sogar der Feind diesem Alter hilfreich zur Seite steht? Doch nur die verführerische Macht der Torheit! Wohlbedacht legte die Natur den Neugeborenen diese in die Wiege, damit sie durch das Handgeld des Vergnügens die Mühen der Erzieher versüßen und sich die Gunst der Pfleger erschmeicheln. Wie beliebt ist dann bei allen erst die Jugendzeit, wie ausnehmend gewogen sind ihr alle, wie eifrig bilden alle sie und wie pfleglich reichen sie ihr die hilfreichen Hände? Woher rührt denn nun dieser Glanz der Jugend? Woher anders als von mir? Von mir hat sie jenes Mindestmaß an Einsicht und kennt darum auch so wenig Kummer. Ich will ein Lügner heißen, wenn die Menschen nicht bei zunehmendem Alter, sobald sie durch Erfahrung und Zucht männliche Einsicht gewinnen, alsbald die Blüte der Jugend einbüßen, ihr Feuer verlieren, statt Anmut Kälte und statt Frische Lahmheit zeigen. Je mehr der Mensch sich von mir entfernt, umso mehr schwindet seine Lebenskraft, bis schließlich das beschwerliche Alter kommt, das nicht nur anderen, sondern sogar sich selbst zur Last fällt. Dieses selbst wiederum würde keinem Menschen erträglich sein, wenn ich nicht in solch jammervollem Elend meine Hilfe leihen würde. Wie die Götter bei den Dichtern den Gefährdeten in irgendeiner Vermummung beistehen, so rufe auch ich die Menschen hart am Tod nach Möglichkeit noch einmal zur Kindheit zurück. So nennt man diese ja mit gutem

de non abs re vulgus eos παλίμπαιδας appellare consuevit. Porro si quis transformandi rationem requirat, ne id quidem celarim. Ad Lethes nostrae fontem – nam in insulis fortunatis oritur, siquidem apud inferos tenuis modo rivulus labitur – eos produco, ut simul atque illic longa potarint oblivia, paulatim dilutis animi curis repubescant.

At isti iam delirant, inquiunt, iam desipiunt. [414] Esto sane, sed istuc ipsum est repuerascere. An vero aliud est puerum esse quam delirare, quam desipere? An non hoc vel maxime in ea delectat aetate, quod nihil sapit? Quis enim non ceu portentum oderit atque execretur puerum virili sapientia? Astipulatur et vulgo iactatum proverbium, *Odi puerulum praecoci sapientia.* Quis autem sustineret habere commercium aut consuetudinem cum eo sene, qui ad tantam rerum experientiam parem animi vigorem iudiciique acrimoniam adiunxisset?

Itaque delirat senex meo munere. Sed tamen delirus iste meus interim miseris illis curis vacat, quibus sapiens ille distorquetur. Interim non illepidus est compotor. Non sentit vitae taedium, quod robustior aetas vix tolerat. Nonnunquam cum sene Plautino ad tres illas literas revertitur, infelicissimus si sapiat. At interim meo beneficio felix, interim amicis gratus, ne congerro quidem infestivus. Quandoquidem et apud Homerum e Nestoris ore fluit oratio melle dulcior, cum Achillis sit amarulenta, et apud eundem senes in

Recht allgemein »kindisch«. Wenn jemand das Rezept zu solcher Verwandlung wünscht, will ich es keineswegs geheim halten. Ich führe ihn zum Quell unserer Vergessenheit, die auf den Inseln der Glückseligen entspringt, in die Unterwelt aber nur mehr als dünnes Bächlein gelangt. Wenn er dort einmal langes Vergessen getrunken hat, wird der Kummer der Seele bald abgespült sein, und die Jugend beginnt aufs Neue.

Die Menge spricht in solchen Fällen von Blödheit und Verdummung. [414] Sei's drum! Darin liegt ja gerade die Verjüngung. Ist Jungsein denn etwas anderes als Unbesonnenheit und Unvernunft? Schätzt man nicht gerade den Mangel an Verstand am meisten an jenem Alter? Hasst und verabscheut nicht jeder ein frühreifes Kind wie eine Missgeburt? Das Sprichwort »Ein Knabe, früh von Weisheit voll, ist uns verhasst«[35] stimmt uns darin bei. Wer könnte es aber im geschäftlichen Verkehr bei einem alten Mann aushalten, der sich bei solcher Lebenserfahrung gleiche Geistesfrische und Urteilsschärfe bewahrt hätte?

Dass er seine geistige Klarheit verliert, verdankt der alte Mann uns. Dafür enthebt ihn seine Blödheit aber jener elenden Sorgen, denen der weise Mann ausgeliefert ist. Trotzdem ist er kein witzloser Zechbruder und spürt den Lebensüberdruss nicht, den das reife Alter kaum verwindet. Wenn er gescheit ist, kommt der Tiefunglückliche manchmal mit dem Alten des Plautus auf jene drei Buchstaben[36] zurück. Ich mache ihn glücklich und beliebt bei den Fremden und sorge dafür, dass er kein unbequemer Zeitgenosse wird. Bei Homer fließt die Rede aus dem Munde Nestors süßer als Honig, wogegen die Worte Achills voll Bitterkeit sind. Bei dem gleichen Dichter sitzen die alten Männer auf der Mauer

moenibus considentes τὴν λειριόεσσαν vocem edunt. Quo quidem calculo ipsam etiam superant pueritiam, suavem quidem illam, sed infantem, ac praecipuo vitae oblectamento, puta garrulitate, carentem. Addite huc quod pueris quoque gaudeant impensius senes, ac pueri vicissim senibus delectantur, ὡς αἰεὶ τὸν ὁμοῖν ἄγει θεὸς ὡς τὸν ὁμοῖον. Quid enim inter illos non convenit nisi quod hic rugosior et plures numerat natales? Alioqui capillorum albor, os edentulum, corporis modus minor, lactis appetentia, balbuties, garrulitas, ineptia, oblivio, incogitantia, breviter omnia caetera congruunt. Quoque magis accedunt ad senectam, hoc propius ad pueritiae similitudinem redeunt, donec puerorum ritu citra vitae taedium, citra mortis sensum emigrant e vita.

Eat nunc qui volet, et hoc meum beneficium cum reliquorum deorum metamorphosi comparet. Qui quid irati faciant, non libet commemorare, sed quibus quammaxime propitii sunt, eos solent in arborem, in avem, in cicadam aut etiam in serpentem transformare, quasi vero non istud ipsum sit perire, aliud fieri. Ego vero hominem eundem optimae ac felicissimae vitae parti restituo. Quod si mortales prorsus ab omni sapientiae commercio temperarent ac perpetuo mecum aetatem agerent, ne esset quidem ullum senium, verum perpetua iuventa fruerentur felices.

An non videtis tetricos istos et vel philosophiae studiis vel seriis et ardui [415] addictos negociis, plerunque prius-

(Trojas) und führen anmutige Gespräche.[37] Darin sind sie sogar der Kindheit voraus, die bei aller Köstlichkeit doch wortlos bleibt und den vorzüglichsten Reiz des Lebens, die Geschwätzigkeit, nicht kennt. Hinzu kommt ja, dass alte Leute an Kindern ihre besondere Freude haben und die Kinder sich wieder zu den Alten hingezogen fühlen, »wie immer«, nach dem Wort Homers,[38] »der Gott gleich zu gleich gesellt«. Welcher Unterschied besteht auch zwischen ihnen, als dass die einen mehr Runzeln und ein höheres Lebensalter haben? Sonst passen sie doch zusammen mit ihrem hellen Haar, ihrem zahnlosen Mund, ihrer körperlichen Kleinheit, dem Verlangen nach Milch, ihrem Lallen, ihrer Schwatzsucht, Läppischkeit, Vergesslichkeit und Unbedachtsamkeit, kurz, in allem Übrigen. Je mehr sie sich dem hohen Alter nähern, umso mehr kommen sie auf die Kindheit zurück, bis sie wie die Kinder aus dem Leben gehen, ohne Lebensüberdruss und ohne Todesfurcht.

Wer will, mag nun meine Gnade mit der Verwandlungskraft aller anderen Götter vergleichen. Was die im Zorn anrichten, mag unerwähnt bleiben. Denen sie am meisten wohlwollen, die verwandeln sie gewöhnlich in einen Baum, einen Vogel, eine Grille oder sogar in eine Schlange.[39] Als ob die Verwandlung nicht gleichbedeutend wäre mit dem Tod! Die gleichen Menschen schenke ich unter den besten und glücklichsten Auspizien dem Leben wieder. Wenn sich die Menschen von der Berührung mit der Weisheit ganz fernhielten und ihr Leben nur mit mir verbrächten, gäbe es gar kein hohes Alter, und sie genössen das Glück einer ewigen Jugend.

Seht ihr denn nicht, wie sie sich mit Leichenbittermiene der Philosophie oder anderen ernsthaften und anspruchs-

quam plane iuvenes sint, iam consenuisse, videlicet curis et assidua acrique cogitationum agitatione sensim spiritus et succum illum vitalem exhauriente? Cum contra Moriones mei pinguiculi sint et nitidi et bene curata cute, plane χοῖροι, quod aiunt, Ἀκαρνάνιοι, nunquam profecto senectutis incommodum ullum sensuri, nisi nonnihil, ut fit, sapientum contagio inficerentur. Adeo nihil patitur hominum vita omni ex parte beatum esse.

Accedit ad haec vulgati proverbii non leve testimonium, quo dictitant stulticiam unam esse rem, quae et iuventam alioqui fugacissimam remoretur et improbam senectam procul arceat. Ut non temere de Brabantis populari sermone iactatum sit, cum caeteris hominibus aetas prudentiam adferre soleat, hos quo propius ad senectam accedunt, hoc magis atque magis stultescere. Atqui hac gente non est alia vel ad communem vitae consuetudinem festivior vel quae minus sentiat senectutis tristitiam. His quidem ut loco, ita et vitae instituto confines sunt Hollandi mei – cur enim non meos appellem usqueadeo studiosos mei cultores, ut inde vulgo cognomen emeruerint? Cuius illos adeo non pudet, ut hinc vel praecipue sese iactitent.

Eant nunc stultissimi mortales, et Medeas, Circes, Veneres, Auroras, et fontem nescio quem requirant, quo sibi iuventam restituant, cum id sola praestare et possim et soleam. Apud me succus est ille mirificus, quo Memnonis filia Tithoni avi sui iuventam prorogavit. Ego sum Venus illa, cuius favore Phaon ille repubuit, ita ut a Saphone tantopere

vollen [415] Aufgaben verschreiben und schon alte Männer werden, bevor sie noch recht angefangen haben, jung zu sein. Allerlei Sorgen und stete heftige Gedankenarbeit haben ihnen allmählich die geistige Kraft und den Lebenssaft ausgesaugt. Dagegen glänzt meine Narrenherde vor Körperfülle und Glätte der Haut, richtige akarnanische Schweine, wie man so sagt, und sie spüren keine Last des Alters, wenn sie nicht gerade, wie es bisweilen vorkommt, im Verkehr mit weisen Leuten Schaden litten. Ein vollkommenes Glück gibt es nun einmal nicht im menschlichen Leben.

Aufs Beste bezeugt das ja jenes landläufige Sprichwort, wonach die Torheit zugleich die sonst recht flüchtige Jugend erhält und das lästige Alter in die Ferne rückt. Von den Bewohnern Brabants sagt man ja treffend im Volksmund, sie würden umso törichter, je näher sie dem hohen Alter kämen, während doch sonst den Menschen das Alter Weisheit bringt. Es gibt kein anderes Volk, das im täglichen Leben frohsinniger oder weniger anfällig für den Trübsinn des Alters wäre als gerade sie. Nach Siedlung und Lebensart sind meine Holländer ihre Nachbarn. Warum soll ich sie nicht »meine«[40] nennen, wo sie mir so eifrig dienen, dass sie sich damit öffentlich einen Spottnamen verdient haben? Das kränkt sie nicht im Geringsten; denn sie tun sich sogar etwas darauf zugute.

Lasst die erzdummen Menschen nur eine Medea, Kirke, Venus, Aurora und ich weiß nicht welchen Quell für ihre Verjüngung suchen,[41] die ich allein doch nur zu gewähren vermag und pflege. Ich besitze jenen wunderwirkenden Saft, mit dem die Tochter des Memnon die Jugend ihres Großvaters Tithon verlängerte. Ich bin die Venus, deren Gunst dem Phaon neue Jugendkraft verlieh, so dass Sappho

deamaretur. Meae sunt herbae si quae sunt, mea precamina, meus ille fons, qui non solum revocat elapsam adolescentiam, sed, quod est optabilius, perpetuam servat. Quod si omnes huic sententiae subscribitis, adolescentia nihil esse melius, senectute nihil detestabilius, quantum mihi debeatis videtis opinor, quae tantum bonum retineam, tanto excluso malo.

Sed quid adhuc de mortalibus loquor? Coelum omne lustrate et mihi meum nomen opprobret licebit quicunque volet, si quem omnino deorum reppererit non insuavem et aspernabilem, nisi meo numine commendetur. Etenim cur semper ephebus et comatus Bacchus? Nempe quia vecors ac temulentus, [416] conviviis, saltationibus, choreis, lusibus, vitam omnem transigens, ne tantulum quidem habet cum Pallade commercii. Denique tantum abest, ut sapiens haberi postulet, ut ludibriis ac iocis coli gaudeat. Neque proverbio offenditur, quod illi fatui cognomentum attribuit, id est huiusmodi: Μορύχου μωρότερος. Porro Morycho nomen verterunt, quod illum pro templi foribus sedentem musto ficisque recentibus agricolarum lascivia consueverit oblinere. Tum autem quid non scommatum in hunc vetus iacit comoedia? O insulsum, inquiunt, deum et dignum qui ex inguine nasceretur. At quis non malit hic fatuus et insulsus esse, semper festivus, semper pubescens, semper omnibus lusus ac voluptatem adferens, quam vel ἀγκυλόμητις ille Iupiter omnibus formidabilis, vel Pan suis

sich unsterblich in ihn verliebte.[42] Mein sind die Kräuter, wenn es überhaupt solche gibt, mein die Beschwörungsformeln und mein der Quell, der nicht allein die entschwundene Jugend wiederbringt, sondern, was noch wünschenswerter ist, sie verewigt. Wenn ihr mit mir die Jugend für das Beste, das Alter für das Abscheulichste haltet, seht ihr wohl ein, was ihr mir verdankt, der ich ein solches Gut verlängere und solches Übel von euch fernhalte.

Doch was rede ich immerzu von Menschen? Schaut euch den ganzen Himmel an, und dann mag jeder nach Belieben auf mich losschimpfen, wenn er irgendeine halbwegs erträgliche und annehmbare Gottheit auftreibt, die ihren Charme nicht von mir hat. Warum wird denn Bacchus immer als Jüngling mit lockigem Haar dargestellt? Doch nur, weil er verrückt und berauscht sein ganzes Leben [416] mit Gelagen, Tänzen, Reigen und Schäkerei verbringt und zu Pallas (Athene) nicht die geringsten Beziehungen hat! Weisheit liegt ihm so fern, dass er sich vorzüglich mit Scherz und Kurzweil verehren lässt. Das Sprichwort, das ihm den Beinamen eines Weissagers gibt, nämlich den eines »übertörichten Morychos«, fasst er gar nicht als Beleidigung auf. Den Namen Morychos hat man ihm angehängt, weil die ausgelassenen Bauern ihn, der vor den Toren des Tempels saß, mit Most und frischen Feigen beschmierten.[43] Wie viel Sticheleien hat nicht die alte Komödie auf ihn losgelassen? »Du blöder Gott«, heißt es da, »du bist tatsächlich wert, aus der Scham[44] geboren zu werden.« Wer möchte nicht lieber albern und ungeschliffen sein, dafür aber immer frohgemut, jugendfrisch und aufgelegt zu Schäkerei und Vergnügen als so ein arglistiger und allen fürchterlicher Jupiter oder ein Pan, der mit seiner Unrast und seinem ält-

tumultibus omnia senio vitians, vel favillis oppletus Vulcanus ac semper officinae laboribus squalidus, aut Pallas etiam ipsa, sua Gorgone et hasta terribilis καὶ ἀεὶ ἐνορμῶσα δριμύ. Cur semper puer Cupido? Cur? nisi quia nugator est καὶ μηδὲν ὑγιές neque facit neque cogitat? Cur aureae Veneri semper vernat sua forma? Nimirum quia mecum habet affinitatem, unde et patris mei colorem vultu refert, atque hac de causa est apud Homerum χρυσῆ Ἀφροδίτη. Deinde perpetuo ridet, si quid modo poetis credimus aut horum aemulis statuariis. Quod numen unquam religiosius coluere Romani quam Florae, omnium voluptatum parentis? Quanquam si quis etiam tetricorum deorum vitam diligentius requirat ab Homero reliquisque poetis, reperiet stulticiae plena omnia. Quid enim attinet reliquorum facta commemorare, cum Iovis ipsius fulminatoris amores ac lusus probe noritis? Cum severa illa Diana oblita sexus nihil aliud quam venetur, Endymionem interim deperiens?

Verum illi sua facinora a Momo audiant malim, a quo saepius quondam audire solebant; sed hunc nuper irati una cum Ate in terras praecipitem dederunt, quod sapientia sua felicitati deorum importunus obstreperet. Neque mortalium ullus exulem dignatur hospitio, tantum abest ut illi in principum aulis sit locus, in quibus tamen mea Κολακία primas tenet, cui cum Momo non magis convenit quam cum agno lupis. Itaque sublato illo, iam multo licentius ac suavius nugantur dii, vere ῥᾷον ἄγοντες, ut inquit Ho-

lichen Griesgram alles versauert, oder ein rußiger, vom Werkstatt- und Arbeitsschmutz starrender Vulkan oder gar eine Pallas selbst, schreckhaft mit ihrer Gorgo und ihrer Lanze und immer finster blickend? Doch nur weil er ein neckischer Bursche ist, sinnt und macht der Knabe Cupido nichts anderes als Unfug. Warum steht die Gestalt der goldenen Venus in ewiger Blüte? Nur weil sie mit mir verschwägert ist! Ihr Gesicht spiegelt meinen Vater wider, weshalb sie bei Homer die goldene[45] Aphrodite heißt, und sie lächelt immer, wenn wir den Dichtern und deren Rivalen, den Bildhauern, glauben dürfen. Welche Gottheit verehrten die Römer je inniger als Flora[46], die Spenderin aller Lust? Wenn nun einer bei Homer und den anderen Dichtern aufmerksam das Leben der gravitätischen Götter durchforscht, wird er auch alles voll Torheit finden. Warum soll man die Taten der anderen aufzählen, wo ihr die Liebeleien des blitzgewaltigen Jupiter selbst sehr wohl kennt? Ihr wisst, wie die ernsthafte Männerfeindin Diana, die nur die Jagd kennen wollte, sich auf einmal sterblich in Endymion verliebte.[47]

Ihre Taten mögen die Götter lieber von Momus[48] vernehmen, auf den sie einst öfter hörten. Jetzt haben sie ihn im Zorn zusammen mit Ate[49] kopfüber auf die Erde gestürzt, weil er mit seinen weisen Sprüchen dem Glück der Götter im Weg war. Kein Mensch nimmt den Heimatlosen auf, und keiner denkt daran, ihm Zutritt zu den Fürstenhöfen zu gewähren, wo meine Kolakia (Schmeichelei), mit der Momus ebenso wohl zusammenpasst wie das Lamm mit dem Wolf, den Vorzugsplatz innehat. Seitdem er weg ist, schäkern die Götter viel ausgelassener und vergnüglicher und haben leichteres Werk, wie Homer sagt,[50] da kein Tad-

merus, nullo videlicet censore. Quos enim non praebet iocos ficulnus ille [417] Priapus? Quos non ludos exhibet furtis ac praestigiis suis Mercurius? Quin et Vulcanus ipse in deorum conviviis γελωτοποίον agere consuevit, ac modo claudicatione, modo cavillis, modo ridiculis dictis exhilarare compotationem. [418] Tum et Silenus ille senex amator, τὴν κόρδακα saltare solitus, una cum Polyphemo τὴν τρετανελό, Nymphis τὴν γυμνοποδίαν saltantibus. Satyri semicapri Atellanas agitant. Pan insulsa quapiam cantiuncula risum [417] omnibus movet, quem ita malunt quam ipsas audire Musas, praecipue cum iam nectare coeperint madere. Porro quid ego nunc commemorem, quae probe poti dii post convivium agitent? Adeo me Hercle stulta, ut ipsa nonnunquam a risu temperare nequeam. At satius est in his Harpocratis meminisse, ne forte nos quoque Corycaeus aliquis deus auscultet ea narrantes, quae ne Momus quidem impune proloquutus est.

Sed iam tempus est, ut ad Homericum exemplar relictis coelitibus vicissim in terram demigremus, quamque ibi nihil laetum aut felix sit nisi meo munere dispiciamus. In primis videtis, quanta providentia natura parens et humani generis opifex illud caverit, ne usquam deesset stulticiae condimentum? Etenim cum Stoicis definitoribus nihil aliud sit sapientia quam duci ratione, contra stulticia affectuum arbitrio moveri, ne plane tristis ac tetrica esset ho-

ler da ist. Zu welchen Scherzen gibt nicht der feigenbaumhölzerne [417 oben] Priap[51] Veranlassung? Welchen Unfug verursacht nicht Merkur mit seinen Diebereien und Spiegelfechtereien? Sogar Vulkan selbst macht beim Göttermahl den Hofnarr und erheitert die Zecherrunde bald mit seinem Gehumpel, bald mit dummem Gerede oder lächerlichen Aussprüchen.[52] [418 oben] Dann ist da Silen, der verliebte Alte, der seinen bäurischen Kordax tanzt, zusammen mit Polyphems Kyklopentanz und dem barfüßigen Reigen der Nymphen.[53] Die bocksfüßigen Satyrn führen ihre Atellane[54] auf, und Pan bringt mit einem blöden Lied [417 unten] alle zum Lachen. Ihn wollen sie zudem lieber hören als die Musen selbst, besonders wenn der Nektar schon in ihm zu arbeiten beginnt. Soll ich wirklich noch erwähnen, was die weidlich bezechten Götter nach dem Mahl unternehmen? Das ist so albern, dass ich das Lachen manchmal kaum unterdrücken kann. Ein Hinweis auf Harpokrates, den Gott der Verschwiegenheit, mag genügen, damit nicht irgendein göttlicher Denunziant uns behorcht, während wir ausplaudern, was nicht einmal Momus ungestraft an die große Glocke gehängt hat.[55]

Doch es ist Zeit, dass wir nach dem Vorbild Homers wieder den Himmel verlassen, zur Erde hinabwandern und dort feststellen, wie alle Freude und alles Glück ausschließlich von mir herrühren. Seht nur, mit welcher Voraussicht die Natur, die Allmutter und Bildnerin des Menschengeschlechts, dafür gesorgt hat, dass nirgendwo die Würze der Torheit fehlt! Nach der Lehre der Stoiker ist die Weisheit nichts anderes als die Führung durch die Vernunft, die Torheit dagegen gleich der Abhängigkeit vom Drang der Leidenschaften. Wie viel mehr Leidenschaften als Vernunft

minum vita, Iupiter quanto plus indidit affectuum quam rationis? Quasi semiunciam compares ad assem. Praeterea rationem in angustum capitis angulum relegavit, reliquum omne corpus perturbationibus reliquit. Deinde duos quasi tyrannos violentissimos uni opposuit: iram quae [418] praecordiorum arcem obtinet atque adeo ipsum vitae fontem, cor, et concupiscentiam, quae ad imam usque pubem latissime imperium occupat. Adversus has geminas copias quantum valeat ratio, communis hominum vita satis declarat, cum illa, quod unum licet, vel usque ad ravim reclamat et honesti dictat formulas, verum hi laqueum regi suo remittunt multoque odiosius obstrepunt, donec iam ipse quoque fessus ultro cedit ac manus dat.

Caeterum quoniam viro administrandis rebus nato plusculum de rationis unciola erat aspergendum, ut huic quoque pro virili consuleret, me hic sicut in caeteris in consilium adhibuit moxque consilium dedi me dignum: nempe uti mulierem adiungeret, animal videlicet stultum quidem illud atque ineptum, verum ridiculum et suave, quo convictu domestico virilis ingenii tristiciam sua stulticia condiret atque edulcaret. Nam quod Plato dubitare videtur, utro in genere ponat mulierem, rationalium animantium an brutorum, nihil aliud voluit quam insignem eius sexus stulticiam indicare. Quod si qua forte mulier sapiens haberi voluerit, ea nihil aliud egerit quam ut bis stulta sit, perinde quasi bovem aliquis ducat ad ceroma, invita reluctanteque, ut aiunt, Minerva. Conduplicat enim vitium, quisquis con-

gab aber Jupiter den Menschen, damit das menschliche Leben nicht völlig traurig und finster würde? Es ist so viel wie eine halbe Unze gegen ein As.[56] Außerdem hat er die Vernunft in einen Winkel des Kopfes verbannt und überließ den ganzen übrigen Körper der Verwirrung.[57] Gleichsam zwei äußerst gewalttätige Tyrannen stellte er gegen einen: den Zorn, der [418 unten] die Feste des Zwerchfells beherrscht und so den Quell des Lebens selbst, das Herz; dazu die Begierde, die ganz unten bei der Scham die ausgedehnteste Herrschaft behauptet. Wie viel die Vernunft gegenüber diesen beiden Aufgeboten wert ist, beweist das gemeine menschliche Leben deutlich genug. Während sie sich beim Anpreisen des Ziemlichen und Ehrenhaften heiser schreit, legen jene ihrem König eine Schlinge und gehen mit allem Hass zu Werke, bis er schließlich selbst müde wird, freiwillig weicht und sich gefangen gibt.

Der Mann, der für staatliche Aufgaben bestimmt ist, musste natürlich mit einem Quäntchen mehr an Vernunft besprengt werden, damit er sie nach Kräften bewähre. Wie bei allem anderen zog er mich auch hier zu Rate, und ich beriet ihn nach meiner Weise: Er solle sich ein Weib nehmen, jenes ebenso dumme und läppische wie ergötzliche und reizvolle Wesen. Mit seiner Torheit sollte es in häuslicher Gemeinschaft die finstere Würde des männlichen Geistes würzen und versüßen. Denn mit seinem Zweifel, ob die Frau zu den vernünftigen oder zu den stumpfsinnigen Lebewesen zu zählen sei, wollte Platon nur die auffallende Torheit dieses Geschlechtes kennzeichnen.[58] Eine Frau, die für intelligent gehalten werden will, ist also in Wirklichkeit nur doppelt töricht, wie wenn jemand ein Stück Rindvieh wider den offenbaren Willen der Minerva,

tra naturam virtutis fucum inducit atque alio deflectit ingenium. Quemadmodum iuxta Graecorum proverbium *simia semper est simia*, etiam si purpura vestiatur, ita mulier semper mulier est, hoc est stulta, quamcunque personam induerit.

Neque vero mulierum genus usque adeo stultum arbitror, ut eam ob rem mihi succenseant, quod illis, et ipsa mulier et Stulticia, stulticiam attribuam. Etenim si rem recta reputent via, hoc ipsum stulticiae debent acceptum ferre, quod sint viris multis calculis fortunatiores. Primum formae gratia, quam illae merito rebus omnibus anteponunt cuiusque praesidio in tyrannos etiam ipsos tyrannidem exercent. Alioqui undenam horror ille formae, hispida cutis et barbae sylva, plane senile quiddam in viro, nisi a prudentiae vicio, cum foeminarum semper laeves malae, vox semper exilis, cutis mollicula quasi perpetuam quandam adolescentiam imitentur? Deinde quid aliud optant in hac vita quam ut viris quammaxime placeant? Nonne huc spectant tot cultus, tot fuci, tot balnea, tot compturae, tot unguenta, tot odores, tot componendi, pingendi fingendique vultus, oculos, et cutem artes? Iam num alio nomine viris magis commendatae sunt quam stulticiae? [419] Quid enim est, quod illi mulieribus non permittunt? At quo tandem autoramento nisi voluptatis? Delectant autem foeminae non alia re quam stulticia. Id esse verum non ibit inficias, quisquis secum reputarit, quas vir cum muliere dicat ineptias,

wie man sagt, salben ließe. Es verdoppelt nur den Fehler, wer wider die Natur die Schminke der Tugend auflegt und seine Anlagen verfälscht. Wie nach dem griechischen Sprichwort ein Affe immer ein Affe bleibt, und wenn er in Purpur gewandet wäre, so ist auch ein Weib immer Weib, das heißt töricht, welche Maske es auch immer aufsetzt.

Ich will aber nicht annehmen, dass die Frauen so töricht sind, mir zu zürnen, weil ich ihnen, als Torheit doch selbst eine Frau, Torheit nachsage. Wenn sie die Dinge nämlich recht überlegen, müssen sie dies gerade der Torheit zugutehalten, dass sie in vielen Dingen glücklicher sind als die Männer. Da ist zunächst einmal die Anmut der Erscheinung, die sie mit Recht allem andern vorziehen und mit deren Macht sie die Tyrannen selbst tyrannisieren. Woher kommt denn anders die Unansehnlichkeit des Äußeren, die raue Haut, das Bartgestrüpp, doch offenbar etwas Greisenhaftes beim Mann, als von der unziemlichen Klugheit? Das glatte Kinn, die gleichbleibend hohe Stimmlage und die weiche Haut der Frauen deuten dagegen auf eine stete Jugend. Was wünschen sie auch anderes in diesem Leben, als ihren Männern so viel wie möglich zu gefallen? Darum geht es doch bei all der Körperpflege, bei all diesem Aufwand, diesen Bädern, diesem Schmuck, den Salben und Duftstoffen, bei all dieser Kunstentfaltung im Mienenspiel, im Augenzwinkern und im Schminken. Sind sie denn den Männern durch irgendetwas mehr empfohlen als durch die Torheit? [419] Was lassen sie den Frauen nicht alles durchgehen? Könnte sie aber etwas anderes dazu bewegen als das Vergnügen? Das aber bereiten die Frauen durch nichts anderes als durch die Torheit. Wer überlegt, was ein Mann für läppisches Zeug mit einer Frau schwätzt, was für einen Un-

quas agat nugas, quoties foeminea voluptate decreverit uti. Habetis igitur primum et praecipuum vitae oblectamentum, quo fonte proficiscatur.

Sed sunt nonnulli, cum primis autem senes, bibaces quidem illi magis quam mulięrosi, qui summam voluptatem in compotationibus constituunt. Equidem an sit ullum lautum convivium, ubi mulier non adsit, viderint alii. Illud certe constat, citra stulticiae condimentum nullum omnino suave esse. Adeo ut si desit, qui seu vera seu similata stulticia risum moveat, γελωτοποίον quempiam vel mercede conductum accersant aut ridiculum aliquem parasitum adhibeant, qui ridendis, hoc est, stultis dicteriis silentium ac tristiciam compotationis discutiat. Quorsum enim attinebat tot bellariis, tot lauticiis, tot cupediis onerare ventrem, nisi et oculi pariter et aures, nisi totus animus risu, iocis, leporibus pasceretur? At istiusmodi tragematum ego sum architectrix unica. Quanquam illa ipsa iam in conviviis solemnia, regem sortiri talis, lusitare tesseris, philotesiis invitare, certare συμπεριφοραῖς, ad myrtum canere, saltare, gesticulari, non a septem Graeciae sophis, verum a nobis ad humani generis salutem reperta sunt. Atqui omnium huiusmodi rerum ea natura est, ut quo plus habeant stulticiae, hoc plus conferant vitae mortalium, quae si tristis sit, ne vita quidem appellanda videatur. Tristis autem evadat oportet, nisi cognatum taedium hoc genus oblectamentis absterseris.

Sed erunt fortassis qui hoc quoque voluptatis genus negligant et in amicorum charitate et consuetudine ac-

fug er treibt, sooft er sich mit einer Frau seine Freude machen will, wird das nicht abstreiten. Da seht ihr also, aus welchem Urquell der Reiz des Lebens vor allem stammt.

Viele, besonders die alten Männer, haben mehr Liebe zur Flasche als zu den Frauen und finden das höchste Vergnügen in Zechgelagen. Andere mögen untersuchen, ob es überhaupt ein feines Gastmahl gibt ohne Frauengesellschaft, mindestens steht aber fest, dass keines ohne die Würze der Torheit den geringsten Anspruch auf Behaglichkeit hat. Vermisst man irgendwo einen Menschen, der die Gesellschaft mit törichtem Wesen oder Possen zum Lachen reizt, holt man sich wohl gar einen Possenreißer gegen Geld oder sonst einen lächerlichen Schmarotzer, der mit witzigen Sarkasmen der Gesellschaft Stumpfsinn und Trübsal fernhält. Was nützt es, den Bauch mit so viel Zuckerwerk, Leckerei und Feinkost zu beladen, wenn nicht gleichzeitig Augen und Ohren, ja der ganze Sinn sich an Lachen, Scherzen und heiterem Witz weiden können. Köstlichkeiten solcher Art kann ich nur zustande bringen. Die vielerlei beliebten Ergötzungen bei Gelagen, zum Beispiel Den-König-Auswürfeln, Umtrunk, Rundgesang, Tanz und Pantomimen sind nicht von den sieben Weisen Griechenlands, sondern von uns zum Wohl der Menschheit erfunden worden. Es liegt im Wesen dieser Dinge, dass sie dem menschlichen Leben umso bekömmlicher sind, je mehr Torheit sie enthalten. Darum würde das Leben nicht einmal seinen Namen verdienen, wenn es trübselig wäre. Es müsste aber so sein, wenn der angeborene Überdruss nicht mit solchen Reizmitteln weggespült würde.

Vielleicht meiden aber manche derartige Vergnügungen und finden ihr Behagen in liebevollem Freundesverkehr,

quiescant, amicitiam dictitantes unam rebus omnibus anteponendam, quippe rem usqueadeo necessariam, ut nec aer nec ignis nec aqua magis. Rursum adeo iucundam, ut qui hanc de medio sustulerit, solem sustulerit, adeo denique honestam, si quid tamen hoc ad rem pertinet, ut nec ipsi philosophi vereantur eam inter praecipua bona commemorare. Sed quid, si doceo me huius quoque tanti boni et [420] puppim esse et proram? Docebo autem non crocodilitis aut soritis, ceratinis aut aliis id genus dialecticorum argutiis sed pingui, quod aiunt, Minerva rem digito propemodum ostendam. Age, connivere, labi, caecutire, hallucinari in amicorum vitiis, quaedam etiam insignia vitia pro virtutibus amare mirarique, an non stulticiae videtur affine? Quid cum alius exosculatur naevum in amica, alium delectat polypus Agnae, cum filium strabonem apellat petum pater, quid, inquam, hoc est nisi mera stulticia? Clament terque quaterque stulticiam esse: atqui haec una stulticia et iungit, iunctos et servat amicos. De mortalibus loquor, quorum nemo sine vitiis nascitur, optimus ille est qui minimis urgetur: cum interim inter sapientes istos deos aut omnino non coalescit amicitia aut tetrica quaedam et insuavis intercedit, nec ea nisi cum paucissimis (nam cum nullis dicere religio est) propterea quod maxima pars hominum desipit, imo nullus est, qui non multis modis deliret, et non nisi inter similes cohaeret necessitudo. Quod si quando inter saeveros istos coierit mutua benevolentia, ea

wobei sie die Freundschaft als das Vorzüglichste anpreisen. Sie sei fast notwendiger als Luft, Feuer und Wasser und dabei so angenehm, dass man dem Leben seine Sonne nähme, wenn man sie beseitigte. Dabei sei sie so angesehen – sofern das hier eine Rolle spielt –, dass sogar die Philosophen keine Bedenken hatten, sie unter die hervorragenden Güter zu zählen. Was würdet ihr aber sagen, wenn ich behaupte, dass ich [420] Alpha und Omega auch dieses erhabenen Gutes bin? Ich will es nicht mit irgendwelchen dialektischen Fechterkunststückchen beweisen, sondern ganz einfach mit dem Finger darauf zeigen. Ein Auge zudrücken, Vorliebe haben, blind sein, die Fehler der Freunde verharmlosen, gewisse auffallende Schwächen sogar als Vorzüge lieben und bewundern, passt das denn etwa nicht zur Torheit? Der eine küsst das Muttermal seiner Freundin, den andern macht die Schnupfennase seiner Agnes selig, und die Schielaugen seines Sohnes nennt der Vater schmachtend. Ich frage euch nun: Was ist das denn anderes als unverfälschte Torheit? Sie mögen es drei- und viermal beklagen, dass das töricht sei, diese Torheit allein aber stiftet und erhält Freundschaften. Ich spreche von den Menschen, von denen keiner fehlerfrei auf die Welt kommt. Der beste ist, der am wenigsten davon bedrückt wird. Dagegen kommt unter jenen Göttern der Weisheit entweder überhaupt keine Freundschaft zustande oder nur eine griesgrämige und freudlose, und diese auch nur in ganz seltenen Fällen; denn sie lassen sich nie zu einem Gespräch mit jemandem herab, weil die meisten Menschen ohne Einsicht sind, ja jeder sogar nach Kräften spinnt und die Freundschaft doch nur unter gleichen bindende Kraft hat. Kommt es unter jenen Gestrengen wirklich einmal zu gegenseitiger Zuneigung, ist

certe haudquaquam stabilis est nec admodum duratura, nimirum inter morosos et plus satis oculatos, ut qui in amicorum vitiis tam cernunt acutum quam aut aquila aut serpens Epidaurius; at ipsi in propriis vitiis quam lippiunt et quam non vident manticam in tergo pendentem! Itaque cum ea sit hominum natura, ut nullum ingenium reperiatur non magnis obnoxium vitiis, adde tantam animorum ac studiorum dissimilitudinem, tot lapsus, tot errata, tot casus vitae mortalis, quo pacto vel horam constabit inter Argos istos amicitiae iucunditas nisi accesserit ea quam mire Graeci εὐήθειαν appellant, hanc seu stulticiam seu morum facilitatem vertas licebit. Quid autem? An non Cupido ille omnis necessitudinis autor et parens, prorsum oculis captus est, cui quemadmodum τὰ μὴ καλὰ καλὰ πέφανται, itidem inter vos quoque efficit, ut suum cuique pulchrum videatur, ut cascus cascam, perinde ut pupus pupam deamet. Haec passim et fiunt et ridentur, sed tamen haec ridicula iucundam vitae glutinant copulantque societatem.

Porro quod de amicitia dictum est, id multo magis de coniugio sentiendum, quod quidem nihil est aliud quam individua vitae coniunctio. Deum immortalem, quae non divortia aut etiam divortiis deteriora passim acciderent, nisi viri foeminaeque domestica consuetudo per adulationem, per iocum, per facilitatem, errorem, dissimulationem, meum utique satellitium, fulciretur alereturque? Papae, quam

sie gewiss unzuverlässig und nicht von langer Dauer. Das ist auch kein Wunder bei Eigensinnigen und so übertrieben Scharfäugigen, dass sie an den Freunden mit Adlerblick und unfehlbar wie die epidaurische Schlange[59] auch den kleinsten Fehler ausmachen. Wie blind sind sie dabei gegen die eigenen Schwächen und bemerken nicht, wie ihnen der Mantel schief hängt. Es gehört nun einmal zum menschlichen Wesen, dass jeder Charakter sein gerüttelt Maß an Fehlern hat. Dazu kommen dann die Verschiedenheit der Geistesrichtung und Studien, mancherlei Mängel, Irrtümer und Unvermeidlichkeiten des menschlichen Lebens. Wie könnte unter jenen Argusaugen angenehme Freundschaft auch nur eine Stunde währen, wenn nicht die von den Griechen so genannte *euḗtheia*[60] hinzuträte? Das Wort kannst du mit Torheit oder Umgänglichkeit übersetzen. Was das hier soll? Ist Cupido, der Urheber und Vater jeder Verbindung, nicht geradezu kurzsichtig? Da ihm (nach einem Wort Theokrits[61]) das Unschöne schön erscheint, bringt er es fertig, dass jedem das Seine prächtig vorkommt, der Hochbetagte die alte Frau und das Bübchen das Mädchen inbrünstig liebt. So ist es überall und erregt überall Gelächter, und doch fügen und festigen solche Lächerlichkeiten das gesellschaftliche Behagen.

Was von der Freundschaft gilt, muss man auch auf die Ehe anwenden, die doch nichts anderes ist als die ungeteilte Lebensgemeinschaft. Bei Gott, welche Scheidungen und schlimmere Unzuträglichkeiten würden überall im Schwange sein, wenn nicht der häusliche Umgang zwischen Mann und Frau mit Scherz, Freundlichkeit, Irrtum und Verstellung, meiner offenbaren Gefolgschaft, Kraft und Stärke gäbe. Wie wenig Ehen kämen zustande, wenn

pauca coirent matrimonia si sponsus prudenter exquireret, quos lusus delicata illa, sicuti videtur, ac pudens virguncula iam multo ante nuptias luserit? Tum quanto pauciora [421] cohaererent inita, nisi plurima uxorum facta per viri vel negligentiam vel stuporem laterent? Atque haec quidem merito stulticiae tribuuntur, verum ea interim praestat, ut marito iucunda sit uxor, uxori iucundus maritus, ut tranquilla domus, ut maneat affinitas. Ridetur, cuculus, curruca, et quid non vocatur, cum moechae lachrymas labellis exorbet. At quanto felicius, sic errare, quam zelotypiae diligentia cum sese conficere, tum omnia miscere tragoediis?

In summa usqueadeo nulla societas, nulla vitae coniunctio sine me vel iucunda vel stabilis esse potest, ut nec populus principem nec servum herus nec heram pedisequa nec discipulum praeceptor nec amicus amicum nec maritum uxor nec locator conductorem nec contubernalis contubernalem nec convictor convictorem diutius ferat, nisi vicissim inter sese nunc errent, nunc adulentur, nunc prudentes conniveant, nunc aliquo stulticiae melle sese deliniant. Iam haec scio videri maxima, sed audietis maiora.

Quaeso num quenquam amabit qui ipse semet oderit? Num cum alio concordabit qui secum ipse dissidet? Num ulli voluptatem adferet qui sibimet ipsi sit gravis ac molestus? Istud opinor nemo dixerit, nisi qui sit ipsa stultior stulticia. Atqui si me excluseris, adeo nemo poterit alterum

der Bräutigam sorgsam feststellen wollte, was für Schäkereien die reizende und anscheinend so schamhafte Jungfrau schon lange vor der Hochzeit unternommen hat? Wie selten würden [421] sie den Anfang überdauern, wenn die Gleichgültigkeit oder Beschränktheit des Mannes nicht die meisten Schandtaten der Frau übersähe? Das geht von Rechts wegen alles zulasten der Torheit, denn sie sorgt dafür, dass die Gattin dem Gatten angenehm bleibt und umgekehrt der Gatte der Gattin, dass Ruhe im Hause herrscht und die Verbindung dauerhaft bleibt. Man lacht, und der Kuckuck, der Gehörnte, oder wie man ihn sonst nennt, verwindet die Tränen über den Ehebruch bei Schmeicheleien. Wie viel mehr Glück bringt es, so zu irren, als mit kleinlicher Eifersucht das Ganze zu einer Tragödie zu machen?

Es kann schlechthin keine Gemeinschaft, keine Lebensverbindung ohne mich erfreulich oder stetig sein. Das Volk erträgt den Fürsten nicht lange, der Herr seinen Knecht nicht, das Gesinde keinen Herrn, der Lehrer keinen Schüler, der Freund keinen Freund, der Gatte seine Gattin nicht, der Eigentümer keinen Pächter, der Hausgenosse keinen Hausgenossen und der Tischgenosse keinen Tischgenossen, wenn sie nicht gemeinsam bald irren, bald schmeicheln, bald einander weise durch die Finger sehen, bald sich gegenseitig den Honig der Torheit ums Maul schmieren. So einleuchtend das alles ist, ihr sollt noch Besseres hören.

Wird jemand einen andern lieben, der sich selbst hasst? Gibt es Übereinstimmung mit dem andern, wo man sich selbst im Weg ist? Kann man einem andern Vergnügen bereiten, wenn man sich selbst hinderlich und beschwerlich ist? Das wird niemand behaupten, wenn er nicht selbst törichter ist als die Torheit. Wo man mich ausschließt, kann

ferre, ut ipse etiam sibi quisque puteat, sua cuique sordeant, sibi quisque sit invisus. Quandoquidem id mali natura, non paucis in rebus noverca magis quam parens, mortalium ingeniis insevit, praecipue paulo cordatiorum, ut sui quemque poeniteat, admiretur aliena. Quo fit ut omnes dotes, omnis elegantia decorque vitae vitietur pereatque. Quid enim proderit forma, praecipuum deorum immortalium munus, si putiditatis vitio contaminetur? Quid iuventa, si senilis tristiciae fermento corrumpatur? Denique quid in omni vitae munere vel tecum vel apud alios acturus es cum decoro (est enim non artis modo, verumetiam omnis actionis caput, decere quod agas) nisi adsit dextra haec Philautia, quae mihi merito germanae est vice? Adeo strennue meas ubique partes agit. Quid autem aeque stultum atque tibiipsi placere? Teipsum admirari? At rursum quid venustum, quid gratiosum, quid non indecorum erit quod agas ipse tibi displicens? Tolle hoc vitae condimentum et protinus frigebit cum sua actione orator, nulli placebit cum suis numeris musicus, explodetur cum sua gesticulatione histrio, ridebitur una suis cum musis poeta, sordebit cum arte pictor, esuriet cum pharmacis medicus. Postremo pro Nireo Thersites, pro Phaone Nestor, pro Minerva sus, pro facun-

keiner den andern ausstehen und muss sich selbst zur Last fallen; abscheulich erscheint ihm, was er an sich hat, und die eigene Person ist ihm verhasst. Die Natur, die in manchen Dingen mehr Stiefmutter als Mutter ist, hat nun einmal die Menschen, vor allem herzhaftere Charaktere, so geschaffen, dass sie ihrer selbst leicht überdrüssig werden und das Fremde bewundern. Woher kommt es denn, dass alle Talente, aller Geschmack und Glanz des Lebens verderben und schwinden? Was nützt schon die Gestalt, die vorzüglichste Gabe der unsterblichen Götter, wenn sie in Fäulnis übergeht? Wozu haben wir die Jugend, wenn sie vom Trübsinn des Alters entstellt wird? Was willst du denn in den verschiedenen Lagen des Lebens selbst oder bei anderen mit Schicklichkeit erreichen – die Schicklichkeit deines Tuns ist nicht nur in der Kunst, sondern auch im täglichen Leben der Maßstab jedes Handelns –, wenn dir nicht die Eigenliebe zur Seite steht, die ich mit Fug und Recht als Schwester betrachte. So nachdrücklich verficht sie überall meine Sache. Könnte es auch eine größere Torheit geben als die Selbstgefälligkeit und die Selbstbeweihräucherung? Was könnte andererseits geschmackvoll, liebenswert oder schicklich an deinem Tun sein, wenn du dir selbst missfielest? Nimm dem Leben diese seine Würze, und der Redner wird kaltlassen mit seinen Worten, der Musiker wird mit seinen Weisen keinen Beifall ernten, der Schauspieler wird ausgezischt mit seinen Gebärden, der Dichter ruft mit seinen Werken Gelächter hervor, der Maler stößt mit seinem Bild auf Ablehnung, und der Arzt hungert inmitten seiner Heilmittel. So könntest du aus einem (schönen) Nireus leicht zu einem (hässlichen) Thersites, aus einem Phaon ein Nestor, aus einer Minerva ein Schwein, aus einem Redege-

do infans, pro [422] urbano rusticus videberis. In tantum necesse est, ut sibi quosque quisque blandiatur et assentatiuncula quapiam sibi prius commendetur quam aliis possit esse commendatus.

Denique cum praecipua felicitatis pars sit, ut quod sis esse velis, nimirum totum hoc praestat compendio mea Philautia, ut neminem suae formae, neminem sui ingenii, neminem generis, neminem loci, neminem instituti, neminem patriae poeniteat, adeo ut nec Hirlandus cum Italo nec Thrax cum Atheniensi nec Scytha cum insulis fortunatis cupiat permutare. Et ô singularem naturae sollicitudinem, ut in tanta rerum varietate paria fecit omnia! Ubi dotibus suis nonnihil detraxit, ibi plusculum Philautiae solet addere, quanquam hoc ipsum stulte profecto dixi, cum haec ipsa dos sit vel maxima.

Ut ne dicam interim, nullum egregium facinus adiri nisi meo impulsu, nullas egregias artes nisi me autore fuisse repertas. An non omnium laudatorum facinorum seges ac fons est bellum? Porro quid stultius quam ob causas, nescio quas, certamen eiusmodi suscipere, unde pars utraque semper plus aufert incommodi quam boni? Nam eorum qui cadunt, veluti Megarensium οὐδεὶς λόγος. Dein cum iam utrinque constitere ferratae acies et rauco crepuerunt cornua cantu, quis oro sapientum istorum usus, qui studiis exhausti vix tenui frigidoque sanguine spiritum ducunt: crassis ac pinguibus opus est, quibus quam plurimum adsit

wandten ein Tölpel, aus [422] einem Weltmann ein Bauernlümmel werden.[62] Es muss jeder ohne Ausnahme sich selbst schmeicheln und gewissermaßen sein eigenes Lob singen, ehe er anderen genehm ist.

Schließlich hängt das Glück ja zum großen Teil davon ab, dass du innerlich zu dir Ja sagst. Meine Philautia (Eigenliebe) sorgt aber dafür, dass keiner sich seiner Gestalt, seiner Veranlagung, seiner Herkunft, seiner Lage, seiner Lebensweise und seiner Heimat schämt. Das geht so weit, dass der Ire nicht einmal mit dem Italiener, der Thraker nicht mit dem Athener und der Skythe nicht mit den Inseln der Glückseligen tauschen möchte. O einzigartige Fürsorge der Natur, die bei solcher Vielfalt überall Ausgleich schafft! Wo sie einem Menschen weniger Talent gegeben hat, pflegt die Philautia ein wenig hinzuzutun; dies hier habe ich allerdings so töricht gesagt, weil meine Begabung darin am höchsten ist.

Ja, ich möchte sogar behaupten, dass keine vortreffliche Tat ohne meinen Antrieb und keine hervorragenden Erfindungen ohne meine Urheberschaft gemacht wären. Ist denn nicht der Krieg das Saatfeld und die Quelle jeder rühmenswerten Tat? Was gibt es aber Törichteres, als aus weiß Gott welchen Gründen eine Auseinandersetzung anzuheben, die jedem Beteiligten mehr Schaden als Nutzen bringt? Denn die Gefallenen erwähnt keiner, wie Theokrit von den Megarern sagt.[63] Wozu, ich bitte euch, sind denn jene Weisheitsgewaltigen nütze, wenn die Parteien sich erzgeschient zum Kampf stellen und der dumpfe Gesang der Hörner erklingt? Sind sie doch von Studien ausgemergelt und so dünn- und kaltblütig, dass sie nur mit Mühe schnaufen. Kräftige und grobschlächtige Kerle hat man da-

audaciae, mentis quam minimum. Nisi si quis Demosthenem militem malit, qui Archilochi sequutus consilium vix conspectis hostibus abiecto clypeo fugit, tam ignavus miles quam orator sapiens.

Sed consilium, inquiunt, in bellis plurimum habet momenti. Equidem fateor in duce, verum id quidem militare, non philosophicum; alioqui parasitis, lenonibus, latronibus, sicariis, agricolis, stupidis, obaeratis et huiusmodi mortalium fece res tam praeclara geritur, non philosophis lucernariis. Qui quidem quam sint ad omnem vitae usum inutiles, vel Socrates ipse, unus Apollinis oraculo sapiens, sed minime sapienter iudicatus, documento esse potest, qui nescio quid publice conatus agere summo cum omnium risu discessit. Quanquam vir is in hoc non usquequaque desipit, quod sapientis cognomen non agnoscit atque ipsi deo rescribit [423] quodque censet sapienti a Republica tractanda abstinendum esse, nisi quod potius monere debuerat a sapientia temperandum ei, qui velit in hominum haberi numero. Deinde quid eundum accusatum ad cicutam bibendam adegit nisi sapientia? Nam dum nubes et ideas philosophatur, dum pulicis pedes metitur, dum culicum vocem miratur, quae ad vitam communem attinent

zu nötig, die tollkühn und geistig unbeschwert sind. Es sei denn, dass jemand die soldatische Tüchtigkeit des Demosthenes sich zum Vorbild nähme, der dem Rat des Archilochos folgte, beim Anblick der Feinde seinen Schild wegwarf und floh, ebenso feig als Krieger wie weise als Redner.[64]

Nun sagt man aber, dass Einsicht im Krieg sehr viel Bedeutung habe. Soweit es sich um den Feldherrn handelt, gebe ich das zu, doch geht es dabei nur um militärische, nicht um philosophische Einsicht. Im Übrigen wird ein derart ruhmvolles Unternehmen nur von Schmarotzern, Kupplern, Wegelagerern, Meuchelmördern, Bauernlümmeln, Tölpeln, Bankrotteuren und ähnlichem Unrat der menschlichen Gesellschaft durchgeführt, aber nicht von laternentragenden Philosophen. Wie wenig die Letzteren für irgendwelche Aufgaben des täglichen Lebens brauchbar sind, beweist Sokrates, der ja an Weisheit ein ganzes apollinisches Orakel in seiner Person verkörperte, aber für äußerst ungeschickt galt.[65] Als er einmal ein öffentliches Amt versehen wollte, musste er unter dem Hohngelächter aller zurücktreten. Trotzdem war der Mann keineswegs ganz ohne Witz, da er auf den Titel eines Weisen verzichtete, dem Gott selbst widersprach [423] und meinte, dass der Weise sich von den Staatsgeschäften fernhalten müsse. Nur hätte er vielleicht besser jeden vor der Weisheit warnen sollen, der als Mensch gewertet sein möchte. Was hat ihn schließlich anderes auf die Anklagebank und zum Schierlingsbecher geführt als die Weisheit? Während er den nebulosen Ideen nachsann, während er die Füße des Flohes nachmaß und die Stimme einer Mücke seine Bewunderung erregte, blieb er im Alltag ungeschickt.[66] Dem

non didicit. Sed adest praeceptori de capite periclitanti discipulus Plato, egregius scilicet patronus, qui turbae strepitu offensus vix dimidiatam illam periodum pronunciare potuit. Iam quid dicam de Theophrasto? Qui progressus in concionem protinus obmutuit, perinde quasi repente lupo conspecto, qui militem animasset in bello? Isocrates ob ingenii timiditatem nec hiscere unquam est ausus. M. Tullius eloquentiae Romanae parens, semper indecora trepidatione, perinde quasi puer singultiens exordiri consuevit. Idque Fabius interpretatur cordati oratoris et periculum intelligentis argumentum. Verum cum hoc dicit, an non palam fatetur sapientiam obstare ad rem probe gerendam? Quid isti facient, cum res ferro geritur, qui tum metu exanimantur, cum nudis verbis est decertandum?

Et post haec celebratur, si diis placet, praeclara illa Platonis sententia, beatas fore respublicas, si aut imperent philosophi aut philosophentur imperatores. Imo si consules historicos, reperies nimirum nullos reipublicae pestilentiores fuisse principes quam si quando in philosophastrum aliquem aut literis addictum inciderit imperium. Cuius rei satis, opinor, faciunt fidem Catones: quorum alter insanis delationibus Reipublicae tranquillitatem vexavit, alter libertatem P. R. dum nimium sapienter vindicat, funditus subvertit. Adde his Brutos, Cassios, Gracchos, ac Ciceronem etiam ipsum, qui non minus pestilens fuit Romanorum Reipublicae quam Demosthenes Atheniensium. Porro M. Antonius, ut donemus bonum imperatorem fuisse (nam id

Lehrer steht in seinem Prozess auf Leben und Tod sein Schüler Platon zur Seite,[67] welch trefflicher Verteidiger, eingeschüchtert durch den Lärm der Masse, kaum einen halben Satz herausbrachte. Was soll ich von Theophrast reden, der beim Auftreten in der Öffentlichkeit gleich verstummte, als ob er unversehens einem Wolf gegenüberstände, der doch einen Soldaten im Krieg aufgemuntert hätte.[68] Isokrates wagte vor Schüchternheit niemals den Mund aufzutun, und Cicero, der Ahnherr der römischen Beredsamkeit, begann ganz wie ein schluchzender Knabe immer mit kläglichem Lampenfieber.[69] Quintilian legt das als Merkmal eines beherzten Redners aus, der die Gefahr erkennt.[70] Gibt er mit dieser Erklärung aber nicht offen zu, dass die Weisheit einem erfolgreichen Unternehmen hinderlich ist? Was sollen denn solche Leute im Krieg machen, die schon vor Furcht zittern, wenn es sich um ein bloßes Wortgefecht handelt?

Da soll man nun die vielberufene Ansicht Platons rühmen, dass Staaten glücklich wären, wenn Philosophen regieren und Feldherren philosophieren![71] Wenn du die Geschichtsschreiber befragst, wirst du keine übleren Staatsführer antreffen als Afterphilosophen und Literaten in Regierungsstellen. Die beiden Cato beweisen das augenfällig genug: der eine gefährdete die bürgerliche Ruhe durch verrückte Denunziationen, der andere vernichtete die Freiheit des römischen Volkes vollends, als er sich mit anmaßlicher Weisheit zu ihrem Schutzherrn aufwarf.[72] Dazu magst du getrost Brutus, Cassius, die Gracchen und selbst Cicero zählen, der dem römischen Staat nicht weniger Unheil bescherte als Demosthenes dem athenischen Staat.[73] Unterstellen wir einmal, dass Marc Aurel ein guter Feldherr ge-

ipsum extorquere possim, fuit enim hoc ipso nomine gravis atque invisus civibus, quod tam philosophus esset), sed tamen ut donemus fuisse bonum, at certe pestilentior fuit Reipublicae tali relicto filio quam fuerat sua administratione salutaris. Quandoquidem solet hoc hominum genus, qui se sapientiae studio dediderunt, cum caeteris in rebus, tum praecipue in liberis propagandis infelicissimum esse, providente, opinor, natura ne malum hoc sapientiae inter mortales latius serpat. Itaque Ciceroni degenerem fuisse filium constat et sapiens ille Socrates liberos habuit *matri similiores quam patri*, [424] ut non omnino pessime scripsit quidam, id est stultos.

Sed utcunque ferendum, si tantum ad publica munia forent ὄνοι πρὸς λύραν, nisi ad omnem prorsus vitae functionem nihilo essent dexteriores. Ad convivium adhibe sapientem: aut tristi silentio aut molestis quaestiunculis obturbabit. Ad chorum advoca: camelum saltare dices. Ad publicos ludos trahe: ipso vultu populi voluptatibus obstabit et cogetur e theatro migrare sapiens Cato, quandoquidem supercilium non potest ponere. In colloquium inciderit: repente lupus in fabula. Si quid emendum, si contrahendum, breviter si quid eorum agendum, sine quibus haec quotidiana vita transigi non potest, stipitem dicas sapientem istum, non hominem. Usqueadeo neque sibi neque pa-

wesen sei;[74] fürwahr selbst das könnte ich widerlegen; den Bürgern war er nämlich deshalb peinlich und verhasst, weil sie in ihm den Philosophen sahen. Geben wir immerhin zu, dass er gut gewesen ist, dann stürzte er den römischen Staat mit seinem Sohn und Nachfolger Commodus[75] doch in ein Verhängnis, das die Vorzüge seiner eigenen Regierung überschattete. Denn Menschen dieser Art, die sich dem Studium der Weisheit verschrieben haben, pflegen in anderen Dingen, vor allem bei ihrem Nachwuchs, sehr wenig Glück zu haben. Ich glaube, die Natur hat hier gesorgt, dass das Übel der Weisheit unter den Menschen nicht weiter um sich greift. So hatte bekanntlich Cicero einen Sohn, der aus der Art schlug, und der weise Sokrates hatte Kinder, die mehr der Mutter glichen als dem Vater, [424] das heißt dumme Kinder, wie irgendwer treffend geschrieben hat.[76]

Beides wäre noch zu ertragen, wenn sie nämlich nur zu öffentlichen Ämtern so untauglich wären wie der Esel zur Lyra und eben nicht auch zu jeder Verrichtung des täglichen Lebens. Man hole sich einen weisen Mann zu einem Gelage: Entweder ist er in brütendes Schweigen versunken, oder er stört mit aufdringlichem Problematisieren. Bittet man ihn zum Tanz, möchte man glauben, ein Kamel schwinge das Tanzbein. Bei öffentlichen Vorführungen bringt er das Volk durch seine Miene um das Vergnügen, und man zwingt den weisen Cato, das Theater zu verlassen, wenn er seine finstere Miene nicht ablegen kann.[77] Kommt er zu einem Gespräch hinzu, stockt die Unterhaltung gleich. Gilt es einen Kauf zu tun, einen Vertrag zu schließen, kurz, irgendeine unvermeidliche Angelegenheit des täglichen Lebens zu erledigen, vermeinst du in dem Weisen einen Stock zu sehen, aber keinen Menschen. Weder sich selbst

triae neque suis usquam usui esse potest, propterea quod communium rerum sit imperitus et a populari opinione vulgaribusque institutis longe lateque discrepet. Qua quidem ex re odium quoque consequatur necessum est, nimirum ob tantam vitae atque animorum dissimilitudinem. Quid enim omnino geritur inter mortales non stulticiae plenum idque a stultis et apud stultos? Quod si quis unus universis velit obstrepere, huic ego suaserim, ut Timonem imitatus in solitudinem aliquam demigret atque ibi solus sua fruatur sapientia.

Verum ut ad id quod institueram revertar, quae vis saxeos, quernos et agrestes illos homines in civitatem coegit nisi adulatio? Nihil enim aliud significat illa Amphionis et Orphei cithara. Quae res plebem Romanam iam extrema molientem, in concordiam civitatis revocavit? Num oratio philosophica? Minime, imo ridiculus ac puerilis apologus de ventre [425] reliquisque corporis membris confictus. Idem valuit Themistoclis apologus consimilis de vulpe et ericio. Quae sapientis oratio tantundem potuisset quantum commenticia illa [426] cerva Sertorii potuit, quantum Laconis illius de duobus canibus deque vellendis equinae caudae pilis ridendum modo dicti Sertorii commentum? Ut ne quid dicam de Minoe deque [425] Numa, quorum uterque fabulosis inventis stultam multitudinem rexit. Huiusmodi nugis commovetur ingens ac [426] potens illa

noch seinem Vaterland noch seinen Verwandten bringt er jemals den geringsten Nutzen, weil er keine Lebenserfahrung hat, weil er von der öffentlichen Meinung und von den bürgerlichen Gewohnheiten völlig absticht. Natürlich muss solche Ungewöhnlichkeit der Lebensführung und der Geistesart Hass erzeugen. Gibt es denn unter Menschen überhaupt eine Erscheinung, die nicht voll Torheit steckte, bei der Ausführende und Betroffene nicht töricht wären? Wenn einer sich dem gemeinen Wesen widersetzen wollte, würde ich ihm den Rat geben, es wie der Athener Timon zu machen, sich in eine Einöde zu verkriechen und dort allein seine Weisheit zu genießen.[78]

Doch kehren wir zur Sache zurück! Welche andere Macht als Scharlatanerie kann die klobigen und hölzernen Wilden in eine staatliche Gemeinschaft fügen? Das ist es ja, was die Zither des Amphion und Orpheus meint.[79] Was hat denn das römische Volk hart am Abgrund zu bürgerlicher Eintracht zurückgerufen? Etwa die Rede eines Philosophen? Keineswegs! Eine lächerliche Kinderfabel vom Bauch [425 oben] und den übrigen Gliedern des menschlichen Körpers![80] Dasselbe vermochte eine ähnliche Fabel des Themistokles vom Fuchs und dem Igel.[81] Welche Rede eines Weisen hätte so viel erreicht wie die trügerische [426 oben] Hindin des Sertorius oder das bekannte Schaustück des Lykurg mit den zwei Hunden oder die Vorführung des eben genannten Sertorius mit den beiden Stuten, denen die Schwanzhaare ausgezogen werden sollten?[82] Von Minos und [425 unten] Numa, die beide den dummen Haufen mit gelungenen Fabeln in ihrer Gewalt hielten, will ich gar nicht reden.[83] Mit solchem Schwindel kirrt man die [426 unten] großmächtige Bestie Volk. Welcher Staat hat denn je-

belua, populus. At rursum, quae civitas unquam Platonis aut Aristotelis leges aut Socratis dogmata recepit?

Tum autem quae res Deciis persuasit, ut ultro sese diis manibus devoverent? Quid Q. Curtium in specum traxit nisi inanis gloria, dulcissima quaedam Siren, sed mirum quam a sapientibus istis damnata? Quid [427] enim stultius, inquiunt, quam supplicem candidatum blandiri populo, congiariis favorem emere, venari tot stultorum applausus, acclamationibus sibi placere, in triumpho veluti signum aliquod populo spectandum circumferri, aeneum in foro stare? Adde his nominum et cognominum adoptiones, adde divinos honores homuncioni exhibitos, adde publicis ceremoniis in deos relatos etiam sceleratissimos tyrannos. Stultissima sunt haec et ad quae ridenda non unus sufficiat Democritus. Quis negat? Atqui hoc fonte nata sunt fortium heroum facinora, quae tot eloquentium virorum literis in coelum tolluntur. Haec stulticia parit civitates, hac constant imperia, magistratus, religio, consilia, iudicia, nec aliud omnino est vita humana quam stulticiae lusus quidam.

Iam vero ut de artibus dicam, quid tandem mortalium ingenia ad excogitandas prodendasque posteris tot egregi-

mals die Gesetze Platons oder des Aristoteles oder die Grundsätze des Sokrates sich zu eigen gemacht?[84]

Was hat denn die Decier dahin gebracht, sich freiwillig den Göttern der Unterwelt zu weihen?[85] Was anders als der nichtige Ruhm hat den Quintus Curtius wie eine unwiderstehlich lockende Sirene in den Abgrund gestürzt?[86] Umso verwunderlicher ist es, wie jene hochweisen Männer das verurteilen. Was [427] gibt es schon Törichteres, so sagen sie, als einen Amtsbewerber, der vor dem Volk herumdienert, als das scheffelweise Einheimsen der Gunst, die Jagd nach dem Beifall des dummen Haufens, selbstgefällige Freude an öffentlicher Anerkennung, sich wie eine Trophäe unter den Augen des Volkes im Triumph herumfahren zu lassen und ein erzenes Standbild auf dem Markt zu erhalten? Die Annahme von Ehrennamen und Titeln gehört auch dazu, ebenfalls die göttlichen Ehren für ein kümmerliches Menschlein und die feierliche Apotheose auch der verworfensten Tyrannen. Das alles verkörpert freilich ein Höchstmaß an Torheit, und ein Demokrit[87] würde nicht ausreichen, um das zu verspotten. Wer wollte es abstreiten? Doch gedeihen auf solcher Weide die Taten der tapferen Helden, die in den Schriften so vieler gelehrter Männer in den Himmel gehoben werden. Solche Torheit gründet Staaten, in ihr sind die Reiche verankert, die Regierung, die Religion, die Ratsbeschlüsse, die Gerichtsentscheide, und das gesamte menschliche Leben sind nichts anderes als ein Spiel der Torheit.

Die Künste will ich aber auch nicht übergehen. Was hat denn im Grunde den menschlichen Geist angetrieben, so viele, wie sie glauben hervorragende, Zweige des künstlerischen Schaffens zu ersinnen und den folgenden Genera-

as, ut putant, disciplinas excitavit nisi gloriae sitis? Tantis vigiliis, tantis sudoribus, famam nescio quam, qua nihil esse potest inanius, redimendam putarunt homines vere stultissimi. Sed interim stulticiae tot tam egregia vitae commoda debetis, quodque est longe dulcissimum, aliena fruimini insania.

Ergo posteaquam mihi fortitudinis et industriae laudem vindicavi, quid si prudentiae quoque vindicem? Sed dixerit aliquis: eadem opera ignem aquae misceas licebit. Verum hoc quoque successurum arbitror, si vos modo, quod antehac fecistis, auribus atque animis favebitis.

Principio si rerum usu constat prudentia, in utrum magis competet eius cognominis honos, in sapientem, qui partim ob pudorem partim ob animi timiditatem nihil aggreditur, an in stultum, quem neque pudor, quo vacat, neque periculum, quod non perpendit, ab ulla re deterret? Sapiens ad libros veterum confugit atque hinc meras vocum argutias ediscit. Stultus adeundis cominusque periclitandis rebus veram, ni fallor, prudentiam colligit. Id quod vidisse videtur Homerus, etiamsi caecus, cum ait ῥεχθὲν δέ τε νήπιος ἔγνω. Sunt enim duo praecipua ad cognitionem rerum parandam obstacula, pudor qui fumum offundit animo, et metus, qui ostenso periculo dehortatur ab adeundis facinoribus. At his magnifice liberat stulticia. [428] Pauci morta-

tionen zu vererben, wenn es nicht die Ruhmsucht war? Die Menschen meinten in ihrer aberwitzigen Torheit, in so viel durchwachten Nächten und mit so viel Schweiß fragwürdigen Ruhm einheimsen zu müssen, der doch an Sinnlosigkeit kaum seinesgleichen hat. Indessen verdankt ihr der Torheit so viele so hervorragende Annehmlichkeiten des Lebens, und, was das Ergötzlichste ist, ihr habt euern Genuss am Wahnwitz der anderen.

Nachdem ich also das Lob der Tapferkeit und des Fleißes für mich in Anspruch genommen habe, was hindert mich, auch das Lob der Klugheit mir gutzuschreiben? Es könnte aber jemand sagen, mit demselben Recht möchte ich Feuer und Wasser zusammenbringen. Doch ich glaube, auch das wird mir gelingen, wenn ihr nur wie vorhin mit offenen Ohren und geneigtem Sinn zuhören wollt.

Wenn Klugheit vor allem Erfahrung ist, wem gebührt denn die Ehre dieses Beinamens mehr, dem Weisen, der teils aus Scham, teils aus Vorsicht nichts unternimmt, oder dem Törichten, den weder die Scham, die er nicht kennt, noch die Gefahr, die er nicht berücksichtigt, von irgendetwas abschrecken kann? Der Weise nimmt seine Zuflucht zu den Schriften der Alten und prägt sich da abgeschmackte Spitzfindigkeiten ein. Der Törichte greift einfach zu, schlägt sich mit den Dingen herum und gewinnt dabei die – wenn ich mich nicht täusche – wahre Klugheit. Das scheint Homer schon, so blind er auch war, bemerkt zu haben, wenn er sagt: »Die Wirklichkeit hat sogar der Törichte erkannt.«[88] Auf dem Weg der Lebenserfahrung gibt es nämlich hauptsächlich zwei Hindernisse, die Scham, die den Sinn umnebelt, und die Furcht, die die Gefahr zeigt und vom Abenteuer abrät. Die Torheit befreit uns davon gründlich.

les intelligunt ad quam multas alias quoque commoditates conducat nunquam pudescere et nihil non audere.

Quod si prudentiam accipere malunt eam, quae rerum iudicio constat, audite obsecro quam procul absint ab hac, qui hoc nomine sese venditant. Principio constat res omneis humanas, velut Alcibiadis Silenos, binas habere facies nimium inter sese dissimiles. Adeo ut quod prima, ut aiunt, fronte mors est, si interius inspicias, vita sit: contra quod vita, mors: quod formosum, deforme: quod opulentum, id pauperrimum: quod infame, gloriosum: quod doctum, indoctum: quod robustum, imbecille: quod generosum, ignobile: quod laetum, triste: quod prosperum, adversum: quod amicum, inimicum: quod salutare, noxium; breviter omnia repente versa reperies, si Silenum aperueris. Id si cui forte nimis philosophice dictum videtur, age pinguiore, quemadmodum dici solet, Minerva planius faciam. Quis regem non et opulentum et dominum fatetur? Atqui nullis animi bonis instructus est, atqui nihil illi satis est; iam videlicet pauperrimus est. Tum animum habet plurimis addictum vitiis, iam turpiter servus est. Ad eundem modum in caeteris quoque philosophari liceret, sed hoc exempli vice posuisse satis sit. At quorsum haec? inquiet aliquis. Audite quo rem deducamus. Si quis histrionibus in scena fabulam agentibus personas detrahere conetur ac spectatoribus veras nativasque facies ostendere, nonne is fabulam omnem perverterit dignusque habeatur, quem omnes e theatro velut lymphatum saxis eiiciant? Exorietur autem repente nova rerum species, ut qui modo mulier, nunc vir: qui mo-

[428] Nur wenige Menschen sehen ein, wie viel Nutzen es allerdings bringt, von Scheu und Bedächtigkeit frei zu sein.

Wenn man lieber jene Klugheit annehmen will, die im Urteilsvermögen besteht, dann vernehmt bitte, wie weit davon alle entfernt sind, die sich etwas darauf zugute tun. Es steht doch nun einmal fest, dass alles im menschlichen Leben seine zwei grundverschiedenen Seiten hat wie die Silene des Alkibiades.[89] Was obenhin als Tod erscheint, entpuppt sich bei näherem Zusehen als Leben und umgekehrt. Mit Wohlgestalt und Unförmigkeit, mit Reichtum und Armut, mit Nichtigkeit und Ruhm, Gelehrtheit und Ungelehrtheit, Stärke und Schwäche, Adel und Namenlosigkeit, Freude und Trauer, Glück und Unglück, Heil und Schaden ist es genauso, kurz, man findet alles unversehens ins Gegenteil verkehrt, wenn man den Silen aufdeckt. Sollte das jemandem allzu philosophisch gesagt scheinen, will ich es mit einfachsten Worten verständlich machen. Wer würde bestreiten, dass ein König reich und Herr ist? Mit Geistesgütern ist er nicht ausgestattet, und es dünkt ihn freilich nichts genug, also ist er wohl sehr arm. Dann ist er seelisch in vielerlei Laster verstrickt, und damit lebt er schon in schändlicher Knechtschaft. Ähnlich könnte man in allen anderen Fällen philosophieren. Doch mag das als Beispiel genügen. Was soll das nun, könnte jemand fragen. Hört zu, worauf wir hinauswollen! Wenn einer versuchen wollte, Schauspielern auf der Bühne die Masken herunterzureißen und den Zuschauern die wirklichen Gesichter zu zeigen, würde er nicht das ganze Stück verderben und verdienen, wie ein Besessener von allen mit Steinen aus dem Theater verjagt zu werden? Es könnte so allzu plötzlich ein neues Bild der Verhältnisse erscheinen: Wer eben noch

do iuvenis, mox senex: qui paulo ante rex, subito Dama: qui modo deus, repente homunculus appareat. Verum eum errorem tollere est fabulam omnem perturbare. Illud ipsum figmentum et fucus est, quod spectatorum oculos detinet. Porro mortalium vita omnis quid aliud est quam fabula quaepiam, in qua alii, aliis obtecti personis procedunt aguntque suas quisque partes, donec choragus educat e proscenio? Qui saepe tamen eundem diverso cultu prodire iubet, ut qui modo regem purpuratum egerat, nunc servulum pannosum gerat. Adumbrata quidem omnia, sed haec fabula non aliter agitur.

Hic si mihi sapiens aliquis coelo delapsus subito exoriatur, clamitetque hunc [429] quem omnes ut deum ac dominum suspiciunt nec hominem esse, quod pecudum ritu ducatur affectibus, servum esse infimae sortis quod tam multis tamque foedis dominis sponte serviat. Rursum alium, qui parentem extinctum luget, ridere iubeat, quod iam demum ille vivere coeperit, cum alioqui vita haec nihil aliud sit quam mors quaedam. Porro alium stemmatis gloriantem, ignobilem ac nothum appellet, quod a virtute longe absit, quae sola nobilitatis sit fons, adque eundem modum de caeteris omnibus loquatur, quaeso quid is aliud egerit nisi ut demens ac furiosus omnibus esse videatur? Ut nihil est stultius praepostera sapientia, ita perversa prudentia nihil imprudentius. Siquidem perverse facit, qui sese non

Frau war, ist jetzt ein Mann, wer eben noch Jüngling war, gleich ein Alter, wer kurz vorher ein König war, entpuppt sich nun als der namenlose Dama des Horaz,[90] wer eben noch Gott war, erscheint plötzlich als Menschlein. Diesen Irrtum beseitigen heißt das ganze Stück verwirren. Dieser Trug und Schein ist es doch, der die Augen der Zuschauer gebannt hält. Was ist denn das menschliche Leben schon anderes als ein Schauspiel, in dem die einen vor den anderen in Masken auftreten und ihre Rolle spielen, bis der Regisseur sie von den Brettern abruft? Oft genug lässt er denselben Spieler in verschiedenen Rollen auftreten, so dass er bald als purpurgeschmückter König, bald als dürftig gekleideter Sklave erscheint. Schein ist zwar alles, aber dieses Stück wird nicht anders gegeben.

Vielleicht erhebt sich hier unversehens vom Himmel herab ein Weiser wider mich und klagt, dass dieser da, [429] den alle als Gott und Herrn betrachten, auch kein Mensch sei, weil er sich nach tierischer Art von Trieben leiten lasse; er sei ein Sklave in elender Lage, weil er so vielen und schmutzigen Herren freiwillig diene. Einen andern, der den Tod des Vaters betrauert, könnte er zur Freude aufmuntern, weil der Vater nun erst zu leben begonnen habe, da doch das Leben hier nichts anderes wäre als eine Art Tod. Einen Adelsstolzen könnte er namenlos und Bankert nennen, weil er kein Verhältnis zur Tugend hätte, die allein die Quelle der Vornehmheit sei. So könnte er über alles sonst seine Sprüche machen. Bitte, was hätte er aber anderes getan als sich vor allen verrückt und besessen gebärdet? Wie nichts törichter ist als unangebrachte Weisheit, so ist nichts weniger klug als verkehrte Klugheit. Verkehrt handelt nämlich, wer sich der augenblicklichen Lage nicht anpasst und

accommodet rebus praesentibus, foroque nolit uti nec saltem legis illius convivialis meminerit, ἢ πῖθι, ἢ ἄπιθι, postuletque ut fabula iam non sit fabula. Contra vere prudentis est, cum sis mortalis, nihil ultra sortem sapere velle cumque universa hominum multitudine vel connivere libenter vel comiter errare. At istud ipsum, inquiunt, stulticiae est. Haud equidem inficias iverim, modo fateantur illi vicissim hoc esse vitae fabulam agere.

Caeterum illud, o dii immortales, eloquarne an sileam? Cur autem sileam, cum sit vero verius? Sed praestiterit fortassis in re tanta Musas ex Helicone accersere, quas poetae saepius ob meras nugas advocare solent. Adeste igitur paulisper, Iovis filiae, dum ostendo nec ad egregiam illam sapientiam ac felicitatis, ut ipsi vocant, arcem, aditum esse cuiquam nisi stulticia duce.

Iam primum illud in confesso est, affectus omnes ad stulticiam pertinere, quandoquidem [430] hac nota a stulto sapientem discernunt, quod illum affectus, hunc ratio temperat; eoque Stoici perturbationes omnes ceu morbos a sapiente semovent. Verum affectus isti non solum paedagogorum vice funguntur ad sapientiae portum properantibus, verumetiam in omni virtutis functione ceu calcaria stimulique quidam adesse solent, velut ad bene agendum exhortatores. Quanquam hic fortiter reclamat bis Stoicus Seneca, qui prorsum omnem affectum adimit sapienti. Verum cum id facit, iam ne hominem quidem relinquit, sed novum potius deum quendam δημιουργεῖ, qui nusquam nec extitit

seine Fahne nicht nach dem Wind stellt, sich nicht wenigstens des Trinkspruches »Sauf oder lauf!« erinnert und fordert, dass das Spiel nicht mehr Spiel sei. Dagegen zeugt von der rechten Klugheit, wenn du als Mensch nicht über deine Grenzen hinaus weise sein willst und mit dem gemeinen Haufen gern ein Auge zudrückst oder munter irrst. Das aber, sagen sie, sei gerade das Merkmal der Torheit. Ich will es nicht einmal abstreiten, nur sollen jene ihrerseits zugeben, dass man so das Bühnenstück des Lebens spielt.

Ihr Götter, soll ich tatsächlich das andere auch noch erwähnen, oder soll ich schweigen? Doch warum sollte ich die lauterste Wahrheit verschweigen? Vielleicht ist es angemessen, bei solchem Vorhaben die Musen vom Helikon herabzubemühen, wie das die Dichter oft genug bei faden Nichtigkeiten tun. Steht mir also ein wenig zur Seite, ihr Töchter des Jupiter, indes ich meinen Beweis führe, dass keiner zu jener trefflichen Weisheit und angepriesenen Burg der Glückseligkeit gelangt ohne das Geleit der Torheit.

Zunächst steht doch fest, dass alle Leidenschaften der Torheit dienstverpflichtet sind. [430] Das betrachtet man ja als Unterschied zwischen dem Toren und dem Weisen, dass jenen die Leidenschaften, diesen die Vernunft leiten. Deshalb scheiden die Stoiker alle Verwirrungen wie Krankheiten vom Weisen. Dabei sind eben diese Leidenschaften doch wie Erzieher für alle Adepten der Weisheit, ja, bei jeder Tugendübung pflegen sie als eine Art Sporn und Stachel mitzuhelfen und ermuntern geradezu zu gutem Gelingen. Allerdings streitet das der Überstoiker Seneca[91] ab, der den Weisen von jeder Leidenschaft ausnimmt. Damit verlässt er aber nicht nur alles menschliche Maß, sondern bildet sogar eine neue Gottheit, die es nie und nirgends gab noch

unquam, nec extabit; imo, ut apertius dicam, marmoreum hominis simulacrum constituit, stupidum et ab omni prorsus humano sensu alienum. Proinde si libet, ipsi suo sapiente fruantur citraque rivalem ament licet cumque eo vel in civitate Platonis vel, si malint, in idearum regione vel in Tantaliis inhabitent hortis. Quis enim non istiusmodi hominem ceu portentum ac spectrum fugitet horreatque, qui ad omnes naturae sensus obsurduerit, qui nullis sit affectibus, nec amore nec misericordia magis commoveatur, *quam si dura silex, aut stet Marpesia cautes*, quem nihil fugiat, qui nihil erret, sed ceu Lynceus quispiam nihil non perspiciat, nihil non ad amussim perpendat, nihil ignoscat, qui solus seipso sit contentus, solus dives, solus sanus, solus rex, solus liber, breviter omnia solus, sed suo solius iudicio, qui nullum moretur amicum, ipse amicus nemini, qui diis quoque ipsis non dubitet mandare laqueum, qui quicquid in omni vita geritur velut insanum damnet rideatque? Atqui huiusmodi animal est absolutus ille sapiens. Quaeso, si res agatur suffragiis, quae civitas istiusmodi magistratum sibi velit aut quis exercitus talem optet ducem? Imo quae mulier id genus maritum, quis convivator eiusmodi convivam, quis servus talibus moribus dominum vel optet vel ferat? Quis autem non malit vel unumquemvis de media stultissimorum hominum plebe, qui stultus stultis vel imperare possit vel parere, qui sui [431] similibus placeat, sed quamplurimis, qui comis sit in uxorem, iucundus ami-

geben wird. Noch deutlicher gesagt, schafft er ein marmornes Menschenbild, stumpf und ohne jedes menschliche Gefühl. Mögen sie sich nach Belieben an ihrem Weisen ergötzen und ihn in abgeklärter Liebe umhegen, mit ihm in Platons »Staat« oder, wenn ihnen das mehr behagt, im Reich der Ideen oder in den Gärten des Tantalus Wohnung nehmen![92] Alle Welt meidet und verabscheut doch einen solchen Menschen wie einen schrecklichen Schemen, der taub ist für alle natürlichen Regungen, für keine Leidenschaften empfänglich und von Liebe und Mitgefühl nicht mehr gepackt wird wie ein harter Kieselstein oder der Marpessische Fels[93]. Nichts entgeht ihm, er ist unfehlbar und durchschaut alles wie ein Lynkeus[94]. Mit peinlichster Genauigkeit hat er alles überlegt, kennt keine Nachsicht und ist immer nur mit sich zufrieden, ist allein reich, allein vernünftig, allein König, allein frei, kurz, alles allein, jedoch nur in seiner eigenen Meinung. Freunde erwirbt er nicht, will auch niemandem Freund sein und empfiehlt sogar den Göttern bedenkenlos den Strick. Alles im Leben verurteilt und belächelt er als Tollheit. So sieht jener vollkommene Weise aus. Wenn es eine Wahl gäbe, welcher Staat würde sich einen solchen Staatslenker wünschen, oder welches Heer würde nach einem solchen Feldherrn verlangen? Welche Frau möchte ihn zum Gatten haben, welcher Gastgeber ihn als Gast, und welcher Diener würde einen Herrn mit solchen Gewohnheiten begehren oder ertragen? Wer möchte nicht viel lieber einen Menschen mitten aus dem dümmsten Haufen, der in seiner Torheit den Toren befehlen oder gehorchen kann, [431] seinesgleichen fast ausnahmslos gefällt, galant ist gegenüber seiner Frau, bei Freunden beliebt, ein angenehmer Gesellschafter, umgäng-

cis, bellus conviva, convictor facilis, postremo qui nihil humani a se alienum putet? Sed me quidem iamdudum istius sapientis piget, quare ad reliqua commoda sese recipiat oratio.

Agedum, si quis velut e sublimi specula circumspiciat, ita ut Iovem interdum poetae facere praedicant, quot calamitatibus hominum vita sit obnoxia, quam misera, quam sordida nativitas, quam laboriosa educatio, quot iniuriis exposita pueritia, quot sudoribus adacta iuventus, quam gravis senectus, quam dura mortis necessitas, deinde in omni vita, quot morborum agmina infestent, quot immineant casus, quot ingruant incommoda, quam nihil usquam non plurimo felle tinctum, ut ne commemorem ista, quae homini ab homine inferuntur mala, quod genus sunt paupertas, carcer, infamia, pudor, tormenta, insidiae, proditio, convicia, lites, fraudes. Sed ego iam plane τὸν ἄμμον ἀναμετρεῖν aggredior. Porro quibus admissis ista commeruerint homines aut quis deus iratus eos in has miserias nasci coegerit, non est mihi fas in praesentia proloqui. Verum ista qui secum perpendat, nonne Milesiarum virginum probabit exemplum, etiamsi miserandum? At quinam potissimum sibi vitae taedio fatum accersivere? Nonne sapientiae confines? Inter quos, ut interim Diogenes, Xenocrates, Catones, Cassios ac Brutos sileam, Chiron ille, cum immortalem esse liceret, ultro mortem praeoptavit. Videtis, opinor,

lich als Hausfreund und schließlich duldsam gegenüber allen menschlichen Schwächen? Doch mich ekelt jener Weise schon lange an. Wir wollen unsern Blick also lieber auf die übrigen angenehmen Erscheinungen richten.

Von hoher Warte mag wohl einer Umschau halten, so wie die Dichter es manchmal Jupiter nachrühmen. Dann sieht er das menschliche Leben in maßloses Unheil verstrickt, in großem Elend. Er sieht die Peinlichkeiten der Geburt, die Mühen der Erziehung, die vielfältigen Ungerechtigkeiten, denen die Kindheit ausgesetzt ist, den argen Schweiß der Jugend, die Beschwerlichkeit des Alters, die harte Not des Todes. Er sieht, welch endloser Zug von Krankheiten in jedem Leben droht, wie viele Zufälle uns auflauern, wie viel Missgeschick uns zustößt und wie alles allerorten mit Galle getränkt ist. Ich will gar nicht erst erwähnen, was die Menschen einander an Übeln selbst zufügen, wie Armut, Gefängnis, Schande, Scham, Martern, Hinterhältigkeiten, Verrat, Schmähungen, Streitigkeiten und Betrügereien. Doch allmählich komme ich offensichtlich dazu, den Sand zu zählen. Gegenwärtig steht es mir nicht an, auszuführen, womit die Menschen das alles verdient haben und welcher zornige Gott sie zur Geburt in diesem Jammertal genötigt hat. Würde man nicht das noch so bejammernswerte Beispiel der Mädchen aus Milet[95] billigen müssen, wenn man dies im Einzelnen betrachten wollte? Haben sie nicht hauptsächlich aus Lebensüberdruss ihr Verhängnis selbst beschworen? Waren sie etwa nicht im Bann der Weisheit? Von Diogenes, Xenokrates, den Catonen, den Cassius und Brutus, die auch dazu gehören, will ich schweigen;[96] nur auf jenen Chiron[97] möchte ich noch hinweisen, der aus freien Stücken den Tod vorzog, obwohl

quid futurum sit, si passim sapiant homines: nempe altero luto, altero figulo Prometheo opus fore. Verum ego partim per ignorantiam, partim per incogitantiam, nonnunquam per oblivionem malorum, aliquando spem bonorum, aliquoties nonnihil mellis voluptatibus aspergens, ita tantis in malis succurro, ut ne tum quidem libeat vitam relinquere, cum exacto Parcarum stamine ipsa iamdudum eos relinquit vita, quoque minus sit causae, cur in vita manere debeant, hoc magis iuvet vivere: tantum abest, ut ullo vitae taedio tangantur.

Mei nimirum muneris est, quod passim Nestorea senecta senes videtis, quibus iam ne species quidem hominis superest, balbos, deliros, edentulos, canos, calvos vel, ut [432] magis Aristophanicis eos describam verbis, ῥυπῶντας, κυφοὺς, ἀθλίους, ῥυσοὺς, μαδῶντας, νωδοὺς καὶ ψωλούς, tamen usqueadeo vita delectari adeoque νεανίζειν ut alius tingat canos, alius appostitia coma calvitium dissimulet, alius dentibus utatur mutuo fortassis a sue quopiam sumptis, hic in puellam aliquam misere depereat, et amatoriis ineptiis quemvis etiam superet adolescentulum. Nam ut capulares iam meraque silicernia teneram aliquam iuvenculam ducant uxorem, eamque et indotatam et aliis usui futuram, id adeo frequens, ut propemodum et laudi detur.

er unsterblich sein durfte. Ihr seht also wohl, was einträte, wenn alle Menschen weise wären: ein neuer Lehm und eine neue prometheische Töpferhand[98] wäre dann bald nötig. Ich aber reiche meine helfende Hand in solcher Drangsal mit Unwissenheit, Unbedachtsamkeit, manchmal mit Vergesslichkeit gegenüber üblen Lagen, dann wieder mit Hoffnung auf eine glückliche Wendung und versüße bisweilen ein wenig mit Vergnügungen. So kommt es, dass die meisten selbst dann nicht gern vom Leben lassen, wenn die Parzen den Lebensfaden zu Ende gesponnen haben und das Leben selbst sie schon längst verlassen hat. Je weniger Grund zu weiterem Verweilen im Leben ist, umso mehr Freude macht das Leben. Es kann so gar keine Rede davon sein, dass sie von Lebensüberdruss gepackt würden.

Mir allein ist es doch zuzuschreiben, dass ihr immer wieder Männer im Alter eines Nestor[99] seht, die kaum noch Ähnlichkeit mit einem Menschen haben, lallend, blöde, zahnlos, weiß, kahl oder – um sie [432] mehr mit den Worten des Aristophanes[100] zu beschreiben – ungepflegt, krumm, trübselig, runzlig, glatzköpfig, ohne Gebiss und ohne Geschlechtstrieb, die aber doch so am Leben hängen und sich so jugendlich gebärden, dass der eine sein Haar färben lässt, der andere seine Glatze unter einer Perücke birgt, der dritte ein falsches Gebiss eines Schweines gebraucht und wieder ein anderer sich in ein Mädchen verliebt, wobei er es mit verliebtem Unfug jedem jungen Mann zuvortut. Dem Tod nahe und reif für das Grab, führen sie noch ein junges Weibchen heim, ganz gleich, ob sie ohne Mitgift ist und anderen Nutzen bringt, und das alles ist so gang und gäbe, dass es fast noch gerühmt wird.

Sed multo etiam suavius, si quis animadvertat anus longo iam senio mortuas adeoque cadaverosas, ut ab inferis redisse videri possint, tamen illud semper in ore habere, φῶς ἀγαθόν: adhuc catullire atque, ut Graeci dicere solent, καπροῦν et magna mercede conductum aliquem Phaonem inducere, fucis assidue vultum oblinere, nusquam a speculo discedere, infimae pubis sylvam vellere, [433] vietas ac putres ostentare mammas, tremuloque gannitu languentem solicitare cupidinem, potitare, misceri puellarum choris, literulas amatorias scribere. Ridentur haec ab omnibus, tanquam (uti sunt) stultissima, at ipsae sibi placent, et in summis interim versantur deliciis, totasque sese melle perungunt, meo videlicet beneficio felices. Porro quibus haec deridicula videntur, illud secum expendant velim, utrum satius ducant huiusmodi stulticia vitam plane mellitam exigere an trabem, ut aiunt, suspendio quaerere.

Porro quod haec vulgo putantur infamiae obnoxia, istud nihil ad stultos meos, qui malum hoc aut non sentiunt aut si quid sentiunt, facile negligunt. Si saxum in caput incidat, id vere malum sit. Caeterum pudor, infamia, probrum, maledicta, tantum adferunt noxae quantum sentiuntur; si sensus absit, ne mala quidem sunt. Quid laedit, si totus populus in te sibilet, modo tute tibi plaudas? Atque ut id liceat, sola stulticia praestat.

Sed mihi videor audire reclamantes philosophos. Atqui hoc ipsum est, inquiunt, miserum, stulticia teneri, errare,

Ein noch köstlicheres Schauspiel bieten aber alte Frauen. Längst schon vom Alter ganz abgestorben und gleichsam so voll Leichengeruch, dass sie von den Toten auferstanden scheinen, haben sie trotzdem immer noch das »Freut euch des Lebens« im Munde, sind voll Brunst und bockslüstern, wie die Griechen sagen. Sie scheuen keine Kosten, um sich einen Phaon[101] zu ködern, schminken sich ständig und weichen nicht vom Spiegel. Hemmungslose Begierde plagt sie, [433] und sie zeigen ihren welken und schlaffen Busen in einem gewagten Dekolleté. Ausgelassene Lieder sollen den altersschwachen Trieb aufmuntern, dazu Trinkgelage, Tanz mit jungen Mädchen und verliebte Briefwechsel. Alle Welt lacht über solche unbestreitbaren Torheiten, doch sie gefallen sich selbst dabei, haben ihre Lust und salben sich mit dem glückbringenden Honig meiner Gunst. Die aber darüber lächeln, sollten lieber erwägen, ob sie es für richtiger halten, mit solcher Torheit das Leben zu versüßen oder sich am nächstbesten Balken aufzuhängen.

Der Hinweis auf die Schändlichkeit solchen Verhaltens trifft meine Toren nicht, denn sie haben kein Gefühl für die Schlechtigkeit oder schlagen es einfach in den Wind. Höchstens ein Stein, der ihnen aufs Haupt fiele, würde von ihnen als Übel empfunden. Übrigens bringen Scham, Ruchlosigkeit, Unzucht und Schlechtigkeiten nur Schaden, wo man ein Gefühl dafür hat. Fehlt dies, sind es nicht einmal Übel. Was stört es dich, ob das ganze Volk dich auszischt, wenn du mit dir selbst zufrieden bist? Die Torheit allein verschafft dir solche Freiheit.

Doch ich glaube, die Philosophen widersprechen mir: Das ist ja gerade das Jämmerliche, in Torheit befangen zu sein, zu irren, sich zu täuschen und keine Ahnung zu

falli, ignorare. Imo hoc est hominem esse. Porro miserum cur vocent, non video, quandoquidem sic nati estis, sic instituti, sic conditi, ea est communis omnium sors. Nihil autem miserum quod in suo genere constat, nisi forte quis hominem deplorandum existimet, qui neque volare possit cum avibus neque quaternis ingredi pedibus cum reliquo pecudum genere neque cornibus sit obarmatus, quemadmodum tauri. Verum is eadem opera equum etiam bellissimum infelicem vocabit, quod neque grammaticam didicerit, neque placentis vescatur, taurum miserum, quod ad palaestricam sit inutilis. Igitur ut equus imperitus grammaticae miser non est, ita nec homo stultus infelix, propterea quod haec cum illius natura cohaerent.

Verum rursus urgent logodaedali. Est, inquiunt, homini peculiariter addita disciplinarum cognitio, quarum adminiculis id quod natura diminutum est, ingenio penset. Quasi vero ullam veri faciem habeat, naturam, quae in culicibus atque adeo in herbis ac flosculis tam sollicite vigilaverit, in uno homine dormitasse, ut disciplinis opus esset, quas Theutus ille humano generi infensus genius in summam perniciem excogitavit, adeo non utiles ad felicitatem, ut illi quoque ipsi officiant ad quod proprie repertae dicuntur, ut eleganter arguit apud Platonem rex ille prudentissimus de literarum invento. Igitur disciplinae cum reliquis humanae vitae pestibus irrepserunt, iisdem autoribus, a quibus omnia flagitia proficiscuntur, puta daemonibus,

haben, unwissend zu sein. Im Gegenteil, das eben heißt Mensch sein! Ich weiß wirklich nicht, warum sie es jämmerlich nennen, wo ihr mit dieser Veranlagung geschaffen und geboren seid, und dies doch allgemeines Los ist. Was seiner Art getreu bleibt, kann man aber nicht elend nennen, wie ja auch keiner den Menschen beklagt, weil er nicht fliegen kann wie die Vögel, nicht wie das andere Getier als Vierfüßler umherläuft und kein Gehörn trägt wie der Stier. Sonst müsste er allerdings das prächtigste Pferd ein elendes nennen, weil es keine Grammatik gelernt hat und keinen Kuchen frisst, und einen Stier müsste er missachten, weil er nicht zur Gymnastik taugt. Wie nun ein Pferd ohne Grammatikkenntnisse nicht elend ist, so ist auch ein törichter Mensch keineswegs unglücklich; denn die Torheit gehört ja zu seiner Natur.

Doch die Wortfechter werden wieder nicht lockerlassen. Bildung, so werden sie sagen, gehört zum Wesen des Menschen, da er mit ihrer Hilfe künstlich ergänzt, was ihm die Natur versagt hat. Kann man denn überhaupt annehmen, die Natur, die bei Flöhen, Pflanzen und Blumen so peinlich gesorgt hat, hätte allein den Menschen vernachlässigt, und man wäre auf jene Künste angewiesen, die der für den Menschen so unselige Erfinder Theuth[102] zu unserm vollen Verderben ersonnen hat, Künste, die so wenig zum Glück verhelfen, dass sie sogar das gefährden, für das sie eigentlich erfunden sein sollen, wie jener fabelhaft kluge König bei Platon in seinen Worten über die Erfindung der Buchstaben glänzend beweist[103]. So sind Wissenschaften und Künste mit allem übrigen Unheil in das menschliche Leben eingedrungen und kommen von den Urhebern aller Widerwärtigkeiten, den Dämonen, die ihren Namen sogar

quibus hinc nomen etiam inventum, quasi δαήμονας, hoc est, scientes appelles. Siquidem simplex illa aurei seculi gens, nullis armata disciplinis, solo naturae ductu instinctuque vivebat. Quorsum [434] enim opus erat grammatica, cum eadem esset omnibus lingua nec aliud sermone petebatur, nisi ut alius alium intelligeret? Quis usus dialectices, ubi nulla erat pugnantium inter se sententiarum dimicatio? Quis rhetoricae locus, cum nullus alteri negocium facesseret? Quorsum requireretur legum prudentia, cum abessent mali mores, ex quibus haud dubie bonae leges prognatae sunt? Porro religiosiores erant quam ut impia curiositate arcana naturae, syderum mensuras, motus, effectus, abditas rerum causas scrutarentur, nefas esse rati si homo mortalis ultra sortem suam sapere conaretur. Iam quid extra coelum esset, inquirendi dementia ne in mentem quidem veniebat. At labente paulatim aetatis aureae puritate, primum a malis, ut dixi, geniis inventae sunt artes, sed paucae atque hae quidem a paucis receptae. Postea sexcentas addidit Chaldaeorum superstitio et Graecorum ociosa levitas, meras ingeniorum cruces, adeo ut vel una grammatica abunde satis sit ad perpetuam vitae carnificinam.

Quanquam inter has ipsas disciplinas hae potissimum in precio sunt, quae ad sensum communem, hoc est, ad stulticiam quam proxime accedunt. Esuriunt Theologi, frigent Physici, ridentur Astrologi, negliguntur Dialectici. Solus

diesem Umstand verdanken, indem der griechische Name ja »Wissende« bedeutet[104]. Im goldenen Zeitalter war die Menschheit ja auch harmlos und frei von dem Rüstzeug der Wissenschaften und Künste, lebte nur im Vertrauen auf ihren natürlichen Instinkt. Was sollte auch [434] die Sprachwissenschaft, da alle die gleiche Sprache hatten und man sie nur gebrauchte, um einander zu verstehen? Wozu hätte man Dialektik nötig gehabt, wo es keinen Meinungsstreit gab? Was sollte man mit der Rhetorik anfangen, da man keine Prozesse führte? Was sollte Gesetzeskenntnis, da es doch keine schlechten Sitten gab, die zweifellos der Ursprung guter Gesetze sind? Man war zu ehrfürchtig, um die Geheimnisse der Natur aufzudecken, die Größe, Bahn und Wirkung der Gestirne und den verborgenen Ursprung der Dinge zu erforschen, und hielt es für gottlos, als sterblicher Mensch über das gegebene Maß hinaus nach Wissen zu trachten. Das vermessene Streben nach Kenntnis der Verhältnisse oberhalb des Himmelsgewölbes kam damals keinem in den Sinn. Als aber der reine Glanz des goldenen Zeitalters allmählich verblasste, brachten zuerst üble Erfinder die Künste auf, doch nur wenige machten sich diese zu eigen. Das anmaßliche Wissen der Chaldäer[105] und die müßige Leichtfertigkeit der Griechen vermehrten sie später um sechshundert. Es sind arge Kreuze des Geistes, so dass die Grammatik allein voll ausreichen würde als Marter für das ganze Leben.

Bevorzugt sind aber unter all diesen Künsten gerade diejenigen, die dem Durchschnittsverstand, also der Torheit, zusagen. Theologen können hungern, Naturphilosophen können frieren. Astronomen verlacht man, und Dialektiker missachtet man. Der Arzt allein nimmt es nach einem Wort

ἰατρὸς γὰρ ἀνὴρ πολλῶν ἀντάξιος ἀνδρῶν. Atque in hoc ipso genere, quo quisque indoctior, audacior, incogitantiorque, hoc pluris fit etiam apud torquatos istos principes. Atqui medicina, praesertim ut nunc a compluribus [435] exercetur, nihil aliud est quam assentationis particula, non minus profecto quam rhetorica. Secundum hos proximus datur locus leguleiis, et haud scio an primus, quorum professionem, ne quid ipsa pronunciem, velut asininam philosophi magno consensu ridere solent. Sed tamen horum asinorum arbitrio maxima minimaque negocia transiguntur. His latifundia crescunt, cum theologus interim excussis totius divinitatis scriniis lupinum arrodit, cum cimicibus ac pediculis assidue bellum gerens.

Ut igitur feliciores sunt artes, quae maiorem habent cum stulticia affinitatem, ita longe felicissimi sunt hi, quibus prorsus licuit ab omnium disciplinarum commercio abstinere solamque naturam ducem sequi, quae nulla sui parte manca est, nisi forte mortalis sortis pomeria transilire velimus. Odit natura fucos multoque felicius provenit quod nulla sit arte violatum. Agedum, an non videtis ex unoquoque reliquorum animantium genere ea felicissime degere, quae sunt a disciplinis alienissima nec ullius magisterio nisi naturae ducuntur? Quid apibus aut felicius aut mirabilius? At his ne corporis quidem omnes sensus adsunt. Quid simile in extruendis aedificiis reperit architectura? Quis unquam philosophus similem instituit rempublicam? Rursum equus, quoniam humanis sensibus affinis est et in

Homers mit vielen anderen auf. Doch je weniger Bildung einer von diesen hat, je dreister und unüberlegter er verfährt, umso höher ist sein Ansehen in der vornehmen Welt. Denn die Heilkunde, zumal wie sie heute von der Mehrzahl [435] ausgeübt wird, ist nichts anderes als eine Art Liebedienerei, nicht weniger wahrhaftig als die Rhetorik. Den nächsten Platz beanspruchen die Rechtsverdreher, vielleicht sogar den ersten; denn die Philosophen – ich will nichts gesagt haben – machen sich mit großer Einmütigkeit über dieses von ihnen so genannte Eselsgewerbe lustig. Immerhin kommen mithilfe dieser Esel große und kleine Geschäfte zustande. Sie mehren ihren Besitz, während der Theologe die Schatztruhen des Göttlichen ausklaubt und dabei in ständigem Krieg mit Wanzen und Läusen an Wolfsbohnen herumnagt.

Wie nun die Künste ertragreicher sind, die der Torheit am nächsten stehen, so bringt doch am meisten ein, was sich von jeder Berührung mit der Wissenschaft freihalten kann und nur dem Instinkt der Natur gemäß ist, die uns nirgendwo im Stich lässt, sofern wir nicht die Zäune unseres Menschenloses übersteigen wollen. Die Natur hasst Schminke, und was nicht durch Kunst verdorben ist, gelingt viel besser. Seht ihr denn nicht, wie bei jeder Gattung der übrigen Lebewesen jene am glücklichsten leben, denen Künste völlig fremd sind und die nur dem Trieb der Natur folgen. Was ist glücklicher und wunderbarer als die Bienen? Dabei verfügen sie nicht einmal über alle äußeren Sinne. Hat die Architektur beim Hausbau ähnliche Leistungen aufzuweisen? Welcher Philosoph hat je einen ähnlichen Staat gegründet? Das Pferd hingegen, das ja in seiner sinnlichen Beschaffenheit dem Menschen am nächsten

hominum contubernium demigravit, humanarum item calamitatum est particeps, quippe qui non raro dum vinci pudet in certaminibus ducit ilia et [436] in bellis, dum ambit triumphum, confoditur simulque cum sessore terram ore momordit. Ut ne commemorem interim lupata frena, aculeata calcaria, stabuli carcerem, scuticas, fustes, vincula, sessorem, breviter omnem illam servitutis tragoediam, cui se ultro addixit, dum fortes viros imitatus impensius hostem ulcisci studet. Quanto optabilior muscarum et avicularum vita, ex tempore soloque naturae sensu degentium, modo per hominum insidias liceat. Quae si quando caveis inclusae assuescant humanas sonare linguas, mirum quam a nativo illo nitore degenerent. Adeo modis omnibus laetius est quod natura condidit quam quod fucavit ars.

Proinde nunquam satis laudarim gallum illum Pythagoram, qui cum unus omnia fuisset, philosophus, vir, mulier, rex, privatus, piscis, equus, rana, opinor etiam spongia, tamen nullum animal iudicavit calamitosius homine, propterea quod caetera omnia naturae finibus essent contenta, solus homo sortis suae limites egredi conaretur. Rursum inter homines, idiotas multis partibus anteponit doctis ac magnis, et Gryllus ille non paulo plus sapuit quam πολυμήτις Ὀδυσσεύς, qui maluerit in hara grunnire quam

kommt und deshalb zum Hausgenossen des Menschen wurde, musste so auch am Elend des Menschen teilhaben. Oft genug müht es sich in Wettkämpfen ab, da es sich einer Niederlage schämt, muss sich abschlachten lassen, weil es [436] im Krieg nach triumphalen Ehren trachtet, und darf zugleich mit dem Reiter ins Gras beißen. Die Kandare will ich gar nicht erst erwähnen, die scharfen Sporen, den finstern Stall, die Karbatschen, die Stockschläge, die Fesseln, den Reiter, kurz, das ganze Elend der Knechtschaft, der es sich freiwillig fügt. Es macht es wie die kriegsgewaltigen Herren und straft sich selbst, indem es sich gegen den Feind ins Zeug legt. Wie viel begehrenswerter ist das Leben der Fliegen und kleinen Vögel, die sich je nach Zeit und Ort dem Trieb der Natur überlassen, soweit menschliche Hinterlist ihnen das gestattet. Es ist erstaunlich, in welchem Maße sie diese angeborene Anmut einbüßen, wenn sie im Käfig sitzen und auf Menschenworte abgerichtet sind. So macht alles, was die Natur geschaffen hat, mehr Freude als der Flitter der Kunst.

Deshalb kann ich auch den pythagoreischen Hahn[106] nie genug loben, der alles in einem war, Philosoph, Mann, Weib, König, Privatmann, Fisch, Pferd, Frosch, ich glaube sogar Schwamm, und doch kein Lebewesen für elender hielt als den Menschen. Während nämlich alle anderen Wesen sich in den naturgesetzten Grenzen hielten, habe der Mensch allein versucht, die Schranken seines Schicksals zu überschreiten. Unter den Menschen aber gibt er den Einfältigen bei Weitem den Vorzug vor den Gelehrten und Großen. Noch klüger als der »listenreiche Odysseus« war jener Gryllus[107], der lieber im Schweinekoben grunzen wollte als sich an Odysseus' Seite so ungezählten Wider-

cum illo tot miseris obiici casibus. Ab his mihi non dissentire videtur Homerus, nugarum pater, qui cum mortales omneis subinde δειλοὺς καὶ μοχθηρούς appellat, tum Ulyssem illum, suum sapientis exemplar, saepenumero δύστηνον vocat, Paridem nusquam, nec Aiacem nec Achillem. Quamobrem id tandem? Nisi quod ille vafer et artifex nihil non Palladis consilio agebat nimiumque sapiebat, a naturae ductu quam longissime recedens.

Ut igitur inter mortales ii longissime absunt a felicitate, qui sapientiae student, nimirum hoc ipso bis stulti, quod homines nati cum sint, tamen obliti conditionis suae deorum immortalium vitam affectant, et gigantum exemplo disciplinarum machinis naturae bellum inferunt, ita quam minime miseri videntur ii, qui ad brutorum ingenium stulticiamque quam proxime accedunt neque quicquam ultra hominem moliuntur. Age experiamur num hoc quoque non Stoicis enthymematis, sed crasso quopiam exemplo queamus ostendere. Ac per deos immortales, estne quicquam felicius isto hominum genere, quos vulgo moriones, stultos, fatuos, ac bliteos appellant, pulcherrimis, ut equidem opinor, cognominibus? Rem dicam prima fronte stultam fortassis atque absurdam, sed tamen unam multo verissimam.

Principio vacant mortis metu, non mediocri per Iovem malo. Vacant conscientiae [437] carnificina. Non territantur manium fabulamentis. Non expavescunt spectris ac lemu-

wärtigkeiten auszusetzen. Homer, dieser Vater aller guten Einfälle, scheint ähnlicher Meinung zu sein. Während er nämlich die Menschen oft elend und mühselig und Odysseus, sein Urbild eines Weisen, manchmal bedrückt nennt, braucht er diese Bezeichnung niemals für Paris und Ajax noch für Achill. Warum sagte er das nun dem Odysseus nach? Weil dieser verschmitzte Meister immer unter dem Einfluss der Pallas (Athene) stand, allzu weise war und kein Ohr mehr hatte für die Stimme der Natur.

Wie also unter den Menschen diejenigen vom Glück keinen Hauch verspüren, die weise werden wollen, verhalten sich alle doppelt töricht, die als sterbliche Menschen ihr Los vergessen, nach dem Leben der unsterblichen Götter trachten und wie Giganten mit dem Kriegsgerät ihrer Künste der Natur den Kampf ansagen. Die es aber in ihrem Sinn mit der Torheit des dummen Viehs halten und nie über die Grenzen ihrer Menschlichkeit hinwegstreben, erscheinen daher am wenigsten vom Jammer berührt. Versuchen wir nun, dies nach Möglichkeit an einem handgreiflichen Beispiel und nicht mit stoischen Schlüssen zu beweisen. Bei den unsterblichen Göttern, gibt es denn einen glücklicheren Menschenschlag als die im Volksmund so genannten Narren, Dummköpfe, Blöden und Albernen, Bezeichnungen, die ich sogar sehr hübsch finde? Auf den ersten Blick erscheint der Sachverhalt vielleicht töricht und sinnlos und ist doch auf eine einzigartige Weise wahr.

Zunächst einmal kennen sie keine Todesfurcht, die doch, beim Jupiter, kein unbedeutendes Übel ist. Von Gewissensqualen [437] sind sie frei und lassen sich durch keinerlei Ammenmärchen über die Unterwelt einschüchtern. Gesichter und Totengeister können auf sie keinen Eindruck

ribus, non torquentur metu impendentium malorum, non spe futurorum bonorum distenduntur. In summa non dilacerantur milibus curarum quibus haec vita obnoxia est. Non pudescunt, non verentur, non ambiunt, non invident, non amant. Denique si propius etiam ad brutorum animantium insipientiam accesserint, ne peccant quidem autoribus theologis. Hic mihi iam expendas velim, stultissime sapiens, quot undique solicitudinibus noctes diesque discrucietur animus tuus, congeras in unum acervum universa vitae tuae incommoda atque ita demum intelliges, quantis malis meos fatuos subduxerim. Adde huc quod non solum ipsi perpetuo gaudent, ludunt, cantillant, rident, verumetiam caeteris omnibus, quocunque sese verterint, voluptatem, iocum, lusum risumque adferunt, velut in hoc ipsum a deorum indulgentia dati, ut humanae vitae tristiciam exhilararent. Unde fit, ut cum aliis in alios varius sit affectus, hos omnes ex aequo tanquam suos agnoscant, expetant, pascant, foveant, complectantur, succurrant si quid acciderit, impune permittant quicquid vel dixerint vel fecerint. Adeoque nemo illis nocere cupit, ut ferae quoque beluae ab illorum iniuria temperent, sensu quodam innocentiae naturali. Sunt enim vere sacri diis, praecipue mihi, ideoque non iniuria hunc honorem omnes illis habent.

Quid quod summis etiam regibus adeo sunt in delitiis, ut nonnulli sine his neque prandere nec ingredi nec omnino

machen, drohende Verhängnisse quälen sie nicht, und die Hoffnung auf künftiges Glück regt sie nicht auf. Alles in allem zermartern sie sich nicht mit tausend Sorgen, die dieses Leben beschweren. Sie kennen keine Scham, keine Scheu, keinen Ehrgeiz, keinen Neid und keine Liebe. Sobald sie schließlich noch näher an die Unwissenheit des stumpfsinnigen Getiers herangekommen sind, können sie, wie die Theologen lehren, nicht einmal sündigen. Hier sollst du, törichter Weiser, mir einmal aufzählen, von welchen Aufregungen Tag und Nacht dein Geist geplagt ist. Häufe alle Beschwerlichkeiten deines Lebens aufeinander, und dann musst du zuletzt erkennen, welche Widerwärtigkeiten ich meinen Blöden erspart habe. Rechne dazu, dass sie selbst nicht nur ständig froh sind, scherzen, singen und lachen, sondern auch, wo sie nur auftauchen, Vergnügen, Scherz, Spiel und Lachen verbreiten. Sie scheinen von der Gnade der Götter eigens dazu bestimmt, die Trübseligkeit des menschlichen Daseins zu verklären. Daher kommt es, dass sie allen gleich herzlich begegnen, alle in gleicher Weise mit sorgender Liebe umfangen und in Unglücksfällen unterstützen, während doch sonst die Einzelnen sehr unterschiedlich gegeneinander eingestellt sind. Ja, gegen Beleidigungen und Ungerechtigkeiten sind sie unempfindlich. Niemand neigt ihnen gegenüber zu Gehässigkeiten, sogar wilde Tiere lassen diese Menschen ungeschoren, als ob sie ein natürliches Gespür für Harmlosigkeit hätten. Sie sind den Göttern gewissermaßen heilig, vor allen Dingen mir, weshalb ihnen mit gutem Recht alle diese Ehre erweisen.

Den höchsten Herrschern bereiten sie doch solches Vergnügen, dass manche ohne ihre Gesellschaft weder speisen

vel horam durare possint. Neque vero paulo intervallo hos bliteos suis illis tetricis sophis anteponunt, quos tamen ipsos aliquot honoris gratia solent alere. Cur autem anteponant, nec obscurum arbitror nec mirum videri debet, cum sapientes illi nil nisi triste soleant adferre principibus suaque doctrina freti non vereantur aliquoties auriculas teneras mordaci radere vero; Moriones autem id praestent quod unum undecunque principes modis omnibus aucupantur, iocos, risus, cachinnos, delitias. Iam accipite et hanc non aspernandam stultorum dotem, quod soli simplices ac veridici sunt. Quid autem veritate laudatius? Quanquam enim Alcibiadeum apud Platonem proverbium veritatem vino pueritiaeque tribuit, tamen omnis ea laus mihi peculiariter debetur, vel Euripide teste, cuius extat illud celebre de nobis dictum: μωρὰ γὰρ μωρὸς λέγει. [438] Fatuus quicquid habet in pectore, id et vultu prae se fert et oratione promit. At sapientum sunt duae illae linguae, ut idem meminit Euripides, quarum altera verum dicunt, altera quae pro tempore iudicarint opportuna. Horum est nigrum in candida vertere et eodem ex ore frigidum pariter et calidum efflare longeque aliud conditum habere in pectore, aliud sermone fingere. Porro in tanta felicitate, tamen hoc nomine principes mihi videntur infelicissimi, quod deest, a quo verum audiant, et assentatores pro amicis habere coguntur.

Sed abhorrent a vero principum aures, dixerit aliquis, et

noch auftreten noch überhaupt eine Stunde verbringen. Sie ziehen diese albernen Kerle ihren finstern Philosophen, die sie doch auch mit Gunst und Ehren verwöhnen, erheblich vor. Warum sie jene verhätscheln, liegt auf der Hand und darf weiter gar nicht verwunderlich erscheinen, da die Weisen den Fürsten gewöhnlich nur trübe Erfahrungen vermitteln und im Vertrauen auf die Kraft ihrer Lehre oft genug keine Bedenken tragen, ein zartes Ohr mit beißender Wahrheit zu verletzen. Die Narren bieten aber nur das, was ihnen einzig am Herzen liegt, Scherz, Spott, Gelächter und Schlüpfrigkeiten. Das Vorrecht der Einfalt und Wahrhaftigkeit ist doch ebenfalls ein beachtlicher Vorzug der Toren. Was verdient aber höheres Lob als die Wahrheit? Die bei Platon überlieferte sprichwörtliche Äußerung des Alkibiades[108] nimmt die Wahrheit für den Wein und die Jugend in Anspruch; trotzdem kommt das ganze Lob zuletzt mir zu, was Euripides bezeugt, von dem wir das berühmte Wort haben, dass ein Tor allein offen redet.[109] [438] Was ein blöder Mensch innerlich fühlt, kündet sein Gesicht an, und er trägt das Herz auf der Zunge. Die Weisen dagegen sind doppelzüngig, woran der gleiche Euripides erinnert. Mit der einen Zunge verkünden sie die Wahrheit, mit der andern den Zeitgeschmack.[110] Es ist ihre Art, weiß zu machen, was schwarz ist, und in einem Atemzug kalt und warm zu erscheinen, etwas ganz anderes verborgen im Herzen zu tragen und etwas anderes auszusagen.[111] In solch äußerer Fülle scheinen mir die Fürsten in dieser Hinsicht doch sehr unglücklich, weil sie von niemandem die Wahrheit hören können und Lobhudler als Freunde ansehen müssen.

Vielleicht meint nun jemand, die Fürsten scheuten die

hac ipsa de causa sapientes istos fugitant, quod vereantur ne quis forte liberior existat, qui vera magis quam iucunda loqui audeat. Ita quidem res habet: invisa regibus veritas. Sed tamen hoc ipsum mire in fatuis meis usu venit, ut non vera modo, verum etiam aperta convicia cum voluptate audiantur, adeo ut idem dictum, quod si a sapientis ore proficiscatur, capitale fuerat futurum, a morione profectum, incredibilem voluptatem pariat. Habet enim genuinam quandam delectandi vim veritas, si nihil accedat quod offendat; verum id quidem solis fatuis dii dederunt.

Iisdem ferme de causis hoc hominum genere mulieres gaudere solent impensius, utpote ad voluptatem et nugas natura propensiores. Proinde quicquid cum huiusmodi factitarint, etiam si nonnunquam serium nimis, illae tamen iocum ac lusum interpretantur, ut est ingeniosus, praesertim ad praetexenda commissa sua, sexus ille.

Igitur ut ad fatuorum felicitatem redeam, multa cum iucunditate peracta vita, nullo mortis vel metu vel sensu, recta in campos Elysios demigrant, et illic pias atque ociosas animas lusibus suis delectaturi.

Eamus nunc et quemvis etiam sapientem cum huius morionis sorte conferamus. Finge iam mihi quod huic opponas exemplar sapientiae, hominem qui totam pueritiam atque adolescentiam in perdiscendis disciplinis contriverit et suavissimam vitae partem perpetuis vigiliis, curis, sudoribus perdiderit, ne in [439] reliqua quidem omni vita vel tantillum voluptatis degustarit, semper parcus, pauper, tristis,

Wahrheit und mieden die Weisen, weil sie befürchteten, es könnte einer auftreten, der mehr Wahrheit, als angenehm ist, zu sagen wagte. Das ist nun der wunderliche Vorzug meiner blöden Gefolgschaft, dass man von ihnen nicht nur die Wahrheit, sondern sogar offenbare Beschimpfungen mit Vergnügen annimmt. Es geht so weit, dass das gleiche Wort, das im Mund eines Weisen zu einem todwürdigen Verbrechen würde, im Mund eines Narren unglaubliches Vergnügen hervorruft. Wahrheit hat nämlich eine gewisse ursprüngliche Gabe, Freude zu bereiten, sofern sie sich von Beleidigung freihält. Diese Gabe aber haben die Götter einzig den Albernen vorbehalten.

Fast aus dem gleichen Grund haben die Frauen eine Schwäche für diese Art Menschen, da sie von Natur aus mehr zu Vergnügung und Schäkerei neigen. Was sie auch mit ihnen anstellen, selbst wenn es bisweilen reichlich ernsthaft ist, legen sie doch als Scherz und Spiel aus. Dieses Geschlecht ist ja erfinderisch, besonders wenn es gilt, den Sünden ein Mäntelchen umzuhängen.

Um aber auf das Glück der Blöden zurückzukommen: Wenn sie ihr Leben in Behaglichkeit verbracht haben, wandern sie ohne Todesfurcht und -gefühl geradewegs in die elysischen Gefilde, um dort die frommen und müßigen Seelen mit ihrer Spielerei zu unterhalten.

Vergleichen wir nun einmal einen Weisen mit dem Los der Narren! Stelle dir lieber sogar ein Muster an Weisheit vor, einen Menschen, der die ganze Kindheit und Jugend mit dem Studium der Wissenschaften vertrödelt, den besten Teil des Lebens mit unaufhörlichen Nachtwachen, Sorgen und Schweiß verdorben und [439] auch sonst im Leben sich kein bisschen Vergnügen erlaubt hat, der immer knau-

tetricus, sibiipsi iniquus ac durus, aliis gravis et invisus, pallore, macie, valetudine, lippitudine confectus, senio canicieque multo ante diem contracta, ante diem fugiens e vita. Quanquam quid refert quando moriatur istiusmodi, qui nunquam vixerit? Habetis egregiam illam sapientis imaginem.

At hic rursus obganniunt mihi οἱ ἐκ τῆς στοᾶς βάτραχοι. Nihil, inquiunt, miserius insania. Sed insignis Stulticia vel insaniae proxima est vel ipsa potius insania. Quid enim aliud est insanire quam errare animo? Sed isti tota errant via. Age, hunc quoque syllogismum dissipemus, Musis bene fortunantibus. Argute quidem isti, verum quemadmodum apud Platonem docet Socrates ex una Venere secta duas et ex uno Cupidine dissecto duos faciens, itidem et istos dialecticos decebat insaniam ab insania distinguere, si modo ipsi sani videri vellent. Neque enim protinus omnis insania calamitosa est. Alioqui non dixisset Horatius *An me ludit amabilis insania*, neque Plato poetarum, vatum et amantium furorem inter praecipua vitae bona collocasset, nec vates illa laborem Aeneae vocasset insanum.

Verum est duplex insaniae genus: alterum quod ab inferis dirae ultrices submittunt, quoties immissis anguibus vel ardorem belli vel inexplebilem auri sitim vel dedecorosum ac nefarium amorem vel parricidium, incestum, sacrilegium aut aliam id genus pestem aliquam in pectora [440] mortalium invehunt, sive cum nocentem et conscium animum

serig, arm, gedrückt, finster, ungerecht und hart gegen sich selbst war, von Bleichsucht, Magerkeit, Kränklichkeit und Triefäugigkeit gezeichnet, von Greisentum und Weißhaarigkeit vor der Zeit entstellt und vor der Zeit aus dem Leben fliehend. Was macht es schon, wenn so einer stirbt, der nie gelebt hat? Da habt ihr das Bild eines trefflichen Weisen!

Doch hier quaken die Frösche der Stoa wieder gegen mich. Nichts ist elender als der Unverstand, sagen sie, und auffallende Torheit grenzt an Unverstand oder ist vielmehr Unverstand. Was heißt unverständig sein denn anderes als irren? Und jene sind ganz im Irrtum befangen. Auch diesen Trugschluss wollen wir mithilfe der Musen verscheuchen. Sie haben zwar allen Scharfsinn aufgewandt, haben aber, wie Sokrates bei Platon lehrt, Venus zerteilt und zwei daraus gemacht, Cupido in zwei Wesen aufgelöst.[112] Ebenso müssten jene Dialektiker den Unverstand vom Unverstand scheiden, sofern sie Verstand für sich in Anspruch nehmen wollten. Aller Unverstand ist ja nicht gleichmäßig anrüchig, sonst hätte Horaz[113] gewiss nicht gesagt: »Täuscht mich denn der liebenswürdige Unverstand?«, und Platon[114] hätte die Begeisterung der Dichter, Seher und Liebenden nicht zu den vorzüglichsten Gütern des Lebens gerechnet. Auch hätte die Sibylla die Mühe des Aeneas nicht unverständig genannt.[115]

Es gibt wirklich eine zweifache Art Unverstand, eine, die die Rachegöttinnen immer aus der Unterwelt schicken, wenn sie mit ihren schlangendrohenden Häuptern die Hitze des Krieges, unersättlichen Golddurst, schändliche und ruchlose Liebesleidenschaft, Meuchelmord, Blutschande, Kirchenschändung oder ähnliches Unheil über das menschliche [440] Herz verhängen oder aber das schuldbeladene

furiis ac terriculorum facibus agunt. Est alterum huic longe dissimile, quod videlicet a me proficiscitur, omnium maxime exoptandum. Id accidit quoties iucundus quidam mentis error simul et anxiis illis curis animum liberat et multiiuga voluptate delibutum reddit. Atqui hunc mentis errorem ceu magnum quoddam deorum munus, ad Atticum scribens optat Cicero, nimirum quo tantorum malorum sensu carere posset. Neque perperam sensit Argivus ille, qui hactenus insaniebat, ut totos dies solus desideret in theatro ridens, plaudens, gaudens, quod crederet illic miras agi tragoedias, cum nihil omnino ageretur; cum in caeteris vitae officiis probe sese gereret, iucundus amicis, *comis in uxorem, posset qui ignoscere servis, Et signo laesae non insanire lagenae.* Hunc ubi cognatorum opera datis pharmacis morbo levasset sibique iam totus esset redditus, hunc in modum cum amicis expostulans *Pol, me occidistis amici, Non servastis, ait, cui sic extorta voluptas, Et demptus per vim mentis gratissimus error.* Et merito quidem; errabant enim ipsi atque elleboro magis opus habebant, qui tam felicem ac iucundam insaniam, ceu malum aliquod, existimarent potionibus expellendam.

Quanquam illud equidem nondum statui, num quivis sensus aut mentis error insaniae nomine sit appellandus. Neque enim si cui lippienti mulus asinus esse videatur aut

Gewissen mit Raserei und Fackeln des Schreckens jagen. Die andere Art Unverstand unterscheidet sich sehr davon und ist von allen besonders begehrt, wohl weil sie von mir ausgeht. Sie wird euch zuteil, sooft eine liebenswürdige Täuschung den Geist von Ängsten und Sorgen frei macht und ihn mit vielfältiger Lust beglückt. Solchen Irrtum wünscht sich Cicero wie ein großes Göttergeschenk in einem Brief an Atticus,[116] doch nur um das Gefühl der unzählbaren Übel loszuwerden. Auch jener Argiver hatte allen Grund zu seinem »Unverstand«, als er Tag für Tag allein im Theater lachen, klatschen und sich freuen wollte;[117] denn er glaubte, dass dort wunderbare Schauspiele aufgeführt würden, obwohl überhaupt keine Aufführung war und obwohl er sich sonst im Leben durchaus bewährte, bei den Freunden beliebt war, gefällig gegenüber der Gattin und nachsichtig gegenüber seinen Untergebenen sein konnte und bei einer Flasche Wein nicht gleich aus der Fassung geriet. Als die Verwandten ihn mit allerlei Quacksalberei zur Besinnung gebracht hatten, haderte er mit den Freunden und rief ihnen zu: »Beim Pollux, Freunde, ihr habt mich umgebracht.« Ihr handelt übel, wenn ihr jemandem so ein Vergnügen und damit gewaltsam die Binde von den Augen nehmt. Das ist wirklich so; gerade sie befanden sich im Irrtum und hätten einen Zaubertrank haben müssen, die solch glückbringenden und behaglichen Unverstand wie einen Übelstand mit Giftmischerei vertreiben zu müssen glaubten.

Damit will ich keineswegs gesagt haben, dass jeder beliebige Irrtum des Gefühls oder Geistes den Namen Unverstand verdient. Als Unverstand in unserm Sinne wird man nicht gleich bezeichnen, wenn irgendein Tölpel ein Maul-

si quis indoctum carmen veluti doctissimum admiretur, is continuo videbitur insanire. Verum si quis non sensu tantum, sed animi iudicio fallatur idque praeter usitatum morem ac perpetuo, is demum insaniae censebitur affinis esse, veluti si quis, quoties asinum audierit rudentem, arbitretur sese miros symphoniscos audire, aut si quis pauperculus infimo loco natus Croesum Lydorum, regem esse se credat. Sed hoc insaniae genus, si (quemadmodum fere fit) vergat ad voluptatem, non mediocrem delectationem adfert, tum iis qui eo tenentur, tum illis quibus est hoc animadversum nec tamen eodem insaniunt. Nam haec insaniae species multo latius patet quam vulgus hominum intelligit. Sed vicissim insanus insanum ridet ac mutuam sibi voluptatem invicem ministrant. Neque raro fieri videtis, ut maior insanus vehementius rideat minorem. Verum hoc quisque felicior, quo pluribus desipit modis, Stulticia iudice, modo in eo genere insaniae maneat quod nobis est peculiare, quod quidem usqueadeo late patet, ut haud sciam, an ex universa mortalium summa quempiam liceat reperire qui omnibus horis sapiat quique non aliquo insaniae genere teneatur. Quanquam hoc tantum interest: qui cucurbitam cum videt, mulierem esse [441] credit, huic insano nomen ponunt, propterea quod perpaucis id usu veniat. Verum ubi quis uxorem suam, quam cum multis habet communem, plusquam Penelopen esse deierat sibique maiorem in modum plaudit, feliciter [442] errans, hunc nullus insanum appellat, propterea quod passim maritis hoc accidere videant.

Ad hunc ordinem pertinent et isti, qui prae venatu ferarum omnia contemnunt atque incredibilem animi voluptatem percipere se praedicant, [441] quoties foedum illum

tier für einen Esel oder ein poetisches Machwerk für eine erstklassige Dichtung hält. Wenn aber jemand nicht nur einen Einfall hat, sondern sich in seinem Urteil irrt und ständig in Widerspruch zur landläufigen Meinung befindet, wird man von Unverstand oder Wahn sprechen dürfen, so beispielsweise, wenn jemand beim Geschrei eines Esels wunderbare Symphonien zu vernehmen glaubt oder ein Habenichts von geringer Herkunft sich als Lyderkönig Krösus vorkommt. Wird solcher Wahn, wie es meistens geht, zur Lust, verursacht er allerlei Freude, sowohl bei den Befallenen als auch bei der Umgebung, obwohl diese nicht den gleichen Tick hat. Denn der Wahn ist viel weiter verbreitet, als man gemeinhin annimmt. Ein Verrückter lacht über den andern, und sie bereiten sich gegenseitig Vergnügen. Oft genug habt ihr das ergötzliche Schauspiel, dass der größere Narr über den kleineren umso hemmungsloser lacht. Jeder ist umso glücklicher, je reichhaltiger nach der Meinung der Torheit seine Verrücktheit ist, nur muss er bei jenem Wahn bleiben, der uns gemäß ist. Er ist so allgemein im Schwange, dass man unter allen Menschen kaum einen finden dürfte, der jederzeit bei Sinnen wäre und nicht im Zauberbann irgendeines Wahnes stände. Wer einen Kürbis für eine Frau [441 oben] hält, gilt allgemein als verrückt, weil so etwas nur selten vorkommt. Wer aber auf seine Gattin, die er mit anderen teilen muss, mehr als auf Penelope[118] schwört und sich dabei in einem glücklichen [442 oben] Irrtum ungebührlich selbst erhebt, gilt nirgendwo als verrückt, weil Ehemänner häufig in dieser Lage erscheinen.

Dazu gehören auch die Jagdwütigen, denen nichts über die Tierhetze geht und die ein unglaubliches Vergnügen zu empfinden meinen, [441 unten] sooft sie den widerwärtigen

cornuum cantum audierint, quoties canum eiulatus. Opinor etiam, cum excrementa canum odorantur, illis cinnamomum videri. Deinde quae suavitas quoties fera lanianda est? Tauros et verveces humili plebi laniare licet, feram nisi a generoso secari nefas. Is nudo capite, inflexis genibus, gladio ad id destinato (neque enim quovis idem facere fas est) certis gestibus certa membra certo ordine religiose secat. Miratur interim perinde ut in re nova sacraque circunstans tacita turba, quamvis spectaculum hoc plus milies viderit. Porro cui contigerit e bellua nonnihil gustare, is vero existimat sibi non parum nobilitatis accedere. Itaque, cum isti assidua ferarum insectatione atque esu nihil aliud assequantur nisi ut ipsi propemodum in feras degenerent, tamen interea regiam vitam agere se putant.

Est his simillimum genus eorum, qui insatiabili aedificandi studio flagrant, nunc rotunda quadratis, nunc quadrata rotundis permutantes. Neque vero finis ullus neque modus, donec ad extremam redactis inopiam, nec ubi habitent nec quid edant supersit. Quid tum postea? Interim annos aliquot summa cum voluptate peregerunt.

Ad quos mihi quidem proxime videntur accedere, qui novis et arcanis artibus rerum species vertere moliuntur ac terra marique quintam quandam essentiam venantur. Hos adeo lactat mellita spes, ut neque laborum neque impensarum unquam pigeat, miroque ingenio semper aliquid excogitant, quo sese denuo fallant sibique ipsis gratam faciant imposturam, donec absumptis omnibus non sit quo iam

Schall der Hörner und das Gebell der Meute hören. Fast möchte ich annehmen, dass sie die Hundelosung wie Zimtgeruch empfinden. Mit welchem Behagen wird das Wild zerlegt? Ochsen und Hammel überlässt man dem niederen Volk, Wild darf nur von einem Edelmann ausgeweidet werden. Barhäuptig kniet er auf der Erde und schneidet mit dem einzig zulässigen Waidmesser nach vorgeschriebenem Ritus andächtig bestimmte Stücke in fester Reihenfolge herunter. In stummer Bewunderung verharrt unterdessen das Jagdgefolge wie bei einer ungewöhnlich heiligen Handlung, obwohl man das Schauspiel schon mehr als tausendmal gesehen hat. Wer ein Stückchen von der Bestie kosten darf, kommt sich vollends fast geadelt vor. Während diese Menschen bei ständiger Jagd und Fresserei im Grunde nur zu wilden Tieren verkommen, meinen sie doch ein königliches Leben zu führen.

Ihnen gleichen aufs Haar die unersättlich Baulustigen, die einmal einen Rundbau durch ein Langhaus, dann wieder ein Langhaus durch einen Rundbau ersetzen. Sie sind ohne Ziel und Maß und wissen, wenn sie schließlich auf den Hund gekommen sind, nicht mehr, wo sie wohnen und wovon sie leben sollen. Was haben sie erreicht? Sie haben einige Jahre mit größtem Vergnügen verbracht.

Ihnen kommen meines Erachtens die Wundersüchtigen am nächsten, die das Wesen der Dinge umkehren wollen und zu Wasser und zu Lande auf der Suche nach dem Stein der Weisen sind. So mächtig treibt die trügerische Hoffnung sie, dass sie weder Mühen noch Aufwand scheuen, mit erstaunlichem Erfindergeist stets etwas Neues ausdenken, um sich schließlich doch zu täuschen und sich selbst angenehm zu betrügen, bis sie mittellos dastehen und sich

fornaculam instruant. Non desinunt tamen iucunda somniare somnia, caeteros pro viribus ad eandem felicitatem animantes. Cumque iam prorsus omni spe destituuntur, superest tamen una sententia, abunde magnum solatium: in magnis et voluisse sat est. Ac tum vitae brevitatem incusant, ut quae magnitudini negocii non suffecerit.

Porro aleatores nonnihil addubito num in nostrum collegium sint admittendi. Sed tamen stultum omnino ridiculumque spectaculum est, quoties videmus non nullos usqueadeo addictos, ut simul atque strepitum tesserarum audierint, [442] protinus illis cor saliat palpitetque. Deinde cum semper illiciente vincendi spe omnium facultatum naufragium fecerint, in aleae scopulum illisa nave (non paulo formidabiliorem Malea) vixque nudi emerserint, quosvis potius fraudant quam victorem, ne scilicet viri parum graves habeantur. Quid cum senes iam et caecutientes, vitreis etiam oculis lusitant? Postremo cum iam iusta chiragra contudit articulos, vicarium etiam mercede conducunt qui pro se talos in pyrgum mittat? Suavis quidem res, nisi quod hic ludus plerunque solet in rabiem evadere iamque ad furias, non ad me, pertinere.

[443] Caeterum illud hominum genus haud dubie totum est nostrae farinae, qui miraculis ac prodigiosis gaudent mendaciis vel audiendis vel narrandis. Nec ulla satietas talium fabularum, cum portentosa quaedam de spectris, de lemuribus, de larvis, de inferis, de id genus milibus miracu-

nicht einmal mehr ein Öfchen aufstellen können. Sie können nicht genug tun in behaglichen Träumen und ermuntern die andern nach Kräften zu dem gleichen Glück. Wenn schon alle Hoffnung dahin ist, bleibt ihnen doch die eine Weisheit, der überreiche Trost: Großes auch nur gewollt zu haben, ist schon genug.[119] Dann klagen sie noch über die Kürze des Lebens, das für die Größe des Werkes nicht ausreichte.

Ich bin noch im Zweifel, ob auch die Würfelspieler in unsere Gesellschaft gehören. Jedenfalls ist es ein törichtes und lächerliches Schauspiel, wenn man manche derart darein vernarrt sieht, dass ihnen schon beim Klappern der Würfel [442 unten] das Herz höher schlägt und hüpft. Wenn sie dann, verlockt durch die unerschütterliche Hoffnung auf Gewinn, ihr ganzes Vermögen eingebüßt haben und ihr Lebensschiff an der Klippe des Würfels gestrandet ist, sie selbst aber viel grausiger als das Malische Vorgebirge[120] kaum nackt aufgetaucht sind, übervorteilen sie jeden andern lieber als den Sieger, um nicht etwa als ehrlose Männer angesehen zu werden. Was soll man sagen, wenn sie noch fast erblindet und mit Augengläsern bewaffnet ihr Spielchen machen? Wenn ein rechtes Zipperlein schon in den Gliedern sitzt, dingen sie sich noch einen Vertreter, der für sie die Würfel in den Turm wirft.[121] Es ist eine vergnügliche Sache, nur artet das Spiel manchmal in Wut, ja in Raserei aus und verleugnet die Verwandtschaft mit mir.

[443] Unseres Zeichens sind zweifellos ganz und gar die Liebhaber lügenhafter Wunder und Weissagungen, ob sie nun bereitwillige Zuhörer oder Verbreiter sind. Sie sind unersättlich, wenn irgendwo Schauergeschichten von Erscheinungen, Totengeistern, Gespenstern, Abgeschiede-

lorum commemorantur; quae quo longius absunt a vero, hoc et creduntur lubentius et iucundiore pruritu titillant aures. Atque haec quidem non modo ad levandum horarum taedium mire conducunt, verum etiam ad quaestum pertinent, praecipue sacrificis et concionatoribus.

His rursum adfines sunt ii, qui sibi stultam quidem, sed tamen iucundam persuasionem induerunt, futurum, ut si ligneum aut pictum aliquem Polyphemum Christophorum aspexerint, eo die non sint perituri, aut qui sculptam Barbaram praescriptis verbis salutarit, sit incolumis e praelio rediturus, aut si quis Erasmum certis diebus, certis cereolis certisque preculis convenerit, brevi sit dives evasurus. Iam vero Georgium etiam Herculem invenerunt, quemadmodum et Hippolytum alterum. Huius [444] equum phaleris ac bullis religiosissime adornatum tantum non adorant ac subinde novo quopiam munusculo demerentur; per huius aeream galeam deierare plane regium habetur.

Nam quid dicam de iis, qui sibi fictis scelerum condonationibus suavissime blandiuntur ac purgatorii spacia veluti clepsydris metiuntur, secula, annos, menses, dies, horas, tanquam e tabula mathematica citra ullum errorem dimetientes. Aut de iis, qui magicis quibusdam notulis ac preculis (quas pius aliquis impostor vel animi causa vel ad quaestum excogitavit) freti, nihil sibi non pollicentur, opes, honores, voluptates, saturitates, valetudinem perpetuo prosperam, vitam longaevam, senectam viridem, denique

nen und tausenderlei Wundern dieser Art berichtet werden. Je unwahrscheinlicher sie sind, umso bereitwilliger werden sie geglaubt und umso angenehmer juckt und kitzelt es in den Ohren. Das alles eignet sich nicht nur zum Zeitvertreib, sondern dient sogar dem Erwerb, besonders bei Geistlichen und Predigern.

Ihnen verwandt sind jene, die sich mit Freuden einer törichten Einbildung überlassen und etwa überzeugt sind, sie könnten an einem Tag, an dem sie einen Blick auf eine Holzstatue oder ein Bild des Polyphem Christophorus[122] geworfen haben, nicht sterben, oder sie würden heil aus der Schlacht heimkehren, wenn sie die Statue der Barbara mit einer Gebetsformel bedacht hätten, oder es würde einer schnell reich, wenn er sich an bestimmten Tagen mit den üblichen Wachslichtern und Anrufungen an den Erasmus wende. Aus Georg haben sie sogar einen Herkules gemacht und haben sich einen neuen Hippolytos[123] geschaffen. Sein [444] Pferd haben sie verehrungsvoll mit Brustschmuck und Knöpfen geziert und beten es nicht nur an, sondern suchen ihn noch mit einer neuartigen Ehrung zu gewinnen: Bei seinem erzenen Helm zu schwören, gilt als ausgesucht vornehm.

Was soll ich noch von jenen sagen, die sich bei trügerischem Ablass in Sicherheit wiegen und die Fegefeuerstrafen gleichsam mit der Wasseruhr mathematisch genau und untrüglich nach Jahrhunderten, Jahren, Monaten, Tagen und Stunden abmessen? Oder was soll man von den Liebhabern magischer Sprüche und Gebetchen sagen, die irgendein frommer Betrüger aus Neigung oder Gewinnsucht ersonnen hat und von denen sie sich Reichtum, Ehre, Vergnügen, Überfluss, bleibende Gesundheit, langes Leben,

proximum Christo apud superos consessum, quem tamen nolint nisi admodum sero contingere: hoc est, cum huius vitae voluptates invitos eos ac mordicus retinentes tamen deseruerint, tum succedant illae coelitum delitiae. Hic mihi puta negociator aliquis aut miles aut iudex, abiecto ex tot rapinis unico nummulo, universam vitae Lernam semel expurgatam putat, totque periuria, tot libidines, tot ebrietates, tot rixas, tot caedes, tot imposturas, tot perfidias, tot proditiones existimat velut ex pacto redimi et ita redimi, ut iam liceat ad novum scelerum orbem de integro reverti.

Quid autem stultius iis, imo quid felicius, qui septem illis sacrorum psalmorum versiculis cotidie recitatis plusquam summam felicitatem sibi promittunt? Atque hos magicos versiculos daemon quispiam, facetus quidem ille, sed futilis magis quam callidus, Divo Bernardo creditur indicasse, sed arte circumventus miser; et haec tam stulta, [445] ut meipsam propemodum pudeat, tamen approbantur idque non a vulgo modo, verum etiam a religionis professoribus.

Quid iam, nonne eodem fere pertinet, cum singulae regiones suum aliquem peculiarem vindicant divum, cumque in singulos singula quaedam partiuntur, singulis suos quosdam culturae ritus attribuunt, ut hic in dentium cruciatu succurrat, ille parturientibus dexter adsit, alius rem furto sublatam restituat, hic in naufragio prosper affulgeat, ille gregem tueatur, atque item de caeteris, nam omnia percensere longissimum fuerit. Sunt qui singuli pluribus in rebus valeant, praecipue deipara virgo, cui vulgus hominum plus prope tribuit quam filio.

blühendes Alter und einen Vorzugsplatz bei Christus droben versprechen? Allerdings möchten sie diesen erst möglichst spät erlangen, das heißt, nachdem die Vergnügungen dieses Lebens gegen ihren Willen und trotz ihres heftigen Widerstrebens von ihnen gewichen sind, sollen die Köstlichkeiten des Himmels ihr Anteil sein. Jeder Taugenichts, Kriegsmann oder Richter opfert aus dem Ertrag seiner zahllosen Räubereien einen Groschen, glaubt damit den Sumpf seines Lebens gereinigt und hält all die Völlerei, Zanksucht, Metzelei, Betrügerei, Treulosigkeit und Verräterei wie bei einem Handel für vergeben, und zwar so vergeben, dass er gleich von Neuem in den Kreis der Untaten einbiegen kann.

Gibt es größere Torheit, ja größere Seligkeit als bei Menschen, die täglich die Verschen aus den sieben Psalmen herunterleiern und davon grenzenloses Glück erhoffen? Diese zauberkräftigen Verschen soll ein beredter, aber mehr geschwätziger als schlauer Dämon dem heiligen Bernhard eingegeben haben, der aber listig getäuscht wurde.[124] Sie sind derart töricht, [445] dass ich mich ihrer selbst fast schäme. Trotzdem sind sie beliebt, nicht nur beim großen Haufen, sondern sogar bei Religionslehrern.

Dahin gehört doch auch, dass jede Landschaft ihren besonderen Heiligen beansprucht und die Heiligen für besondere Fälle ihre besonderen Wirkungen haben: Dieser hilft gegen den Zahnschmerz, jener macht den Geburtshelfer, wieder ein anderer schützt gegen Schiffbruch oder bewacht die Herde. Ähnlich ist es bei den übrigen; denn es würde zu weit führen, alles aufzuzählen. Manche helfen in vielerlei Lagen, besonders die Jungfrau und Gottesgebärerin, von der die Menschen im Allgemeinen fast mehr halten als vom Sohn.

Verum ab his divis quid tandem petunt homines nisi quod ad stulticiam attinet? Agedum inter tot anathemata, quibus templorum quorundam parietes omnes ac testudinem ipsam refertam conspicitis, vidistisne unquam qui stulticiam effugerit, qui vel pilo sit factus sapientior? Alius enatavit incolumis. Alius ab hoste perfossus vixit. Alius e praelio pugnantibus caeteris non minus feliciter quam fortiter aufugit. Alius in crucem subactus favore divi cuiuspiam furibus amici decidit, ut nonnullos etiam male divitiis onustos pergeret exonerare. Alius perfracto carcere fugit. Alius irato medico a febre revaluit. Alii potum venenum, alvo soluta, remedio, non exitio fuit, idque non admodum laeta uxore, quae operam et impensam luserit. Alius everso plaustro equos incolumes domum abegit. Alius oppressus ruina vixit. Alius a marito [446] deprehensus elusit. Nullus pro depulsa stulticia gratias agit. Adeo suavis quaedam res est nihil sapere, ut omnia potius deprecentur mortales, quam Moriam. Sed quid ego hoc superstitionum pelagus ingredior?

Non mihi si linguae centum sint oraque centum,
Ferrea vox, omneis fatuorum evoluere *formas*
Omnia stulticiae *percurrere nomina possim.*

Was anderes sucht man aber bei diesen Heiligen als törichtes Zeug? Habt ihr jemals beim Anblick der zahllosen Weihegeschenke, von denen ihr manche Kirche so voll seht wie die Bundeslade selbst, jemanden gesehen, der nicht außer Fassung geriet, der auch nur um ein Gran weiser wurde? Da erfährt man, dass der eine vom Tod des Ertrinkens gerettet wurde, während ein anderer vom Feind niedergeschlagen wurde und doch mit dem Leben davonkam. Einer rettete sich nicht weniger glücklich als tapfer aus dem Kampf, während die anderen in Bedrängnis gerieten. Mithilfe eines Heiligen, der den Dieben gewogen ist, fällt einer vom Galgen herunter, um gleich andere, die auch mit unrechtem Gut beladen sind, zu entlasten, während ein anderer sein Gefängnis sprengt und sich aus dem Staub macht. Ein Fieberkranker wird zum Leidwesen seines Arztes gesund, und bei einem Ehemann bleibt der Gifttrank ohne Wirkung, zum Ärger seiner Frau, die Mühe und Aufwand vertan hat. Ein Fuhrmann kippt mit seinem Fahrzeug um und bringt die Pferde doch heil davon, ein Haus stürzt zusammen und lässt den Bewohner ungeschoren. Ein Ehebrecher wird vom Ehemann [446] erwischt und entkommt doch. Für die Beseitigung der Torheit weiß keiner Dank. Unverstand ist so beliebt, dass die Menschen lieber alles verwünschen als die Torheit. Doch wozu wage ich mich in dieses Meer von Aberglauben?

Wenn ich tausend Zungen und tausend Münder hätte,
eine erzene Stimme, könnte ich doch alle Erscheinungen
von Blödheit nicht anführen
oder alle Namen, unter denen Torheit auftritt,
aufzählen.[125]

Usqueadeo omnis omnium Christianorum vita istiusmodi delirationibus undique scatet, quas ipsas tamen sacrifici non gravatim et admittunt et alunt, non ignari quantum hinc lucelli soleat accrescere. Inter haec, si quis odiosus sapiens exoriatur succinatque id, quod res est: non male peribis, si bene vixeris; peccata redimis, si nummulo addideris odium malefactorum, tum lachrymas, vigilias, precationes, ieiunia, ac totam vitae rationem commutaris; Divus hic tibi favebit, si vitam illius aemulaberis – haec, inquam, atque id genus alia si sapiens ille obganniat, vide a quanta felicitate repente mortalium animos in quem tumultum retraxerit.

Ad hoc collegium pertinent, qui vivi qua funeris pompa velint efferri, tam diligenter statuunt, ut nominatim etiam praescribant, quot tedas, quot pullatos, quot cantores, quot luctus histriones velint adesse, perinde quasi futurum sit, ut aliquis huius spectaculi sensus ad ipsos sit rediturus aut ut pudescant defuncti, nisi cadaver magnifice defodiatur, haud alio studio quam si aediles creati ludos aut [447] epulum edere studeant.

Equidem tametsi propero, tamen haud possum istos silentio praetercurrere, qui cum nihil ab infimo cerdone differant, tamen inani nobilitatis titulo mirum quam sibi blandiuntur. Alius ad Aenaeam, alius ad Brutum, alius ad Arcturum genus suum refert. Ostendunt undique sculptas et pietas maiorum imagines. Numerant proavos atque atavos et antiqua cognomina commemorant, cum ipsi non multum absint a muta statua, pene iis ipsis quae ostentant

So wimmelt das ganze Leben der Christenheit auf Schritt und Tritt von solchem Aberwitz. Die Priester selbst gestatten und fördern das bedenkenlos. Wissen sie doch allzu gut, wie sehr ihnen hier der Weizen blüht. Es mag sein, dass einmal ein missliebiger Weiser auftritt und zur Vernunft rät: Du entgehst dem schlimmen Verderben, wenn du gut lebst; die Sünden kaufst du los, wenn du dem Groschen den Hass der Bösen, Tränen, Nachtwachen, Gebete und Fasten hinzufügst und deine ganze Lebensweise änderst, der Heilige dort wird dir beistehen, wenn du sein Leben dir zum Vorbild nimmst. Sieh doch, welches Glück der weise Mann mit solchem Geschwätz den Menschen nimmt und in welche Wirrsal er sie verstrickt!

Zu der Gesellschaft der Verrückten gehören auch alle, die schon bei Lebzeiten ihren Begräbnisprunk so peinlich genau anordnen, dass sie die Zahl der Fackeln, Trauergäste, Sänger und Klageweiber vorschreiben, als ob sie noch im Tod das Schauspiel verspürten und sich schämen könnten, wenn ihr Leichnam nicht prunkvoll bestattet würde. Sie wenden dabei einen Eifer auf, als wären sie zu Ädilen gewählt und müssten Spiele und [447] Gelage veranstalten.

Bei aller notwendigen Eile kann ich doch nicht die seltsamen Käuze übergehen, die sich maßlos mit leeren Adelsprädikaten schmeicheln, obwohl sie sich kaum von einem einfachen Handwerksmann unterscheiden. Einer führt seine Familie auf Aeneas, ein anderer auf Brutus und ein dritter auf König Artus zurück. Bei jeder Gelegenheit führen sie die Büsten und Bilder ihrer Ahnen vor. Sie zählen ihre Vorfahren und Urväter auf und erwähnen alte Ehrennamen, während sie selbst an Stumpfsinn kaum einem Standbild nachstehen, ja fast minderwertiger sind als die Bilder,

signis deteriores. Et tamen hac tam suavi Philautia felicem prorsum vitam agunt. Neque desunt aeque stulti, qui hoc beluarum genus perinde ut deos suspiciunt.

Sed quid ego de uno aut altero genere loquor, quasi vero non passim haec Philautia plurimos ubique miris modis felicissimos efficiat? cum hic quavis simia deformior sibi plane Nireus videtur. Alius simulatque treis lineas circino duxerit, prorsum Euclidem sese putat. Hic ὄνος πρὸς λύραν, et quo deterius nec ille sonat quo mordetur gallina marito, tamen alterum Hermogenem esse se credit. Est autem illud longe suavissimum insaniae genus, quo nonnulli, quicquid ulli suorum dotis adest, eo non aliter atque suo gloriantur. Qualis erat ille bis beatus apud Senecam dives, qui narraturus historiolam quampiam servos ad manum habebat, qui nomina suggererent, non dubitaturus vel in pugilum certamen descendere, homo alioqui adeo imbecillus, ut vix viveret, hac re fretus quod multos haberet domi servos egregie robustos.

Porro de artium professoribus, quid attinet commemorare? quando peculiaris est horum omnium Philautia, adeo ut reperias citius, qui velit agello paterno, quam [448] ingenio cedere, verum praecipue histrionum, cantorum, oratorum, ac poetarum, quorum quo quisque est indoctior, hoc sibi placet insolentius, hoc sese magis iactat ac dilatat. Et inveniunt similes labra lactucas, imo quo quicquam est ineptius, hoc plures admiratores nanciscitur, ut pessima quaeque semper plurimis arrident, propterea quod maxima

mit denen sie protzen. Es fehlt auch nicht an gleich Dummen, die diese Wundertiere wie Gottheiten anstaunen.

Doch was rede ich hier von der einen oder anderen Erscheinung. Als ob die Eigenliebe nicht überall verbreitet wäre und auf die absonderlichste Weise die meisten mit Glücksgefühl erfüllte! Wenn einer auch hässlicher ist als ein Affe, kommt er sich doch gleich wie ein Nireus vor, und wenn einer kaum drei Bogen mit dem Zirkel ziehen kann, hält er sich schon für einen Euklid.[126] Wenn der sprichwörtliche »Esel mit der Lyra«[127] schauerlichere Töne hervorbringt als der Hahn, der aufs Huhn steigt, sieht er trotzdem in sich einen zweiten Hermogenes[128]. Eine possierliche Art von Verrücktheit beobachtet man auch bei manchen, die sich auf irgendwelche Vorzüge von Familienangehörigen etwas zugute tun, als ob es ihre eigenen wären. So war es ja bei dem reichen Protz des Seneca, der bei der Wiedergabe einer Geschichte immer einen Haufen Diener zur Hand hatte, die ihm die Namen zuflüstern mussten.[129] Er machte sich nichts daraus, sogar zum Faustkampf herauszufordern, wobei das kümmerliche Männlein auf seine handfesten Diener vertraute.

Bedarf es noch eines Wortes über die Professoren der Künste und Wissenschaften? Deren Eigenliebe ist ja allgemein so stark, dass man eher einen findet, der sein väterliches Gut als seinen Anspruch [448] auf Geist aufgibt. Besonders bei den Schauspielern, Sängern, Rednern wiegt jeder sich umso mehr in Selbstgefälligkeit, brüstet sich umso stärker und macht sich umso breiter, je dümmer er ist. Jeder Bottich findet seinen passenden Kohl, und je läppischer etwas ist, umso mehr Bewunderer erwirbt es sich, wie ja das dümmste Zeug immer den größten Anklang findet, da die

pars hominum, ut diximus, Stulticiae obnoxia est. Proinde si qui est imperitior, et sibiipsi multo iucundior est et pluribus admirationi, quid est quod is veram eruditionem malit, primum magno constaturam, deinde reddituram et putidiorem et timidiorem, postremo multo paucioribus placituram?

Iam vero video naturam, ut singulis mortalibus suam, ita singulis nationibus ac pene civitatibus communem quandam insevisse Philautiam atque hinc fieri, ut Britanni praeter alia formam, musicam et lautas mensas proprie sibi vindicent, Scoti nobilitate et regiae affinitatis titulo neque non dialecticis argutiis sibi blandiantur, Galli morum civilitatem sibi sumant, Parisienses theologicae Scientiae laudem (omnibus prope submotis) sibi peculiariter arrogent, Itali bonas literas et eloquentiam asserant atque hoc nomine sibi suavissime blandiantur omnes, quod soli mortalium barbari non sint. Quo quidem in genere felicitatis, Romani primas tenent ac veterem illam Romam adhuc iucundissime somniant. Veneti nobilitatis opinione sunt felices; Graeci tanquam disciplinarum autores veteribus illis laudatorum heroum titulis sese venditant; Turcae totaque illa vere barbarorum colluvies etiam religionis laudem sibi vindicat, Christianos perinde uti superstitiosos irridens. At multo etiam suavius Iudaei etiamnum Messiam suum constanter expectant ac Mosen suum hodieque mordicus tenent, Hispani bellicam gloriam nulli concedunt, Germani corporum

Mehrzahl der Menschen, wie wir schon sagten, der Torheit verschworen ist. Da also das persönliche Behagen und die Bewunderung der Masse mit zunehmender Dummheit steigt, wer möchte da echte Bildung vorziehen, die viel kostet, Kummer und Angst verursacht und schließlich nur bei wenigen Anerkennung findet?

Man kann sogar feststellen, dass die Natur wie den einzelnen Menschen so auch den einzelnen Nationen, ja fast jedem Staat eine Art kollektiver Eigenliebe mitgegeben hat. Daher kommt es, dass die Engländer Gestalt, Musik und leckere Mahlzeiten vor allem als ihre Eigentümlichkeiten betrachten. Die Schotten tun sich etwas zugute auf Vornehmheit, aristokratische Verbindungen und scharfsinnige Spitzfindigkeiten. Die Franzosen nehmen die Höflichkeit für sich in Anspruch, und in Paris rühmt man sich mit anmaßlicher Eigenwilligkeit fast ausschließlich der theologischen Wissenschaft. Die Italiener paradieren mit den schönen Künsten und der Beredsamkeit und schmeicheln sich alle mit der Überzeugung, allein auf Erden von der Barbarei verschont zu sein. In diesem Glücksgefühl haben es die Römer am weitesten gebracht, die heute noch wohlig von ihrem alten Rom träumen. Die Venezianer sonnen sich im Bewusstsein ihrer Erlauchtheit. Als Begründer der Wissenschaften gehen die Griechen mit den Namen ihrer gepriesenen Vorzeitheroen hausieren. Die Türken, und was sonst noch in der Barbarenwelt herumkreucht, beanspruchen den Vorzug der Gläubigkeit für sich und lachen über die Abergläubigkeit der Christenvölker. Mit noch größerer Verbissenheit erwarten die Juden bis auf diesen Tag inständig ihren Messias und halten bis heute nachdrücklich an ihrem Moses fest. Die Spanier gönnen den Kriegsruhm keinem

proceritate et magiae cognitione sibi placent ac, ne singula persequar, videtis, opinor, quantum ubique voluptatis pariat singulis et universis mortalibus Philautia, cui prope par est Assentatio [449] soror.

Nihil enim aliud Philautia quam cum quis ipse sibi palpatur; idem si alteri facias, Κολακία fuerit. At hodie res quaedam infamis est adulatio, sed apud eos qui rerum vocabulis magis quam rebus ipsis commoventur. Existimant cum adulatione fidem male cohaerere; quod multo secus sese habere, vel brutorum animantium exemplis poterant admoneri. Quid enim cane adulantius? At rursum quid fidelius? Quid sciuro blandius? At hoc quid est homini magis amicum? Nisi forte vel asperi leones vel immites tigres vel irritabiles pardi magis ad vitam hominum conducere videntur. Quanquam est omnino perniciosa quaedam adulatio, qua nonnulli perfidiosi et irrisores, miseros in perniciem adigunt. Verum haec mea ab ingenii benignitate candoreque quodam proficiscitur multoque virtuti vicinior est quam ea quae huic opponitur, *asperitas*, ac morositas *inconcinna*, ut ait Horatius, *gravisque*. Haec deiectiores animos erigit, demulcet tristes, extimulat languentes, expergefacit stupidos, aegrotos levat, feroces mollit, amores con-

andern. Die Deutschen sind stolz auf ihren hohen Wuchs und ihr magisches Wissen. Doch ich will mich nicht bei Einzelheiten aufhalten. Ihr seht ja, wie viel Vergnügen die Eigenliebe überall bringt, dem einzelnen Menschen wie der Menschheit insgesamt. Ihre Schwester Schmeichelei kommt [449] der Eigenliebe fast gleich.

Ist doch die Eigenliebe nichts anderes als die Liebkosung der eigenen Person. Das gleiche Verhalten gegen einen andern bezeichnet man als Schmeichelei. Heutzutage gilt Schmeichelei als schamlos, doch nur bei solchen, die sich mehr von den Bezeichnungen als von der Sache an sich leiten lassen. Sie meinen, dass Schmeichelei kein Vertrauensverhältnis begründen könne. Dass es sich ganz anders verhält, könnten sie leicht am Beispiel der stummen Kreatur lernen. Wer neigt mehr zur Schmeichelei als ein Hund? Gibt es aber ein treueres Tier? Ist das Eichhörnchen nicht ein rechtes Schmeichelkätzchen? Wie unvergleichlich zutraulich ist aber dieses Tier gleichzeitig gegenüber dem Menschen! Vielleicht passen aber auch die Ungebärdigkeit des Löwen, der Blutdurst des Tigers und die Verschlagenheit des Panthers besser zum Leben des Menschen. Es gibt nämlich eine gefährliche Art Schmeichelei, mit der unzuverlässige Spötter arme Kerle ins Unglück bringen. *Meine* Schmeichelei aber kommt aus innerer Güte und Treuherzigkeit und verdient mehr den Namen der Tugend, als was man ihr gegenüber hervorhebt, die Sprödigkeit und der ungebärdige und nach Horaz' Worten[130] abstoßende Eigensinn. Sie kräftigt einen niedergeschlagenen Sinn und tröstet die Betrübten, muntert die Müden auf, macht die Stumpfsinnigen lebendig, erquickt die Kranken, besänftigt die Aufbrausenden, bringt und hält Verliebte zusammen.

ciliat, conciliatos retinet. Pueritiam ad capessenda studia literarum allicit, senes exhilarat, principes citra offensam sub imagine laudis et admonet et docet. In summa, facit ut quisque sibi ipse sit iucundior et charior, quae quidem felicitatis pars est vel praecipua. Quid autem officiosius quam cum [450] mutuum muli scabunt? Ut ne dicam interim hanc esse magnam illius laudatae eloquentiae partem, maiorem medicinae, maximam poeticae; denique hanc esse totius humanae consuetudinis mel et condimentum.

Sed falli, inquiunt, miserum est. Imo non falli miserrimum. Nimium enim desipiunt qui in rebus ipsis felicitatem hominis sitam esse existimant. Ex opinionibus ea pendet. Nam rerum humanarum tanta est obscuritas varietasque, ut nihil dilucide sciri possit, quemadmodum recte dictum est ab Academicis meis, inter philosophos quam minimum insolentibus. Aut si quid sciri potest, id non raro officit etiam vitae iucunditati. Postremo sic sculptus est hominis animus, ut longe magis fucis quam veris capiatur. Cuius rei si quis experimentum expositum et obvium quaerat, conciones ac templa petat, in quibus si quid serium narratur, dormitant, oscitant, nauseant omnes. Quod si clamator ille – lapsa sum, declamator dicere volebam – ita ut saepe faciunt, anilem aliquam fabellam exordiatur, expergiscuntur, eriguntur, inhiant omnes. Item si quis sit divus

Sie steigert den Bildungstrieb der Jugend, erheitert das Alter und erteilt den Regierenden unter der Verkleidung des Lobes Mahnung und Lehren, ohne anzustoßen.[131] Im Ganzen macht sie jeden sich selbst angenehmer und wertvoller, was immerhin ein beträchtlicher Teil des Glückes ist. Was ist denn auch gefälliger, als dass sich nach dem Sprichwort [450] ein Esel am andern schabt?[132] Fast möchte ich daher sagen, dass ihr bei der hochgelobten Redekunst das meiste zukomme, noch mehr bei der Medizin, am meisten aber bei der Dichtung, und dass sie schließlich Süßigkeit und Würze des gesamten menschlichen Zusammenlebens ist.

Doch sich täuschen zu lassen gilt nach landläufiger Auffassung als elend. Ich behaupte dagegen, dass es das größte Unglück ist, über alle Täuschung erhaben zu sein. Die das Glück des Menschen im Wesen der Dinge selbst suchen, sind wirklich nicht recht gescheit. Es kommt nur auf die Auffassungen an. Die menschlichen Verhältnisse sind nämlich so dunkel und verworren, dass klare Einsicht gar nicht möglich ist. Das haben schon meine Akademiker[133], die unter den Philosophen am wenigsten überheblich sind, richtig erkannt. Wenn aber eine klare Erkenntnis möglich ist, stört sie meist die Behaglichkeit des Lebens. Der Geist des Menschen ist nun einmal so angelegt, dass der Schein ihn mehr fesselt als die Wahrheit. Wer den handgreiflichen Beweis dafür haben will, braucht sich in den Kirchen nur die Predigten anzuhören. Sobald es dort um einen ernsten Gegenstand geht, schläft und gähnt alles voll Widerwillen. Wenn aber der Schreier – Verzeihung, ich wollte sagen der Redner – nach beliebtem Brauch auf eine abgedroschene Anekdote kommt, wacht man auf und hört mit offenem Mund zu. Ein von Wundergeschichten und Legenden um-

fabulosior et poeticus, quod si exemplum requiris, finge huius generis Georgium aut Christophorum aut Barbaram, videbitis hunc longe religiosius coli quam Petrum aut Paulum aut ipsum etiam Christum. Verum haec non huius sunt loci.

Iam quanto minoris constat haec felicitatis accessio? Quandoquidem res ipsas aliquoties magno negocio pares oportet, vel levissimas, uti grammaticen. At opinio facillime sumitur, quae tamen tantundem aut amplius etiam ad felicitatem conducat. Age si quis [451] putribus vescatur salsamentis, quorum alius nec odorem ferre possit, et tamen huic ambrosiam sapiant, quaeso, quid interest ad felicitatem? Contra si acipenser alicui nauseam sapiat, quid referet ad vitae beatitudinem? Si cui sit uxor egregie deformis, quae tamen marito vel cum ipsa Venere certare posse videatur, nonne perinde fuerit ac si vere formosa foret? Si quis tabulam minio lutoque male oblitam suspectet ac demiretur, persuasum habens Apellis aut Zeusidis esse picturam, nonne felicior etiam fuerit eo, qui eorum artificum manum magno emerit, fortassis minus ex eo spectaculo voluptatis percepturus? Novi ego quendam mei nominis, qui novae nuptae gemmas aliquot adulterinas dono dedit, persuadens (ut erat facundus nugator) eas non modo veras ac nativas esse verum etiam singulari atque inaestimabili precio. Quaeso, quid intererat puellae, cum vitro non minus iucunde pasceret et oculos et animum, nugas perinde ut eximium aliquem thesaurum conditas apud sese servaret? Maritus interim et sumptum effugiebat et uxoris errore fruebatur, nec eam tamen sibi minus habebat devinctam

wobener Heiliger, wie zum Beispiel Georg, Christophorus oder Barbara, wird auch eifriger verehrt als Petrus, Paulus oder selbst Christus. Doch das gehört nicht hierher.

Wie viel weniger kostspielig ist der Weg zu diesem Glück? Dagegen dringt man nur in seltenen Fällen und unter großer Mühe in das Wesen auch der einfachsten Dinge ein, wie zum Beispiel der Grammatik. Die Einbildung kostet fast gar nichts und führt doch zu gleichem, wenn nicht zu reicherem Glück. Wenn einer [451] gern stinkenden Fisch isst, den der andere nicht einmal riechen mag, und dabei Ambrosia zu schmecken meint, bitte, was schadet das dem Glück? Wenn man dagegen beim Sterlet ein Gefühl des Ekels nicht loswird, was bedeutet er dann für den behaglichen Lebensgenuss? Bedeutet eine auffallend hässliche Frau dem Mann, der in ihr eine Rivalin der Venus selbst sieht, nicht ebenso viel wie eine tatsächlich hübsche? Ein anderer bewundert andächtig eine Tafel mit einem üblen Geschmiere aus Mennige und Lehm und ist überzeugt, dass es ein Gemälde des Apelles oder Zeuxis ist.[134] Ist er nicht glücklicher als der Kunstfreund, der unter großen Kosten das Werk jener Künstler erworben und an dem Schaustück vielleicht weniger Vergnügen hat? Ich kenne einen Namensvetter, der seiner jungen Braut einige unechte Steine schenkte und ihr in seiner neckischen Art einredete, es seien nicht nur echte, sondern sogar Unica von unschätzbarem Wert. Bitte, was bedeutete es für das Mädchen, dass es Herz und Augen an dem Glas nicht weniger behaglich weidete und den Tand wie einen ausgezeichneten Schatz aufhob und hütete? Der Gatte hatte die Kosten gespart und seinen Nutzen von dem Irrtum der Frau. Dabei war sie ihm nicht weniger verbunden, als wenn er große Ausgaben für

quam si magno empta donasset. Num quid interesse censetis inter eos, qui in specu illo Platonico variarum rerum umbras et simulacra demirantur, modo nihil desiderent neque minus sibi placeant, et sapientem illum, qui specum egressus veras res aspicit. Quod si Mycillo Lucianico dives illud et [452] aureum somnium perpetuo somniare licuisset, nihil erat cur aliam optaret felicitatem.

Aut nihil igitur interest aut si quid interest, potior etiam stultorum conditio. Primum quod iis sua felicitas minimo constat, id est, sola persuasiuncula. Deinde, quod ea fruuntur cum plurimis communiter. Porro nullius boni iucunda sine socio possessio. Quis enim nescit quanta sapientum paucitas, si modo quisquam inveniatur? Quanquam ex tot seculis Graeci septem omnino numerant, quos me Hercle, si quis accuratius excutiat, dispeream si vel semisapientem inveniet, imo si vel trientem viri sapientis.

Proinde cum inter multas Bacchi laudes illud habeatur, ut est, primarium, quod animi curas eluat idque ad exiguum modo tempus – nam simulatque villum edormieris, protinus albis (ut aiunt) quadrigis recurrunt animi molestiae – quanto meum beneficium cum plenius, tum praesentius, quae perpetua quadam ebrietate mentem gaudiis, deliciis, tripudiis, expleo idque nullo negocio? Neque quenquam omnino mortalem mei muneris expertem esse sino, cum

ein Geschenk gemacht hätte. Welchen Unterschied seht ihr denn zwischen den Höhlenbewohnern Platons, die die Vielfalt der Schatten und Bilder bewundern, dabei wunschlos glücklich sind und mit sich selbst im Reinen,[135] und dem Weisen, der die Höhle verlässt und das Wesen der Dinge erblickt? Wenn der Mycillus des Lukian[136] [452] seinen goldenen Reichtumstraum immerfort hätte träumen dürfen, hätte nichts seine Gedanken auf ein anderes Glück gerichtet.

Entweder besteht kein Unterschied, oder wenn es einen Unterschied gibt, ist die Lage der Toren sogar besser. Zunächst einmal verursacht ihnen ihr Glück die geringsten Unkosten, nämlich nur eine kleine Einbildung. Dann haben sie den Genuss dieses Glückes aber auch mit den meisten gemeinsam, da bei allen Gütern des Lebens der Besitz erst Behagen bringt, wenn andere daran teilnehmen. Jedermann weiß, wie spärlich die Zahl der Weisen ist, sofern man überhaupt einen finden kann. In so langen Jahrhunderten weisen die Griechen im Ganzen sieben auf. Bei Gott, ich will verdammt sein, wenn man bei genauerem Zusehen auch nur einen halbweisen, ja nur einen drei Unzen wiegenden darunter ausfindig macht.

Unter den vielen Vorzügen des Bacchus rühmt man, wie es sich gebührt, dass er die Sorgen wegspült, allerdings nur auf recht kurze Zeit; denn sobald du dein Räuschlein ausgeschlafen hast, sind die Beschwernisse des Geistes im Handumdrehen wieder zur Stelle. Da ist meine Wohltat doch voller und wirksamer, da ich den Geist in einer beständigen Trunkenheit mit seligem Freudentaumel erfülle, ohne eine Gegenleistung zu fordern. Ich schließe keinen Menschen von meinen Gaben aus, während die Gaben der

reliquae numinum dotes aliae ad alios perveniant. Non ubivis nascitur generosum et lene merum, quod curas abigat, quod cum spe divite manet. Paucis contigit formae gratia, Veneris munus; paucioribus eloquentia, Mercurii donum. Non ita multis obtigerunt opes, dextro Hercule. Imperium non cuivis concedit Iupiter Homericus. Saepenumero [453] Mavors neutris favet copiis. Complures ab Apollinis tripode tristes discedunt. Saepe fulminat Saturnius. Phoebus aliquando iaculis pestem immittit. Neptunus plures extinguit quam servat, ut interim Veioves istos, Plutones, Atas, Poenas, Febres, atque id genus, non deos, sed carnifices commemorem. Ego sum una illa stulticia, quae omneis ex aequo tam parata beneficentia complector. Nec vota moror nec irascor exposcens piamina, si quid ceremoniarum fuerit praetermissum. Nec coelum terrae misceo, si quis reliquis invitatis diis me domi relinquat nec admittat ad nidorem illum victimarum. Nam caeterorum deorum tanta in his est morositas, ut prope maius sit operaeprecium atque adeo tutius, illos negligere quam colere. Quemadmodum sunt et homines nonnulli, tam difficiles et ad laedendum irritabiles, ut praestiterit eos prorsum alienissimos habere quam familiares.

At nemo, inquiunt, Stulticiae sacrificat, neque templum statuit. Equidem demiror, ut dixi, nonnihil hanc ingratitu-

anderen Gottheiten jeweils besonderen Lieblingen vorbehalten sind. Nicht überall wächst der edle und milde Wein, der die Sorgen vertreibt und unserer Hoffnung in reicher Fülle zu Gebote steht. Wenigen hat Venus gefälliges Aussehen verliehen, noch weniger Menschen haben die Merkursgabe der Beredsamkeit. Viele sind es auch nicht gerade, die von Herkules mit Schätzen bedacht wurden. Nicht jedwedem hat der homerische Jupiter Herrschgewalt verliehen, und [453] Mars versagt seine Gunst oft beiden streitenden Parteien. Die meisten entfernen sich mit langen Gesichtern vom Dreifuß Apolls, Saturn schleudert oft seine Blitze, und Phöbus schickt Unheil mit seinen Geschossen. Neptun hat mehr Wesen verdorben als behütet. Den Rächergott Vejovis[137], den Unterweltsgott Pluto, die Schicksalsgöttin Ate, die Strafgottheit Poena und die Fiebergottheit Febris und ähnliche, die alle mehr Schinder als Götter sind, will ich auch noch erwähnen. Ich bin die eine unteilbare Torheit, die alle mit gleichem Wohlgefallen bereitwillig umfängt. Ich kehre mich nicht an Gelübde, kenne keine Erbitterung und fordere keine Sühne, wenn in meinem Dienst etwas versäumt wurde. Ich setze auch nicht Himmel und Erde in Bewegung, wenn einer die übrigen Götter zu Gast lädt, mich übergeht und mir den Duft der Opfer nicht gönnt; denn gerade darauf sind die anderen Götter so versessen, dass es sich eher lohnt und sicherer ist, die Götter zu vernachlässigen als zu verehren. So gibt es ja auch manche Menschen von so beschwerlicher Art und reizbarer Gesinnung, dass man besser ihre Bekanntschaft ganz meidet, als Beziehungen zu ihnen zu unterhalten.

Nun weist man vielleicht darauf hin, dass doch niemand der Torheit opfert und keiner ihr einen Tempel errichtet

dinem. Verum hoc quoque pro mea facilitate boni consulo, quanquam ne haec quidem desiderare possum. Quid enim est cur tusculum aut molam aut hircum aut suem requiram, cum mihi mortales omnes ubique gentium eum cultum persolvant, qui vel a theologis maxime probari solet? Nisi forte Dianae debeam invidere, quod illi humano sanguine litatur. Ego me tum religiosissime coli puto, cum passim (ut faciunt omnes) animo complectuntur, moribus exprimunt, vita repraesentant. Qui quidem divorum cultus nec apud Christianos admodum frequens est. Quanta turba eorum, qui deiparae [454] virgini cereolum affigunt, idque in meridie, cum nihil est opus? Rursum quam pauci qui eandem vitae castimonia, modestia, coelestium rerum amore studeant aemulari? Nam is demum verus est cultus longeque coelitibus gratissimus. Praeterea cur templum desiderem, cum orbis hic universus templum mihi sit, ni fallor, pulcherrimum? Neque vero desunt mystae nisi ubi desunt homines. Nec iam usqueadeo stulta sum, ut saxeas ac coloribus fucatas imagines requiram, quae cultui nostro nonnunquam officiunt, cum a stupidis et pinguibus istis signa pro divis ipsis adorantur. Nobis interim usu venit, quod solet iis, qui a vicariis suis extruduntur. Mihi tot statuas erectas puto quot sunt mortales, vivam mei imaginem prae se ferentes, etiam si nolint. Itaque nihil est quod reliquis

hat. Wie gesagt, ich wundere mich ein wenig über diese Undankbarkeit. Doch auch dies lege ich meiner Verträglichkeit wohlwollend aus; denn ich könnte es nicht einmal begehren. Wozu soll ich Weihrauch, Opferschrot, einen Bock oder ein Schwein fordern, da die Menschen mir doch überall den Dienst erweisen, der sogar bei den Theologen in höchstem Ansehen steht? Vielleicht müsste ich nur die Diana beneiden, weil man ihr Menschenblut opfert.[138] Ich fühle mich am andächtigsten verehrt, wenn man mir nach allgemeinem Brauch weit die Herzen auftut und mich in Charakter und Lebensweise widerspiegelt. Diese Art Heiligenverehrung ist auch bei den Christen nicht gerade häufig. Wie viele weihen der [454] Jungfrau und Gottesgebärerin ein Wachslicht, und zwar um die Mittagszeit, wenn es keinen Zweck erfüllt? Wie wenige geben sich dagegen Mühe, es ihr im Leben an Keuschheit, Bescheidenheit und Liebe zu den geistlichen Dingen gleichzutun? Dies ist ja erst die wahre Verehrung und bei den Himmlischen am meisten begehrt. Warum sollte ich mir also einen Tempel wünschen, wo die ganze Erde mir doch der eindrucksvollste Tempel ist? Es fehlt mir nicht an Mysten, solange es nicht an Menschen fehlt. Ich werde auch nicht so verdreht sein und nach steinernen und gemalten Bildern trachten, die unserer Verehrung oft genug im Weg stehen, da die Zeichen von jenen Stumpfsinnigen und Einfältigen selbst als Gottheiten angebetet werden. Uns kommt es sogar zugute, dass jene gewöhnlich von ihren Platzhaltern entthront werden. Mir sind ebenso viele Standbilder errichtet, wie es Menschen gibt, die mein lebendes Abbild sogar gegen ihren Willen umhertragen. Ich habe also keinen Anlass zum Neid auf die übrigen Götter, wenn man etwa den einen oder an-

diis invideam, si aliis in angulis terrarum alii colantur, idque statis diebus: quemadmodum Rhodi Phoebus, in Cypro Venus, Argis Iuno, Athenis Minerva, in Olympo Iupiter, Tarenti Neptunus, Lampsaci Priapus, modo mihi communiter orbis omnis longe potiores victimas assidue praebeat.

Atqui si cui videor haec audacius quam verius dicere, agedum paulisper ipsas hominum vitas inspiciamus, quo palam fiat, et quantum mihi debeant et quanti me faciant maximi [455] pariter ac minimi.

At non quorumlibet vitam recensebimus, nam id quidem perlongum, verum insignium tantum, unde reliquos facile sit aestimare. Quid enim attinet de vulgo plebeculaque commemorare, quae citra controversiam tota mea est? tot enim undique Stulticiae formis abundat, tot indies novas comminiscitur, ut nec mille Democriti ad tantos risus suffecerint; quanquam illis ipsis Democritis rursum alio Democrito foret opus. Quin etiam incredibile sit dictu, quos risus, quos ludos, quas delitias homunculi quotidie praebeant superis. Nam hi quidem horas illas sobrias et antemeridianas iurgiosis consultationibus ac votis audiendis impartiunt. Caeterum ubi iam nectare madent neque lubet quicquam serium agere, tum qua parte coelum quammaxime prominet, ibi consident ac pronis frontibus, quid agitent homines speculantur. Nec est aliud spectaculum illis suavius. Deum immortalem, quod theatrum est illud, quam varius stultorum tumultus! Nam ipsa nonnunquam

dern in irgendeinem Winkel der Erde zu einer bestimmten Zeit feiert, wie es in Rhodos mit Phöbus, auf Zypern mit Venus, in Argos mit Juno, in Athen mit Minerva, auf dem Olymp[139] mit Jupiter, zu Tarent mit Neptun und in Lampsakos mit Priap geschieht. Nur muss mir eben alle Welt einhellig und ohne Unterlass viel geziemendere Opfer bringen.

Wenn meine Behauptungen jemandem zu kühn und wahrheitswidrig erscheinen, wollen wir uns das menschliche Leben ein wenig näher ansehen, damit sichtbar wird, wie viel man mir verdankt und wie sehr man mich hoch
[455] und niedrig schätzt.

Dabei wollen wir nicht das Leben eines jeden Einzelnen betrachten, was zu weit führen würde, sondern nur einige auffallende Typen, von denen man leicht auf die anderen schließen kann. Wozu soll man auch über Hinz und Kunz sprechen, die doch unstreitig alle meines Zeichens sind? Da quillt es überall so von vielerlei Torheiten und werden Tag für Tag so viel neue ersonnen, dass tausend Demokrite[140] für das erforderliche Gelächter nicht ausreichen würden. Zudem müsste es wieder einen anderen Demokrit für ebendiese Demokrite geben. Unglaubliches bieten diese Menschlein täglich den Göttern an Lachreiz, Unterhaltung und Ergötzen. Die nüchternen Vormittagsstunden bringen die Götter nämlich mit streitbaren Ratssitzungen und mit Anhören der Gelöbnisse zu; wenn sie aber reichlich Nektar getrunken haben und zu nichts Ernsthaftem mehr aufgelegt sind, rücken sie an das Himmelsfenster und schauen neugierig dem menschlichen Treiben zu. Sie kennen kein köstlicheres Schauspiel. Gott im Himmel, was für ein Theater ist das, welch buntes Narrengewoge! Manchmal halte

in deorum poeticorum ordinibus considere soleo. Hic deperit in mulierculam et quo minus adamatur, hoc amat impotentius. Ille dotem ducit, non uxorem. Ille sponsam suam prostituit. Alius zelotypus velut Argus observat. Hic in luctu, papae quam stulta dicit facitque, conductis etiam velut histrionibus, qui luctus fabulam peragant. Ille flet ad novercae tumulum. Hic quicquid undecunque potest corradere, id totum ventriculo donat, paulo post fortiter esuriturus. Hic somno et ocio nihil putat felicius. Sunt qui alienis obeundis negociis sedulo tumultuantur, sua negligunt. Est qui versuris atque aere alieno divitem se esse putat, mox decocturus. Alius nihil arbitratur felicius, quam si ipse pauper haeredem locupletet. Hic ob exiguum idque incertum lucellum per omnia maria volitat, undis ac ventis vitam committens nulla pecunia reparabilem. Ille mavult bello divitias quaerere quam tutum ocium exigere domi. Sunt qui captandis orbis senibus putant quam commodissime ad opes perveniri. Neque desunt qui idem malint deamandis beatis aniculis aucupari. Quorum utrique tum demum egregiam de se voluptatem diis spectatoribus praebent, cum ab iis ipsis, quos captant, arte deluduntur. [456] Est omnium stultissimum ac sordidissimum negociatorum genus,

ich mich ja auch selbst in den Rängen der dichterischen Gottheiten auf. Da ist einer in ein Weibchen verliebt und liebt umso hemmungsloser, je weniger er geliebt wird. Dort hat einer die Mitgift, aber nicht die Frau geheiratet, während ein anderer seine Braut als Dirne feilhält. Ein Eifersüchtiger wieder wacht mit Argusaugen über seinem Schatz. Welch törichtes Zeug redet und verrichtet ein anderer beim Tod des Vaters? Er benimmt sich, als ob er Schauspieler gedungen hätte, die das Schaustück »Trauer« vorführen. Wieder ein anderer heult beim Grab seiner Stiefmutter. Dort stopft einer in seinen Bauch, was er nur immer zusammenscharren kann, und hungert bald hinterher wacker. Hier schätzt einer Schlaf und Müßiggang über alles. Es gibt Menschen, die sich mit viel Betriebsamkeit um die Angelegenheiten anderer kümmern und ihre eigenen vernachlässigen. Als reicher Mann kommt sich einer vor, wenn er vor lauter Anleihen und Schulden nahezu abgewirtschaftet hat. Ein Erblasser schätzt sich überaus glücklich, wenn er den Erben reich macht, nachdem er selbst karg wie eine Kirchenmaus gelebt hat. Hinter einem kläglichen und überdies unsicheren Gewinn fliegt da einer über alle Meere, Wogen und Winden ein Leben aussetzend, das für kein Geld wiederzubeschaffen ist. Dort will einer lieber im Krieg nach Reichtum jagen als daheim sichere Muße gewinnen. Manche meinen, am bequemsten zu Vermögen zu kommen, wenn sie kinderlosen alten Männern schöntun. Es fehlt auch nicht an anderen, die lieber bei reichen betagten Frauen ihr Glück mit verliebter Heuchelei versuchen. Den göttlichen Zuschauern bereiten sie alle umso mehr erlesenen Genuss, als sie von ihren Opfern listig genasführt werden. [456] Den törichtesten und schmutzigsten Haufen

quippe qui rem omnium sordidissimam tractent, idque sordidissimis rationibus; qui cum passim mentiantur, peierent, furentur, fraudent, imponant, tamen omnium primos sese faciunt, propterea quod digitos habeant auro revinctos. Nec desunt adulatores fraterculi, qui mirentur istos ac venerabiles palam apellent, nimirum ut ad ipsos aliqua male partorum portiuncula redeat. Alibi videas Pythagoricos quosdam, quibus usqueadeo omnia videntur esse communia, ut quicquid usquam incustoditum nacti fuerint, id, velut haereditate obvenerit, aequo animo tollant. Sunt qui votis tantum divites sunt et iucunda quaedam sibi fingunt somnia idque ad felicitatem satis esse putant. Nonnulli foris divites haberi gaudent, domi gnaviter esuriunt. Hic festinat quicquid habet profundere, ille per fas nefasque congerit. Hic candidatus ambit populares honores, ille ad focum semet oblectat. Bona pars lites nunquam finiendas agitat et hinc atque hinc certatim contendunt, ut prorogatorem iudicem et collusorem ditent advocatum. Hic rebus novandis studet, ille magnum quiddam molitur. Est qui Hierosolymam, Romam aut divum Iacobum adeat, ubi nihil est illi negocii, domi relictis cum uxore liberis. In summa si mortalium innumerabiles tumultus e luna, [457] quemadmodum Menippus olim, despicias, putes te muscarum aut culicum videre turbam inter se rixantium, bellantium, insidiantium, ra-

von allen stellen die Kaufleute dar, weil sie ja das widerwärtigste aller Geschäfte, und das noch auf die widerwärtigste Art betreiben. Während sie frisch drauflosllügen, Meineide schwören, stehlen, betrügen und blauen Dunst vormachen, gebärden sie sich im Bewusstsein ihres Reichtums wie Biedermänner ersten Ranges. Die Schmeichlergilde fehlt auch nicht, die sie in aller Öffentlichkeit bewundert und verehrt, damit nur ja von deren Einkünften auch ein bisschen für sie abfällt. Dann sieht man wieder jene merkwürdigen Pythagoreer[141], die von ihrer Theorie des Gemeinbesitzes so fest überzeugt sind, dass sie unbedenklich als rechtmäßige Erbschaft betrachten, was sie in einem unbewachten Augenblick an sich genommen haben. Andere finden ihr glückliches Genügen an behaglichen Reichtumsträumen, während manche wieder zu Hause absichtlich ein Hungerleben führen, um der Welt den reichen Mann zu spielen. Der eine verschwendet mit vollen Händen, während der andere rücksichtslos aufhäuft. Dieser bewirbt sich um alle möglichen öffentlichen Ämter, jener hat seine Freude am heimischen Herd. Wie viele führen endlose Prozesse und streiten, wo es nur etwas zu streiten gibt, um Richter und Advokaten zu bereichern, die nur in die Länge ziehen und auf Kosten ihrer Klienten leben. Während hier einer das Herkömmliche umgestalten will, müht sich dort jemand mit einer umwälzenden Erfindung ab. Da wallfahrtet jemand nach Jerusalem, Rom oder zum heiligen Jakob[142], wo er nichts zu suchen hat, und lässt dafür Weib und Kind im Stich. [457] Wollte man wie einst Menippos die Wühlerei der Menschen vom Mond aus betrachten,[143] müsste alles schließlich aussehen wie ein Schwarm Mücken oder Flöhe, wie sie da zanken, Krieg führen, einander nach-

pientium, ludentium, lascivientium, nascentium, cadentium, morientium. Neque satis credi potest, quos motus, quas tragoedias ciat tantulum animalculum tamque mox periturum. Nam aliquoties vel levis belli seu pestilentiae procella multa simul milia rapit ac dissipat.

Sed ipsa stultissima sim planeque digna, quam multis cachinnis rideat Democritus, si pergam popularium stulticiarum et insaniarum formas enumerare. Ad eos accingar, qui sapientiae speciem inter mortales tenent, et aureum illum ramum, ut aiunt, aucupantur.

Inter quos grammatici primas tenent, genus hominum profecto, quo nihil calamitosius, nihil afflictius, nihil aeque diis invisum foret nisi ego miserrimae professionis incommoda dulci quodam insaniae genere mitigarem. Neque enim πέντε κατάραις, id est, quinque tantum diris obnoxii sunt isti, quemadmodum indicat epigramma Graecum, verum sexcentis, ut qui semper famelici sordidique in ludis illis suis – in ludis dixi? imo in φροντιστηρίοις, vel pistrinis potius ac carnificinis – inter puerorum greges, consenescant laboribus, obsurdescant clamoribus, foetore paedoreque contabescant; tamen meo beneficio sit, ut sibi primi mortalium esse videantur. Adeo sibi placent, dum pavidam turbam minaci vultu voceque territant, dum ferulis, virgis, lorisque conscindunt miseros dumque modis omnibus suo arbitratu saeviunt, asinum illum Cumanum imitantes. In-

stellen, rauben, spielen, ausgelassen sind, geboren werden, fallen und sterben. Man kann es kaum glauben, welche Unruhen und Verwicklungen solch ein kümmerliches, so bald dem Tod verfallenes Geschöpf entfacht; denn oft genug rafft der Sturm eines unbedeutenden Krieges oder einer Seuche viele Tausend auf einmal dahin.

Ich wäre aber selbst törichter als alle und hätte das dröhnende Gelächter des Demokrit vor allen verdient, wenn ich weiter die Erscheinungen eingebürgerter Torheiten und Wahnvorstellungen aufzählen wollte. Ich will mich zu jenen wenden, die in der Welt die Weisheit vorstellen und den sogenannten goldenen Weisheitszweig des Aeneas[144] für sich in Anspruch nehmen.

Die Grammatiker sind die Ersten darunter. Kein Stand käme ihnen an Jämmerlichkeit, Elend und Unbeliebtheit bei den Göttern gleich, hätte ich seine Beschwerden und sein maßloses Unglück nicht mit artigem Wahn gemildert. Sie sind nämlich nicht nur nach dem griechischen Epigramm[145] fünf Rachegottheiten verhaftet, sondern sogar sechshundert: Immer sind sie hungrig und ungepflegt in ihren Schulen – was sage ich »in ihren Schulen«? In ihren Denkerwüsten müsste ich sagen, in ihren Tretmühlen und Folterkammern –, inmitten des Kinderhaufens, altern vor der Zeit über ihrer Arbeit, werden taub vor Geschrei und siechen dahin vor Gestank und Unrat. Mein Einfluss allein macht es, dass sie sich wie auf der Menschheit Höhen erscheinen. So sehr gefallen sie sich, wenn sie die ängstliche Schar mit drohender Miene und eindrucksvoller Stimme einschüchtern, mit Stöcken, Ruten und Riemen auf die Beklagenswerten losdreschen und unverblümt ihr anmaßendes Gehabe zur Schau tragen, ganz wie der Kumanische

terim sordes illae [458] merae mundiciae videntur, paedor amaricinum olet, miserrima illa servitus regnum esse putatur, adeo ut tyrannidem suam nolint cum Phalaridis aut Dionysii imperio commutare. Sed longe etiam feliciores sunt, nova quadam doctrinae persuasione. Siquidem cum plerique mera deliramenta pueris inculcent, tamen, dii boni, quem non illi Palaemonem, quem non Donatum prae se contemnunt? Idque nescio quibus praestigiis mire efficiunt, ut stultis materculis et idiotis patribus tales videantur, quales ipsi se faciunt. Iam adde et hoc voluptatis genus, quoties istorum aliquis Anchisae matrem aut voculam vulgo incognitam in putri quapiam charta deprehenderit, puta bubsequam, bovinatorem aut manticulatorem, aut si quis vetusti saxi fragmentum, mutilis notatum literis alicubi effoderit: O Iupiter, quae tum exultatio, qui triumphi, quae encomia, perinde quasi vel Africam devicerint vel Babylonas ceperint! Quid autem cum frigidissimos et insulsissimos versiculos suos passim ostentant neque desunt qui mirentur: iam plane Maronis animam in suum pectus demigrasse credunt. At nihil omnium suavius quam cum ipsi inter sese mutua talione laudant ac mirantur, vicissimque scabunt. Quod si quis alius verbulo lapsus sit idque forte fortuna hic oculatior deprehenderit, ἡράκλεις, quae protinus tragoediae, quae digladiationes, quae convicia, quae invectivae! Male propicios habeam omneis grammaticos, si quid mentior.

Esel[146]. Dabei kommen sie sich in all dem Schmutz [458] wie in blitzblanker Umgebung vor, der Unrat hat für sie den Duft der Majoransalbe, und die üble Dienstknechtschaft wird so sehr als Herrschaft empfunden, dass sie ihre Tyrannis nicht mit der Gewalt des Phalaris oder Dionysius[147] vertauschen möchten. Der Stolz auf wissenschaftliche Originalität macht aber ihr eigentliches Glück aus. Was die meisten auch den Kindern an tollen Ausgeburten ihrer Phantasie einhämmern, jeder glaubt mit Verachtung auf Palaemon und Donat[148] herabschauen zu dürfen. Ich weiß gar nicht, mit welchen Vorspiegelungen sie merkwürdigerweise bei dummen Müttern und beschränkten Vätern den Eindruck hervorrufen, der ihrer eigenen Meinung von sich selbst entspricht. Man vergesse auch nicht folgendes Vergnügen: Hat einer die Mutter des Anchises[149] oder ein dunkles Wort in einem vergilbten Pergament gefunden, wie *bubsequa* für Hirt oder *bovinator* für Krakeeler oder *manticulator* für Beutelschneider, oder gräbt Steintrümmer mit Inschriftresten aus, dann gibt es gleich maßlosen Jubel und Triumphgeschrei. Man gebärdet sich, als ob man Afrika unterworfen oder Babylon erobert hätte. Wie ist es aber, wenn sie ihre unbeschreiblich dürren und witzlosen Verse vorführen und dabei gar noch Bewunderung ernten? Dann glauben sie geradezu, der Genius Vergils sei auf sie herabgekommen.[150] Das köstlichste Vergnügen bereiten sie aber, wenn sie sich gegenseitig lobhudeln und beweihräuchern. Ist einem andern ein kleiner Verstoß unterlaufen und zufällig von Aufmerksameren entdeckt worden, beim Herkules, welche Verwirrung, welcher Streit, welches Geschimpfe und welche Beleidigungen vernimmt man dann. Ich will mir die Ungnade aller Sprachlehrer zuziehen, wenn ich lüge.

Novi quendam πολυτεχνότατον, Graecum, Latinum, mathematicum, philosophum, medicum, καὶ ταῦτα βασιλικόν, iam sexagenarium, qui (caeteris rebus omissis) annis plus viginti se torquet ac discrutiat in grammatica, prorsus felicem se fore ratus, si tam diu liceat vivere, donec certo statuat, quomodo distinguendae sint octo partes orationis, quod hactenus nemo Graecorum aut Latinorum ad plenum praestare valuit. Perinde quasi res sit bello quoque vindicanda, si quis coniunctionem faciat dictionem ad adverbiorum ius pertinentem. Et hac gratia, cum totidem sint grammaticae quot grammatici, imo plures, quandoquidem Aldus meus unus plus quinquies grammaticam dedit, hic nullam omnino quantumvis barbare aut moleste scriptam praetermittit, quam non evolvat excutiatque nemini non invidens, si quid quantumlibet inepte moliatur in hoc genere, misere timens, ne quis forte gloriam hanc praeripiat et pereant tot annorum labores. Utrum insaniam hanc vocare mavultis an stulticiam? Nam mea quidem haud magni refert, modo fateamini meo beneficio fieri, ut animal omnium alioqui longe miserrimum eo felicitatis evehatur, ut sortem suam neque cum Persarum regibus cupiat permutare.

Minus mihi debent poetae, tametsi vel ex professo meae sunt [459] factionis, quippe liberum genus, ut habet proverbium, quorum omne studium non alio pertinet, quam ad demulcendas stultorum aures, idque meris nugamentis ac ridiculis fabulis. Et tamen his freti dictu mirum, ut cum sibi polliceantur immortalitatem et diis parem vitam, tum aliis eandem promittant. Huic ordini prae caeteris familiares

Ich kenne einen sechzigjährigen Gelehrten, der Griechisch, Latein, Mathematik, Philosophie und Medizin hervorragend beherrschte, sich um nichts kümmerte und sich über zwanzig Jahre mit der Grammatik abmühte und herumquälte. Er begehrte nichts als das Glück, so lange leben zu dürfen, bis er eine feste Ordnung in die acht Redeteile gebracht hätte, was die Griechen und Lateiner bis dahin nicht völlig vermocht hätten. Man ist sogar bereit, einen Krieg zu entfachen, wenn jemand die Konjunktionen zur Wortart der Adverbien zählen will. Deshalb gibt es ebensoviele grammatische Systeme wie Grammatiker, ja eigentlich noch mehr; denn mein Aldus[151] allein hat mehr als fünfmal eine Grammatik herausgegeben. Keine lässt der Sprachlehrer aus, so barbarisch und mühsam auch ihre Diktion sein mag. Jede wird weidlich gewälzt und beschnüffelt, und jeder wird für seine törichten Erzeugnisse auf diesem Gebiet beneidet. Immer ist man in Furcht, es möchte einer den Ruhm wegschnappen und die Arbeit so vieler Jahre möchte vergebens sein. Wollt ihr das alles Wahn und Torheit nennen? Mir ist es eigentlich gleichgültig, nur müsst ihr zugeben, dass dieses kümmerlichste aller Lebewesen mir allein sein Glücksgefühl verdankt und deshalb allein nicht mit dem Perserkönig[152] tauschen möchte.

Die Dichter sind weniger in meiner Schuld, obwohl auch sie offenbar zu meinen [459] Leuten zählen. Denn als das sprichwörtlich »freie Geschlecht« sind sie nur darauf aus, den Ohren der Toren mit barem Unfug und lächerlichen Histörchen zu schmeicheln. Es ist erstaunlich, wie sehr sie auf dieses Zeug bauen. Unsterblichkeit und göttergleiches Leben versprechen sie sich und anderen davon. Eigenliebe und Schmeichelei sind diesem Haufen vor allem eigentüm-

Φιλαυτία καὶ Κολακία nec ab ullo mortalium genere color neque simplicius neque constantius.

Porro rhetores, quanquam nonnihil illi quidem praevaricantur colluduntque cum philosophis, tamen hos quoque nostrae factionis esse cum alia multa tum illud in primis arguit, quod praeter alias nugas tam accurate, tam multa de iocandi ratione conscripserunt (atque adeo stulticiam ipsam inter facetiarum species numerat quisquis is fuit, qui ad Herennium dicendi artem conscripsit) quodque apud Quintilianum, huius ordinis longe principem, caput est de risu vel Iliade prolixius: tantum denique stulticiae tribuunt, ut saepenumero quod nullis argumentis dilui possit, risu tamen eludatur. Nisi si quis hoc arbitretur ad stulticiam non pertinere, ridiculis dictis excitare cachinnos, idque arte.

Huius farinae sunt et isti, qui libris edendis famam immortalem aucupantur. Hi cum omnes mihi plurimum debent, tum praecipue qui meras nugas chartis illinunt. Nam qui erudite ad paucorum doctorum iudicium scribunt, quique nec Persium nec Laelium iudicem recusant, mihi quidem miserandi magis quam beati videntur, ut qui sese perpetuo torqueant. Addunt, mutant, adimunt, reponunt, repetunt, recudunt, ostendunt, nonum in annum premunt nec unquam sibi satisfaciunt ac futile praemium, nempe laudem eamque perpaucorum, tanti emunt, tot vigiliis,

lich. Darin sind sie immer unverkennbar und unwandelbar in der menschlichen Gesellschaft.

Obwohl man die Redner nicht säuberlich von den Philosophen scheiden kann, gehören sie doch zu unserer Gemeinde. Vieles spricht dafür, besonders aber, dass sie außer manchen anderen Spielereien oft und sorgfältig über das Wesen des Witzes geschrieben haben.[153] So zählt der Redner die Torheit selbst unter die Gattung der launigen Einfälle, zum Beispiel der Verfasser der Redekunst für Herennius[154] wie auch Quintilian, der Wortführer dieses Standes, in seinem ausgelassenen Kapitel über das Lachen, das weitschweifiger ist als die »Ilias« selbst. Sie messen überhaupt der Torheit solchen Wert bei, dass man unter Lachen häufig herausbringen könne, was durch keinen sachlichen Beweis klarzulegen ist. Es wird wohl keiner bestreiten, dass es zu den Wirkungen der Torheit gehört, wenn man mit scherzhaften Reden bewusst Gelächter hervorruft.

Mit solchem Mehl sind gleichfalls die Schriftsteller bestäubt, die sich mit Büchern die Unsterblichkeit sichern wollen. Wenn auch alle in meinem Sold stehen, dann doch ganz besonders, die baren Unsinn aufs Papier kritzeln. Wer sich nämlich im Schreiben an den Geschmack und das Urteil weniger gebildeter Männer hält und weder die Meinung des Persius noch des Laelius[155] in den Wind schlägt, erscheint mir eher erbärmlich als glücklich, weil er sich ständig selbst quälen muss. Er macht Zusätze, ändert ab, streicht, ergänzt, erneuert, prägt um, erklärt und ist nach neunjährigem Brüten mit seinem eigenen Werk nicht zufrieden. Seinen trügerischen Lohn sucht er in der Anerkennung, die er aber nur bei wenigen findet und die ihn teuer genug zu stehen kommt. Nachtwachen, Schlaflosigkeit –

somnique (rerum omnium dulcissimi) tanta [460] iactura, tot sudoribus, tot crucibus. Adde nunc valetudinis dispendium, formae perniciem, lippitudinem, aut etiam caecitatem, paupertatem, invidiam, voluptatum abstinentiam, senectutem praeproperam, mortem praematuram, et si qua sunt alia eiusmodi. Tantis malis sapiens ille redimendum existimat, ut ab uno aut altero lippo probetur. At meus ille scriptor quanto delirat felicius, dum nulla lucubratione, verum utcunque visum est animo, quicquid in calamum incidit, vel somnia sua, statim literis prodit, levi duntaxat chartarum iactura, non ignarus futurum, ut quo nugaciores nugas scripserit, hoc a pluribus, id est, stultis et indoctis omnibus probetur. Quid enim est negocii, treis illos doctos, si tamen ea legerint, contemnere? Aut quid valebit tam paucorum sapientum calculus in tam immensa reclamantium turba? Sed magis etiam sapiunt, qui aliena pro suis edunt, et alieno magnoque partam labore gloriam verbis in se transmovent, hoc videlicet freti, quod arbitrentur futurum, ut etiam si maxime coarguantur plagii, tamen aliquanti temporis usuram sint interim lucrifacturi.

Videre est operaeprecium, quam hi sibi placeant, cum vulgo laudantur, cum digito ostenduntur in turba: οὗτός ἐστιν ὁ δεινὸς ἐκεῖνος, cum apud bibliopolas prostant, cum in omnium paginarum frontibus leguntur tria nomina, praesertim peregrina ac magicis illis similia. Quae, per deum immortalem, quid aliud sunt quam nomina? Deinde quam a paucis cognoscenda, si mundi vastitatem respicias, tum a quanto paucioribus laudanda, ut sunt etiam indoc-

wo doch der Schlaf von allem das Angenehmste ist –, [460] Schweiß und Qualen gilt es auf sich zu nehmen. Dazu kommt die Zerrüttung der Gesundheit, die äußere Verkümmerung, Triefäugigkeit oder gar Blindheit, Armut, Neid, Verzicht auf Vergnügen, vorzeitiges Altern, früher Tod und was dergleichen »Köstlichkeiten« sind. Für solche Übel glaubt der Weise sich entschädigt, wenn er bei dem einen oder andern Depp in Gnaden aufgenommen wird. Wie viel besser hat es der Schriftsteller meines Zeichens in seinem Wahn. Ohne große Vorarbeit schreibt er, was ihm gerade einfällt und unter die Feder kommt. Seine Hirngespinste setzt er gleich in Buchstaben um und hat nur wenig Scheu vor dem Druck. Er weiß, dass der gröbste Unfug von den meisten, das heißt von allen Dummen und Ungebildeten anerkannt wird. Was macht es schon aus, dass drei gebildete Männer, die es doch noch gelesen haben, verächtlich die Achsel zucken? Was wiegt schon die Stimme der paar Klugen gegen einen solchen Haufen? Noch gerissener machen es die Plagiatoren, die den Ruhm fremder Lebensarbeit mit einigen Worten sich selbst zuwenden und sich eine Weile Gewinn davon versprechen, wenn sie auch noch so eindeutig des Plagiats überführt werden.

Man muss es gesehen haben, wie sie sich in öffentlicher Anerkennung gefallen und mit dem Finger auf sich weisen lassen: »Das ist der berühmte Mann!« Bei den Buchhändlern stehen sie vorne an, auf jeder Buchseite ein paar fremde Brocken wie Zauberrunen führend. Bei Gott, was ist das denn anderes als ein Spiel mit leeren Worten? Wie wenige erhalten Kenntnis davon, wenn man an die Weite und Größe der Welt denkt? Wie viel weniger noch finden Geschmack daran, wenn man an die Unterschiedlichkeit des

torum diversa palata. Quid quod ea ipsa nomina non raro confinguntur aut e priscorum libris adoptantur? Cum alius sese Telemachum, alius Stelenum aut Laertem, hic Polycratem, ille Thrasymachum sese nominari gaudet, ut nihil iam referat, etiam si chamaeleonti aut cucurbitae sive, quemadmodum solent philosophi loqui, alpha aut beta librum inscribas.

Illud autem lepidissimum, cum mutuis epistolis, carminibus, encomiis sese vicissim laudant, stulti stultos, indoctos indocti. Hic illius suffragio discedit Alcaeus, ille huius Callimachus. Ille huic est M. Tullio superior, hic illi Platone doctior. Nonnunquam etiam antagonistam quaerunt, cuius aemulatione famam augeant. Hinc *scinditur incertum studia in contraria vulgus*, donec uterque dux re bene gesta victor discedit, uterque triumphum agit. Rident haec sapientes ut (veluti sunt) stultissima. Quis enim negat? Sed interim meo beneficio suavem vitam agunt, ne cum Scipionibus quidem suos triumphos commutaturi. [461] Quanquam docti quoque interim dum haec magna cum animi voluptate rident et aliena fruuntur insania, non paulum mihi debent et ipsi, quod inficiari non possunt, nisi sint omnium ingratissimi.

Inter eruditos iureconsulti sibi vel primum vindicant locum neque quisquam alius aeque sibi placet, dum Sisyphi

Urteils sogar bei den Ungebildeten denkt? Wie oft werden diese leeren Namen nicht einmal erfunden, sondern aus den Werken der Alten übernommen? Da lässt sich etwa einer mit Behagen Telemachus oder Stelenus oder Laërtes nennen; dieser hat Freude an dem Namen Polykrates, jener an Trasymachus.[156] Man könnte getrost ein Chamäleon oder einen Kürbis als Buchtitel wählen oder wie die Philosophen ein Alpha oder Beta.

Besonders ergötzlich aber ist es, wenn sie einander mit Briefen, Gedichten und Lobeshymnen beehren, wo sie sich doch gegenseitig an Torheit und Unbildung in nichts nachstehen. Dieser ist für seinen Anbeter dem Kallimachos überlegen, von diesem hält sein Freund mehr als von Cicero, jener scheint ihm weiser als Platon.[157] Bisweilen suchen sie sich einen Rivalen, um im Wettbewerb ihren Ruhm zu mehren. Bei der haltlosen Menge teilen sich gleich die Ansichten, bis schließlich jeder der beiden Wortführer nach erfolgreichem Wettbewerb siegreichen Triumph feiert. Über solche unzweifelhaften Albernheiten lächelt der Weise, und keiner wird darin etwas anderes sehen wollen. Jedenfalls haben diese Menschen durch mich ein angenehmes Leben und möchten ihre Triumphe keinesfalls mit den Scipionen[158] tauschen. [461] Auch die Gelehrten selbst stehen nicht wenig in meiner Schuld, während sie mit herzlichem Vergnügen darüber lächeln und an der Verrücktheit anderer ihren Genuss finden. Wenn sie sich nicht durch Undankbarkeit auszeichnen wollen, müssen sie das zugeben.

Unter den Gebildeten nehmen die Juristen den ersten Rang für sich in Anspruch, und an Selbstgefälligkeit tut es ihnen keiner gleich. Unaufhörlich wälzen sie den Stein des

saxum assidue volvunt ac sexcentas leges eodem spiritu contexunt, nihil refert quam ad rem pertinentes, dumque glossematis glossemata, opiniones opinionibus cumulantes, efficiunt ut studium illud omnium difficillimum esse videatur. Quicquid enim laboriosum, idem protinus et praeclarum existimant.

Adiungamus his dialecticos ac sophistas, hominum genus quovis aere Dodonaeo loquacius, ut quorum unusquivis cum vicenis delectis mulieribus garrulitate decertare possit, feliciores tamen futuri, si tantum linguaces essent, non etiam rixosi, adeo ut de lana caprina pertinacissime digladientur et nimium altercando plerunque veritatem amittant. Hos tamen sua philautia beatos reddit, dum tribus instructi syllogismis incunctanter audent quavis de re cum quovis manum conserere. Caeterum pertinacia reddit invictos, etiamsi Stentorem opponas.

Sub hos prodeunt philosophi barba pallioque verendi, qui se solos sapere praedicant, reliquos omnes mortales [462] umbras volitare. Quam vero suaviter delirant, cum innumerabiles aedificant mundos, dum solem, dum lunam, stellas, orbes, tanquam pollice filove metiuntur, dum fulminum, ventorum, eclipsium ac caeterarum inexplicabilium rerum causas reddunt, nihil usquam haesitantes, perinde quasi naturae rerum architectrici fuerint a secretis quasive e deorum consilio nobis advenerint! Quos interim natura cum suis coniecturis magnifice ridet. Nam nihil

Sisyphus, finden sechshundert Gesetze in einem Atemzug, ohne Rücksicht auf ihre Anwendbarkeit, häufen Glossen auf Glossen und Auffassungen auf Auffassungen und erreichen es, dass ihr Fach allen an Schwierigkeit überlegen scheint. Alles Mühevolle halten sie ohne Weiteres für vortrefflich.

Zu ihnen gehören die Dialektiker und Sophisten, die es an Geschwätzigkeit mit dem Orakel-Erz von Dodona aufnehmen.[159] Jeder Einzelne von ihnen könnte zwanzig ausgesuchten Klatschweibern die Waage halten. Sie wären zweifellos noch glücklicher, wenn sie redselig und nicht streitsüchtig wären. Mit hartnäckiger Verbissenheit können sie nämlich um des Kaisers Bart streiten und verlieren in der Hitze des Gefechts meist die Wahrheit aus den Augen. Ihre Eigenliebe macht sie trotzdem glücklich, wenn sie wohlausgerüstet mit ihren drei Syllogismen ohne Bedenken über alles und mit jedem die Klingen kreuzen. Ihr Eigensinn macht sie unbesiegbar, ob man auch einen stimmgewaltigen Stentor[160] wider sie aufböte.

Ihnen nahe stehen die Philosophen, ehrwürdig durch Bart und Gewand. Sie wollen allein weise sein und meinen, alle übrigen Menschen würden ein [462] Schattendasein führen.[161] In welch süßem Wahn sind sie, wenn sie zahllose Welten gestalten, die Bahnen von Sonne, Mond und Sternen auf Daumenbreite und Fadenstärke messen, Blitz, Wind, Finsternisse und andere unerforschliche Erscheinungen erklären, ohne je in Zweifel zu geraten. Sie tun so, als ob sie der Erschafferin Natur hinter ihre Geheimnisse geschaut hätten und unmittelbar aus dem Rat der Götter zu uns gekommen wären. Dafür belächelt die Natur sie samt ihren Kombinationen dann nach Herzenslust. Wie wenig

apud illos esse comperti, vel illud satis magnum est argumentum, quod singulis de rebus inexplicabilis inter ipsos est digladiatio. Ii cum nihil omnino sciant, tamen omnia se scire profitentur, cumque seipsos ignorent neque fossam aliquoties aut saxum obvium videant, vel quia lippiunt plerique vel quia peregrinantur animi, tamen ideas, [463] universalia, formas separatas, primas materias, quidditates, ecceitates, formalitates, instantia videre se praedicant, res adeo tenues, ut neque Lynceus, opinor, possit perspicere. Tum vero praecipue prophanum vulgus aspernantur, quoties triquetris, et tetragonis, circulis, atque huiusmodi picturis mathematicis, aliis super alias inductis et in labyrinthi speciem confusis, praeterea literis velut in acie dispositis ac subinde alio atque alio repetitis ordine, tenebras offundunt imperitioribus. Neque desunt ex hoc genere qui futura quoque praedicant consultis astris ac miracula plusquam magica polliceantur et inveniunt homines fortunati, qui haec quoque credant.

Porro theologos silentio transire fortasse praestiterit, καὶ ταύτην καμαρίναν μὴ κινεῖν nec hanc anagyrim tangere, utpote genus hominum mire superciliosum atque irritabile, ne forte turmatim sexcentis conclusionibus adoriantur et ad palinodiam adigant, quod si recusem, protinus haereticam clamitent. Nam illico solent hoc terrere fulmine, si cui sunt parum propicii.

Sane quanquam non alii sunt, qui minus libenter agnoscant meam in se beneficentiam, tamen hi quoque non mediocribus nominibus obstricti sunt, dum felices sua philautia, perinde quasi ipsi tertium incolant coelum, ita reliquos mortaleis omneis, ut humi reptantes pecudes, [464] e sublimi despiciunt ac prope commiserantur; dum tanto

Sicherheit bei ihnen ist, ergibt sich deutlich aus dem unentwirrbaren Meinungsstreit, der unter ihnen über die einzelnen Dinge herrscht. Sie wissen rein gar nichts und tragen ihre Allwissenheit zur Schau. Sie kennen sich selbst nicht und bemerken in ihrer Kurzsichtigkeit oder Geistesabwesenheit nicht den Graben oder Stein vor ihren Füßen, preisen aber ihre Einsicht in Ideen, [463] Universalien, Einzelwesen, Urstoffe, Wesensfragen, Gestaltfragen und Entwicklungsfragen an, für alle derart über feine Dinge, dass kein Lynkeus[162] sie wahrnehmen könnte. Mit Verachtung sehen sie auf das gemeine Volk herab und zeichnen Dreiecke, Vierecke, Kreise und ähnliche mathematische Figuren kunterbunt ineinander, versehen sie recht strategisch mit Buchstaben, wiederholen sie in unterschiedlicher Reihenfolge und umnebeln den unerfahrenen Geist. Es fehlt darunter auch nicht an solchen, die die Zukunft aus den Sternen lesen und mehr als magische Wunder verheißen. Ja, es finden sich sogar verständige Leute, die daran glauben.

Die Theologen sollte man füglich mit Schweigen übergehen und diesem Kräutchen Rührmichnichtan aus dem Weg bleiben. Dieses hochmütige und reizbare Geschlecht möchte mir leicht geschlossen mit sechshundert Schlussfolgerungen auf den Leib rücken und den Widerruf erzwingen, dessen Verweigerung mich in den Geruch der Ketzerei brächte. Sie dräuen nämlich unversehens mit dem Bannstrahl, wenn sie einem nicht grün sind.

Obwohl sonst keiner seine Verbindlichkeit gegen mich widerwilliger zugibt, stehen auch sie nicht wenig in meiner Schuld. Sie sonnen sich in ihrer Eigenliebe wie im dritten Himmel und [464] blicken aus ihrer erhabenen Höhe voll Verachtung und Mitleid auf alle anderen Sterblichen wie

magistralium definitionum, conclusionum, corollariorum, propositionum explicitarum et implicitarum agmine septi sunt, tot exuberant κρησφυγέτοις, ut nec Vulcaniis vinculis sic possint irretiri, quin elabantur distinctionibus (quibus nodos omneis adeo facile secant, ut non Tenedia bipennis melius), tot nuper excogitatis vocabulis ac prodigiosis vocibus scatent; praeterea dum arcana mysteria suo explicant arbitratu: qua ratione conditus ac digestus sit mundus; per quos canales labes illa peccati in posteritatem derivata sit; quibus modis, [465] qua mensura, quantulo tempore in virginis utero sit absolutus Christus; quemadmodum in synaxi accidentia subsistant sine domicilio. Sed haec protrita. Illa demum magnis et illuminatis, ut vocant, theologis digna putant, ad haec si quando incidunt, expergiscuntur: Num quod instans in generatione divina? Num plures in Christo filiationes? Num possibilis propositio: Pater deus odit filium? Num deus potuerit suppositare mulierem, num diabolum, num asinum, num cucurbitam, num silicem? Tum quemadmodum cucurbita fuerit concionatura, editura miracula, figenda cruci. Et quid consecrasset Petrus, si consecrasset eo tempore, quo corpus Christi pendebat in cruce? Et num eodem tempore Christus homo dici potuerit? Et num post resurrectionem edere aut bibere fas sit futurum, iam nunc famem sitimque praecaventes.

auf schleichendes Gewürm herab. Sie verschanzen sich mächtig hinter ihren lehrhaften Definitionen, Schlüssen, Folgesätzen, einfachen und verwickelten Vordersätzen und sind so wenig um Ausflüchte verlegen, dass die Fesseln des Vulkan[163] nicht einmal ihre Begriffsbestimmungen zu binden vermöchten. Mit ihnen zerschneiden sie alle Knoten, wie man es mit dem berühmten Beil von Tenedos[164] nicht besser könnte. Sie sind reich an neuen Wortprägungen und Ungeheuerlichkeiten des Ausdrucks, vor allem wenn sie die tiefen Geheimnisse nach ihrem Gutdünken auslegen, wie zum Beispiel das Weltall gestaltet und eingerichtet ist, durch wen jener Schandfleck der Erbsünde auf die Nachwelt gekommen ist, [465] von welchem Augenblick ab im Leib der Jungfrau Christus wirklich vorhanden ist, wie in der Eucharistie die Akzidentien ohne Heimstatt bleiben. Doch das ist ziemlich breitgetreten. Etwas anderes scheint ihnen eines großen und ihrer Meinung nach erleuchteten Theologen würdig. Sie werden wach, sobald die Rede auf solche Dinge kommt: ob es einen Augenblick gibt in der göttlichen Zeugung, ob in Christus mehrere Abstammungen sind, ob der Vordersatz »Der Vater hasst den Sohn« möglich ist, ob Gott die Gestalt eines Weibes, eines Teufels, eines Esels, eines Kürbisses oder eines Kieselsteins hätte annehmen können, dann wiederum, wie etwa der Kürbis gepredigt hätte, wie er Wunder gewirkt hätte und ans Kreuz zu schlagen gewesen wäre, was Petrus konsekriert hätte, wenn er zur selben Zeit konsekriert hätte, als der Leib Christi am Kreuz hing, ob Christus zur selben Zeit hätte Mensch genannt werden dürfen und ob nach der Auferstehung Essen und Trinken erlaubt sein werden, da wir uns jetzt doch vor Hunger und Durst hüteten.

Sunt innumerabiles λεπτολεσχίαι, his quoque multo subtiliores, de notionibus, relationibus, instantibus, de formalitatibus, de quidditatibus, ecceitatibus, quas nemo possit oculis assequi, nisi tam Lynceus ut ea quoque per altissimas tenebras videat quae nusquam sunt. Adde nunc his γνώμας illas, adeo παραδόξους, ut illa Stoicorum oracula, quae paradoxa vocant, crassissima prae his videantur et circunforanea, velut levius esse crimen homines mille iugulare quam semel in die dominico calceum pauperi consuere. Et potius esse committendum, ut universus orbis pereat una cum victu et vestitu (quod aiunt) suo, quam unicum quantumlibet leve mendaciolum dicere. Iam has subtilissimas subtilitates subtiliores etiam reddunt tot scholasticorum viae, ut citius e [466] Labyrinthis temet explices, quam ex involucris Realium, Nominalium, Thomistarum, Albertistarum, Occanistarum, Scotistarum; et nondum omneis dixi sectas, sed praecipuas duntaxat.

In quibus omnibus tantum est eruditionis, tantum difficultatis, ut existimem ipsis apostolis alio spiritu opus fore, si cogantur hisce de rebus cum hoc novo theologorum genere conserere manus. Paulus fidem praestare potuit, at idem cum ait: *Fides est substantia rerum sperandarum, argumentum non apparentium*, parum magistraliter definivit. Idem ut charitatem optime praestitit, ita parum dialectice vel dividit vel finit in priore ad Corinthios epistola, capite decimotertio. Ac pie quidem illi consecrabant syna-

Zahllos sind die Spitzfindigkeiten, die noch nichtiger sind als diese, die Begriffe, Beziehungen, Entwicklungs-, Gestalt-, Wesens- und Erscheinungsfragen, die einer wirklich nur wahrnehmen könnte, wenn er ein Lynkeus[165] wäre, der auch im tiefsten Dunkel sähe, was nirgendwo ist. Dazu gehören noch jene Sentenzen, die so widerspruchsvoll sind, dass die sogenannten paradoxen Sprüche der Stoiker im Vergleich dazu höchst einfältig und volkstümlich erscheinen. Da heißt es zum Beispiel, es sei ein geringeres Vergehen, tausend Menschen umzubringen, als nur einmal an einem Sonntag einem Armen den Schuh zusammenzunähen. Der Untergang der ganzen Welt mit all ihrem Essen und ihrer Kleidung, wie sie sagen, sei eher zu verantworten als eine einzige noch so unbedeutende Lüge. Das Auftreten so vieler Scholastiker macht diese unaussprechlichen Spitzfindigkeiten noch spitzfindiger, so dass man sich eher aus einem [466] Labyrinth herauswindet als aus dem Gewebe der Realisten, Nominalisten, Thomisten, Albertisten, Occamisten und Scotisten.[166] Dabei habe ich noch nicht einmal alle, sondern nur die auffallenden Richtungen erwähnt.

So viel mühselige Bildung ist zu allen diesen Dingen erforderlich, dass die Apostel wohl einen andern Geist brauchten, wenn sie darüber mit dem neuen Theologenstand disputieren wollten. Paulus konnte zwar den Glauben vorleben, hat aber offenbar ohne die erforderliche Gelehrsamkeit definiert, als er sagte, der Glaube ist der Inbegriff alles dessen, was wir erhoffen, das Unterpfand dessen, was nicht sichtbar ist.[167] So eindringlich er die Liebe vorgelebt hat, so ungenau hat er im dreizehnten Kapitel des ersten Korintherbriefes ihr Wesen gesehen und erläutert. Mit frommem Sinn haben die Apostel die Eucharistie geweiht,

xim, et tamen rogati de termino a quo et termino ad quem, de transsubstantiatione, de modo quo corpus idem sit in diversis locis, de differentia qua corpus Christi est in coelo, qua fuit in cruce, qua in sacramento synaxeos, quo puncto fiat transsubstantiatio, cum oratio per quam ea fit, ut quantitas discreta sit in fluxu, non pari (sicut opinor) respondissent acumine, quo Scotidae disserunt haec ac definiunt. Noverant illi Iesu matrem, sed quis eorum tam philosophice demonstravit, quomodo fuerit ab Adae macula praeservata, quam nostri theologi? Petrus accepit claves et accepit ab eo, qui non committat indigno, et tamen an intellexerit, nescio, certe nusquam attigit subtilitatem, quomodo scientiae clavem habeat is quoque, qui scientiam non habeat. Baptizabant illi passim, et tamen nusquam docuerunt, quae sit causa formalis, materialis, efficiens et finalis baptismi, nec characteris delebilis et indelebilis apud hos ulla mentio. Adorabant quidem illi, sed in spiritu, nihil aliud sequentes quam illud evangelicum *spiritus est deus, et eos qui adorant eum, in spiritu et veritate oportet adorare*. Verum haud apparet eis tum fuisse revelatum una eademque adoratione adorandam imagunculam carbone deliniatam in [467] pariete et Christum ipsum, si modo duobus sit porrectis digitis, intonsa coma et in umbone qui adhaeret occipitio, treis habeat notas. Quis enim haec percipiat nisi triginta sex annos totos in phisicis et ultramundanis Aristotelis et

würden aber, wie ich glaube, nicht mit derselben Schärfe geantwortet haben, mit der die Scotisten dies behandeln, und kaum Stellung nehmen, wenn man sie nach dem Zeitpunkt, von welchem ab, und nach dem Zeitpunkt, bis zu welchem, befragen wollte, nach der Transsubstantiation, nach der Möglichkeit gleichzeitiger Anwesenheit des Leibes an verschiedenen Orten, nach dem Unterschied der Leibesbeschaffenheit Christi im Himmel, am Kreuz und in der Eucharistie, nach dem Augenblick der Transsubstantiation, wenn das Gebet, das sie bewirkt, als eine ausgedehnte Quantität im Fluss ist. Sie kannten die Mutter Jesu, aber wer von ihnen hat so philosophisch nachgewiesen, wie sie von der Erbschuld Adams frei blieb, wie unsere Theologen? Petrus empfing die Schlüssel und empfing sie von ihm, der sie keinem Unwürdigen anvertraute, und doch weiß ich nicht, ob er die rechte Einsicht gehabt hat, mindestens hat er den Tiefsinn nicht erfasst, wie der den Schlüssel der Wissenschaft haben könne, der kein Wissen habe. Sie tauften überall, lehrten aber nirgendwo, was die formale, materiale, wirkende und Zielursache der Taufe sei. Auch der zerstörbare und unzerstörbare Charakter der Taufe wird bei ihnen nicht erwähnt. Jene beteten zwar an, aber im Geiste, und folgten lediglich dem Wort des Evangeliums, Gott sei ein Geist, und die ihn anbeten, müssten ihn im Geiste und in der Wahrheit anbeten.[168] Anscheinend war ihnen aber noch nicht eröffnet, dass man Christus in einem Bildchen anbeten müsse, das mit Kohle auf [467] die Wand gemalt ist und ihn mit zwei segnend erhobenen Fingern, langem Haar und drei Strahlen an der Rundung des Hinterhaupts darstellt. Wer könnte das auch begreifen, ohne zuvor sechsunddreißig volle Jahre auf die »Natur« und »Übernatur« des

Scotticis contriverit? Identidem inculcant apostoli gratiam, at iidem nusquam distinguunt, quid intersit inter gratiam gratis datam, gratiam gratificantem. Hortantur ad bona opera, nec discernunt opus operans et opus operatum. Passim inculcant charitatem nec secernunt infusam ab acquisita, nec explicant, accidens ne sit, an substantia, creata res an increata. Detestantur peccatum, at emoriar, si potuerunt scientifice definire, quid sit illud quod peccatum vocamus, nisi forte Scotistarum spiritu fuerunt edocti. Nec enim adduci possum, ut credam Paulum, e cuius unius eruditione licet omneis aestimare, toties damnaturum fuisse quaestiones, disceptationes, genealogias, et (ut ipse vocat) λογομαχίας, si eas percalluisset argutias, praesertim cum omnes illius temporis contentiones pugnaeque rusticanae fuerint et crassae, si cum magistrorum nostrorum plusquam Chrysippeis subtilitatibus conferantur.

Quamquam homines modestissimi, si quid forte scriptum sit ab apostolis indolatius parumque magistraliter, non damnant quidem, sed commode interpretantur, hoc videlicet honoris partim antiquitati, partim apostolico nomini deferentes. Et hercle parum aequum erat res tantas ab illis requirere, de quibus ex praeceptore suo ne verbum quidem unquam audissent. Idem si eveniat in Chrysostomo, Basilio, Hieronymo, tum sat habent adscribere, *non tenetur*. Et

Aristoteles und der Scotisten verwendet zu haben? Immer wieder weisen die Apostel auf die Gnade hin, unterscheiden aber nirgendwo zwischen der unverdient empfangenen und der wohlgefällig machenden Gnade. Sie mahnen zu guten Werken, kennen aber noch nicht den Unterschied zwischen wirkendem und bewirktem Werk. Bei jeder Gelegenheit prägen sie das Gebot der Liebe ein, kennen aber keine eingegebene neben einer erworbenen Liebe und erörtern nicht, ob sie eine Akzidens ist oder eine Substanz, ein geschaffenes oder ungeschaffenes Ding. Sie verfluchen die Sünde, ich will aber tot umfallen, wenn sie ohne scotistische Geistesbildung hätten wissenschaftlich darlegen können, was das eigentlich ist, was wir Sünde nennen. Man kann mir auch nicht einreden, dass Paulus, nach dessen Bildung man alle beurteilen darf, alle die Quästionen, Streitfragen, Genealogien und, wie er selbst sagt, Wortfechtereien[169] verworfen hätte, wenn er selbst dieser Feinheiten mächtig gewesen wäre. Alle Streitigkeiten und Auseinandersetzungen waren nämlich zu jener Zeit noch bäurisch und grobschlächtig, wenn man sie mit den überchrysippischen[170] Feinheiten unserer Professoren vergleicht.

Trotzdem stellen wirklich bescheidene Menschen mögliche Verstöße der Apostel gegen stilistische Feinheit und wissenschaftliche Tiefe keineswegs bloß, sondern geben eine verständliche Auslegung. Diese Ehre gebührt der apostolischen Frühe, in deren Namenlosigkeit sie mit ihrer Arbeit aufgegangen sind. Beim Herkules, es wäre auch unbillig, Dinge von den Aposteln zu verlangen, über die sie von ihrem Meister nicht einmal ein Wort gehört haben. Wenn dasselbe bei Chrysostomus, Basilius oder Hieronymus[171] vorkommt, begnügen sie sich hinzuzuschreiben: »Man ist

illi quidem confutarunt ethnicos philosophos ac Iudaeos, suapte natura pertinacissimos, sed vita magis ac miraculis quam syllogismis, tum eos quorum nemo fuerit idoneus vel unicum Scoti Quodlibetum ingenio consequi. Nunc quis ethnicus, [468] quis haereticus non continuo cedat tot tenuissimis subtilitatibus, nisi tam crassus ut non assequatur, aut tam impudens ut exibilet, aut iisdem instructus laqueis ut iam par sit pugna, perinde quasi magum cum mago committas, aut si gladio fortunato pugnet aliquis cum eo, cui gladius sit fortunatus: tum enim nihil aliud quam tela Penelopes retexeretur. Ac meo quidem iudicio saperent Christiani, si pro pinguibus istis militum cohortibus, per quas iam olim ancipiti Marte belligerantur, clamosissimos Scotistas et pertinacissimos Occanistas et invictos Albertistas una cum tota sophistarum manu mitterent in Turcas et Saracenos: spectarent, opinor, et conflictum omnium lepidissimum et victoriam non ante visam. Quis enim usqueadeo frigidus, quem istorum non inflamment acumina? Quis tam stupidus, ut tales non excitent aculei? Quis tam oculatus, ut haec illi non maximas offundant tenebras?

Verum haec omnia videor vobis propemodum ioco dicere. Nec mirum sane, cum sint et inter ipsos theologos melioribus instituti literis, qui ad has frivolas, ut putant,

nicht gebunden.« Auch haben die Apostel die heidnischen Philosophen und die Juden, die von Natur aus die störrischsten waren, widerlegt, aber mehr durch ihre Lebensführung und durch Wunder als durch Syllogismen, waren also Menschen, von denen kein Einziger auch nur imstande wäre, auch nur ein einziges Quodlibet des Scotus zu begreifen. Welcher Heide [468] und Ketzer dagegen würde heutzutage nicht im Nu vor solch haarkleinen Spitzfindigkeiten das Feld räumen, er müsste denn in seiner Einfalt nicht begreifen oder mit Widerspruch seine Unverschämtheit beweisen oder aber für einen Gang mit gleichen Waffen gerüstet sein. Es ist genauso wie beim Kampf zweier Magier miteinander oder bei der feindlichen Begegnung zweier Menschen, die beide ein Zauberschwert besitzen: Der Ausgang ist dabei ebenso wohl abzusehen wie bei der Webarbeit der Penelope (die auch niemals fertig wurde).[172] Meiner Ansicht nach täten die Christen wohl daran, wenn sie statt ansehnlicher Söldnerheere, die einst schon zu keiner Entscheidung kamen, die scotistischen Schreihälse, die eigensinnigen Occamisten und die unüberwindlichen Albertisten samt dem ganzen Sophistenhaufen gegen die Türken und Sarazenen aufbieten würden. Sie würden, glaube ich, das Schauspiel eines einmalig sinnigen Zusammenstoßes und einen unvorhergesehenen Sieg erleben. Wessen Gleichmut vermöchten ihre Spitzfindigkeiten nicht zu entflammen und wessen Stumpfsinn würden solche Stachel nicht aufbringen? Wer ist so scharfäugig, dass sie ihn nicht in ärgste Finsternis bringen könnten?

Wundert euch nur nicht, wenn ich anscheinend witzele; denn auch unter den Theologen gibt es gebildetere Menschen, die einen Widerwillen empfinden bei diesen ihrer

Theologorum argutias nauseent. Sunt qui velut sacrilegii genus execrentur summamque ducant impietatem de rebus tam arcanis et adorandis magis quam explicandis tam illoto ore loqui, tam prophanis Ethnicorum argutiis disputare, tam arroganter definire ac divinae Theologiae maiestatem tam frigidis, imo sordidis verbis simul et sententiis conspurcare.

At interim ipsi felicissime sibi placent, imo plaudunt, adeo ut his suavissimis naeniis nocte dieque occupatis ne tantulum quidem ocii supersit, [469] ut evangelium aut Paulinas epistolas vel semel liceat evolvere. Atque interim dum haec nugantur in scholis, existimant sese universam ecclesiam, alioqui ruituram, non aliter syllogismorum fulcire tibicinibus quam Atlas coelum humeris sustinet apud Poetas. Iam illud quantae felicitatis esse putatis, dum arcanas literas, perinde quasi cereae sint, pro libidine formant ac reformant; dum conclusiones suas, quibus iam aliquot scholastici subscripserunt, plusquam Solonis leges videri postulant et vel pontificiis decretis anteponendas; dumque veluti censores orbis ad palinodiam trahunt, si quid usquam cum explicitis et implicitis illorum conclusionibus non ad amussim quadrarit ac non secus atque ex oraculo pronunciant: *haec propositio scandalosa est, haec parum reverentialis, haec haeresim olet, haec male tinnit*, ut iam nec baptismus nec evangelium nec Paulus aut Petrus nec sanctus Hieronymus aut Augustinus, imo nec ipse Thomas

Meinung nach ehrfurchtslosen Spiegelfechtereien. Manche verfluchen es wie Gottesschändung und betrachten es als groben Mangel an Frömmigkeit, über solch geheimnisvolle Gegenstände, die mehr Verehrung als Erforschung verdienen, mit ungewaschenem Maul herzufahren und dabei mit den weltlichen Spitzfindigkeiten der Heiden zu disputieren, anmaßende Begriffsbestimmung zu formulieren und das Ansehen der göttlichen Theologie mit widerlichem Wortschwall und hohlen Phrasen zu beschmutzen.

Jedenfalls gefallen sie sich selbst in der Wonne dieses Glücks und geben sich Tag und Nacht so ausschließlich mit den ergötzlichen Zaubersprüchen ab, [469] dass für die Beschäftigung mit dem Evangelium oder den Paulusbriefen kein Augenblick übrigbleibt. Mit solch schülerhaftem Unfug glauben sie die ganze Kirche vor dem sicheren Untergang zu bewahren und meinen sie mit den Flötentönen ihrer Syllogismen zu stützen, wie Atlas bei den Dichtern den Himmel hält.[173] Welch ein Glück muss das sein, wenn sie geheimnisvolle Buchstaben wie Wachs nach Gutdünken bilden und umbilden, wenn sie ihre Schlüsse, denen etwa schon einige Gildenbrüder beigepflichtet haben, an bindender Kraft über die Gesetze Solons[174] und vielleicht gar über die päpstlichen Dekrete gestellt wissen wollen, wenn sie wie die berufenen Sittenrichter der Welt zum Widerruf zwingen, sofern irgendwo keine volle Übereinstimmung mit ihren peinlichen Schlussfolgerungen vorliegt. Mit orakelhafter Gebärde verkündigen sie: »Dieser Vordersatz ist Ärgernis erregend, dieser ohne gebührende Ehrfurcht, dieser riecht nach Ketzerei, dieser hat einen bedenklichen Klang.« Weder die Taufe noch das Evangelium, noch Paulus oder Petrus, noch selbst der heilige Hieronymus oder Au-

ἀριστοτελικώτατος Christianum efficiat, nisi baccalauriorum calculus accesserit; tanta est in iudicando subtilitas. Quis enim sensurus erat eum Christianum non esse, qui diceret has duas orationes, *matula putes* et *matula putet*, item *ollae férvere* et *ollam fervére*, pariter esse congruas, nisi sapientes illi docuissent? Quis tantis errorum tenebris liberasset ecclesiam, quos ne lecturus quidem unquam quisquam fuerat, nisi magnis sigillis isti prodidissent? Verum an non felicissimi dum haec agunt? Praeterea dum inferorum res omneis sic ex amussim depingunt, tanquam in ea republica complureis annos sint versati? Praeterea dum pro arbitrio novos orbes fabricantur, addito denique latissimo illo pulcherrimoque, ne scilicet deesset ubi felices animae commode vel spatiari vel convivium agitare vel etiam pila ludere possent. His atque id genus bis mille nugis horum capita adeo distenta differtaque sunt, ut arbitrer nec Iovis cerebrum aeque gravidum fuisse, cum ille Palladem [470] parturiens Vulcani securim imploraret. Quare nolite mirari, si videtis caput illorum tot fasciis tam diligenter obvinctum in publicis disputationibus, alioquin enim plane dissilirent.

Illud ipsa quoque nonnunquam ridere soleo, cum ita demum maxime sibi videntur theologi, si quammaxime barbare spurceque loquantur, cumque adeo balbutiunt ut a nemine nisi balbo possint intelligi, acumen appellant quod vulgus non assequatur. Negant enim e dignitate sacrarum

gustinus, noch selbst der Meisteraristoteliker Thomas machen den Christen, wenn die Baccalaurei nicht ihre Zustimmung gegeben haben.[175] So unvergleichlich ist die Genauigkeit ihres Urteils. Wer hätte nämlich annehmen können, ein rechter Christ dürfe die beiden Ausdrücke »Geschirr, du stinkst« und »Das Geschirr stinkt« wie auch »Dem Topf wird es heiß« und »Der Topf wird heiß« nicht für gleichwertig halten, wenn jene Weisen[176] es nicht gelehrt hätten. Wer hätte die Kirche aus solcher Finsternis des Irrtums erlöst, von der niemals jemand nur hätte lesen können, wenn jene sie nicht unter gewichtigen Siegeln überliefert hätten. Sind sie etwa nicht im Vollgefühl des Glücks bei derartigem Treiben? Wenn sie etwa die Verhältnisse in der Unterwelt so haargenau schildern, als ob sie mehrere Jahre in jener Umgebung zugebracht hätten? Wenn sie nach Gutdünken neue Welten erfinden und schließlich jene unendlich schöne Welt[177] hinzufügen, damit die seligen Seelen behaglich lustwandeln, schmausen und Ball spielen können. Ihre Köpfe sind mit Tausenden dieser Nichtigkeiten gespickt, dass ich glauben möchte, Jupiters Hirn sei nicht so schwanger gewesen, als er bei der Geburt der Pallas (Athene) [470] den Vulkan um sein Beil bat.[178] Wundert euch daher auch nicht, wenn ihr ihre Häupter bei öffentlichen Disputationen so gewichtig mit Binden umwunden seht. Sie würden sonst zweifellos platzen.

Ich muss bisweilen sogar darüber lachen, dass sie sich am meisten in ihrer Theologenrolle gefallen, wenn sie möglichst abgeschmackte Reden führen, wenn sie ein Gestammel vollführen, das nur ein Stammler versteht. Als Scharfsinn bezeichnen sie, was die Menge nicht begreift. Sie behaupten nämlich, es sei der Würde der heiligen Wis-

literarum esse, si grammaticorum legibus parere cogantur. Mira vero maiestas theologorum, si solis illis fas est mendose loqui, quanquam hoc ipsum habent cum multis cerdonibus commune. Postremo iam diis proximos sese ducunt, quoties quasi religiose *magistri nostri* salutantur, in quo quidem nomine tale quiddam subesse putant, quale est apud Iudaeos τετραγράμματον. Itaque nefas aiunt esse MAGISTER NOSTER secus quam [471] maiusculis scribere literis. Quod si quis praepostere *Noster magister* dixerit, is semel omnem theologici nominis perverterit maiestatem.

Ad horum felicitatem proxime accedunt ii, qui se vulgo religiosos ac monachos appellant, utroque falsissimo cognomine, cum et bona pars istorum longissime absit a religione, et nulli magis omnibus locis sint obvii. Iis non video quid possit esse miserius, nisi ego multis modis succurrerem. Etenim cum hoc hominum genus omnes sic execrentur, ut fortuitum etiam occursum ominosum esse persuasum sit, tamen ipsi sibi magnifice blandiuntur. Primum summam existimant pietatem, si usqueadeo nihil attigerint literarum, ut ne legere quidem possint. Deinde cum psalmos suos, numeratos quidem illos at non intellectos, asininis vocibus in templis derudunt, tum vero se putant divorum aures multa voluptate demulcere. Et sunt ex his nonnulli, qui sordes ac mendicitatem magno vendunt proque foribus magno mugitu panem efflagitant, imo in nullis diversoriis, vehiculis, navibus non obturbant, non mediocri

senschaft unangemessen, sie unter das Joch sprachlicher Gesetze zu zwingen. In einem merkwürdigen Verhältnis zur Würde der Theologen steht das Vorrecht der Lüge. Allerdings haben sie dieses Vorrecht mit gewöhnlichen Schuhflickern gemeinsam. Sie fühlen sich auf der Gottheit Höhen, sooft man sie ehrerbietig »Unser Meister« anredet, und glauben sich in dieser Anrede gleichgestellt mit dem unaussprechlichen Namen, den die Juden mit vier Buchstaben bezeichnen[179]. Darum verlangen sie auch, dass der Titel *MAGISTER NOSTER* (»Unser Meister«) nur [471] mit großen Buchstaben geschrieben wird. Braucht einer den Titel »Unser Meister« unehrerbietig, hat er gleich das Ansehen der ganzen Theologie geschädigt.

Ihr Glück teilen jene, die sich gemeinhin Religiosen und Mönche[180] nennen. Die Namen sind allerdings grundfalsch, da die meisten unter ihnen von Religion gar nichts an sich haben und kaum einer so sehr Gesellschaft sucht. Ich könnte mir keine jämmerlichere Lage denken, wenn ich ihnen nicht nach Kräften unter die Arme griffe. Alle Welt verwünscht sie und sucht sogar einer zufälligen Begegnung abergläubisch auszuweichen. Trotzdem erheben sie sich selbst in den Himmel. Zunächst halten sie es für den Inbegriff frommen Wandels, die Bildung bis zur Unkenntnis des Lesens zu vernachlässigen. Wenn sie dann ihre Psalmen, genau abgezählt, aber ohne Verständnis, mit eselhaftem Stimmaufwand in der Kirche herunterleiern, meinen sie das Ohr der Gottheit mit reicher Lust zu umschmeicheln. Manche sind darunter, die Schmutz und Bettelhaftigkeit großspurig zur Schau stellen, an den Türen mit wehleidigem Gewinsel um Brot betteln, aber in keiner Kneipe oder Postkutsche, in keinem Fährboot fehlen und auf die

profecto reliquorum mendicorum iactura. Atque ad eum modum homines suavissimi, sordibus, inscitia, rusticitate, impudentia, apostolos, ut aiunt, nobis referunt.

Quid autem iucundius quam quod omnia faciunt ex praescripto, quasi [472] mathematicis utentes rationibus, quas praeterire piaculum sit. Quot nodos habeat calceus, quo colore singula vestis, quot discriminibus varieganda, qua materia quotque culmis latum cingulum, qua specie et quot modiorum capax cuculla, quot digitis latum capillitium, quot dormiendum horas. Atque haec quidem aequalitas in tanta corporum et ingeniorum varietate quam sit inaequalis, quis non perspicit? Et tamen his nugis non alios modo prae se nauci faciunt, verum invicem alii alios contemnunt atque homines apostolicam charitatem professi ob aliter cinctam vestem, ob colorem paulo fusciorem omnia miris tragoediis miscent. Ex his videas quosdam adeo rigide religiosos, ut summa veste non nisi Cilicina utantur, intima Milesia, alios contra, qui superne linei sint, intime lanei. Rursum alios qui pecuniae contactum ceu aconitum horreant, nec a vino interim nec a mulierum contactu temperantes. Denique mirum omnibus studium, ne quid in ratione vitae conveniat. Nec illud studio est, ut Christo similes sint, sed ut inter se dissimiles.

anderen Bettelbrüder mit höchster Verachtung herabsehen. So halten die possierlichen Kerle uns mit Schmutz, Unwissenheit, Tölpelhaftigkeit und Unverschämtheit nach ihrer Meinung ein apostolisches Leben vor Augen.

Das Köstlichste an ihnen ist aber, dass sie alles genau nach Vorschrift tun, als ob sie [472] mathematische Formeln zu Gebote hätten. Jede Missachtung der Vorschrift betrachten sie als Sünde, und man achtet ängstlich darauf, wie viele Knoten die Sandale haben muss, welche Farbe jedes einzelne Kleidungsstück haben muss, welche Unterschiede die Kleidung aufzuweisen hat, aus welchem Stoff und wie breit der Gürtel sein muss, wie die Form und der Scheffelinhalt der Kutte sein muss, wie viele Daumen die Tonsur breit sein und wie viele Stunden man schlafen muss. Jeder sieht aber doch die notwendige Ungleichartigkeit, der die erstrebte Gleichförmigkeit infolge der körperlichen und geistigen Verschiedenheit ausgesetzt ist. Trotzdem verachten sie um dieser Lächerlichkeiten willen nicht nur die anderen Stände, sondern machen auch einander das Leben sauer, und so sehr sie apostolische Liebe gelobt haben, so heillose Verwirrungen richten sie an, weil ein Gewand anders gegürtet und die Farbe ein wenig zu rötlich geraten ist. Man trifft darunter so peinliche Beobachter der Regel, die nach außen hin ein raues Kilikiergewand zeigen, das sie mit Milesierstoff weich gefüttert haben.[181] Andere tragen linnene Kleidung, die mit Wolle gefüttert ist. Die Berührung des Geldes scheuen sie wie Gift, meiden aber keineswegs den Wein und den Umgang mit Frauen. Sie entwickeln einen auffallenden Eifer in der Erschwerung ihrer Lebensweise. Sie suchen weniger die Übereinstimmung mit Christus als die Unterscheidung voneinander.

Porro magna felicitatis pars est in cognomentis, dum hi funigeros appellari se gaudent et inter hos alii Coletas, alii minores, alii minimos, [473] alii bullistas. Rursum hi Benedictinos, illi Bernardinos: hi Brigidenses, illi Augustinenses: hi Guilhelmitas, illi Iacobitas, quasi vero parum sit dici Christianos. Horum magna pars intantum suis nititur ceremoniis et hominum traditiunculis, ut putet unum coelum parum dignum esse tantis meritis praemium, haud cogitantes futurum, ut Christus contemptis his omnibus suum illud sit exacturus praeceptum, nempe charitatis. Alius ostentabit aqualiculum omni piscium genere distentum. Alius psalmorum centum effundet modios. Alius ieiuniorum myriadas annumerabit et toties unico prandio pene disruptam imputabit alvum. Alius tantum ceremoniarum acervum proferet, quantum vix septem onerariis navibus vehi possit. Alius gloriabitur sexaginta annos nunquam attactam pecuniam, nisi digitis duplici chirotheca munitis. Alius cucullam ingeret, adeo sordidam et crassam ut nullus nauta suo dignetur corpore. Commemorabit alius se plusquam undecim lustris spongiae vitam egisse, semper eidem affixum loco. Alius raucam assiduo cantu vocem adducet, alius [474] lethargum solitudine contractum, alius linguam iugi silentio torpentem. At Christus, interpellatis nunquam alioqui finiendis gloriis, undenam hoc, inquiet, novum Iudaeorum genus? Unicam ego legem vere meam agnosco, de qua sola nihil audio. Et olim palam nulloque parabolarum utens involucro, paternam haereditatem pol-

Daher tun sie sich viel auf ihre Ordensnamen zugute; da lassen sich manche mit Behagen Stricktràger nennen, und darunter heißen wieder einige Coleter, andere Minoriten, wieder andere Minimiten, [473] Knopfträger, Benediktiner, Bernardiner, Brigidenser, Augustiner, Wilhelmiten und Jakobiten.[182] Die meisten pflegen ihre besonderen Zeremonien und ihr besonderes Menschenwerk an Überlieferungen so ängstlich, dass ein einziger Himmel unmöglich so viel Verdienst würdig belohnen kann. Sie denken gar nicht daran, dass Christus alles andere geringschätzt und die Beachtung seines Gebotes verlangt, der Liebe nämlich. Hier ist einer stolz auf seine vielfältige Fischkost, dort schüttet einer hundert Scheffel Psalmen aus. Ein anderer zählt Tausende von Fasttagen auf und hat fast ebenso oft seine Gesundheit mit der Völlerei einer einzigen Mahlzeit aufs Spiel gesetzt. Wieder ein anderer weist einen Haufen Zeremonien vor, den kaum sieben Lastkähne befördern könnten. Da rühmt sich einer, in sechzig Jahren Geld höchstens mit doppelten Handschuhen angefasst zu haben. Ein anderer prahlt mit einer Kutte, die jedem beliebigen Matrosen zu grob und schmutzig wäre. Dort rühmt sich einer, mehr als elf Lustren[183] regungslos wie ein Schwamm an der gleichen Stelle gelebt zu haben. Mit unaufhörlichem Singsang führt ein anderer seine raue Stimme vor. Hier ist einer, der sich als Eremit [474] eine Lethargie oder mit strengem Stillschweigen eine Zungenlähmung zugezogen haben will. Christus unterbricht aber das endlose Eigenlob mit der Frage: Was soll mir dieses neuartige Judenvolk[184]? Ich erkenne nur mein einziges Gebot an, von dem allein ich aber nichts höre. Einst habe ich ganz ohne gleichnishafte Umkleidung das väterliche Erbe verheißen, aber nicht für Kutten, Ge-

licitus sum, non cucullis, preculis aut inediis, sed fidei et charitatis officiis. Nec eos agnosco, qui sua facta nimis agnoscunt; isti qui me quoque sanctiores videri volunt, Abraxasiorum coelos, si libet, occupent, aut ab his sibi novum extrui coelum iubeant, quorum traditiunculas meis praeceptis anteposuerunt. Cum haec audient et videbunt nautas et aurigas sibi praeferri, quibus putatis vultibus sese mutuo contuebuntur?

Sed interim spe sua felices sunt, non absque meo beneficio. Atque hos quidem, quanquam a republica semotos, nemo tamen audet contemnere, praecipue mendicantes, propterea quod omnia omnium arcana teneant ex confessionibus quas vocant. Quae tamen prodere nefas habent, nisi si quando poti fabulis amoenioribus delectare se volunt, sed coniecturis modo rem indicant, tacitis interim nominibus. Quod si quis hos crabrones irritarit, tum in [475] popularibus concionibus probe ulciscuntur sese et obliquis dietis hostem notant, adeo tecte ut nemo non intelligat nisi qui nihil intelligit. Nec prius oblatrandi finem faciunt quam in os offam obieceris.

Age vero quem tu mihi comoedum, quem circulatorem spectare malis, quam istos in concionibus suis rhetoricantes, omnino ridicule, sed tamen suavissime imitantes ea quae rhetores de dicendi ratione tradiderunt? Deum immortalem, ut gesticulantur, ut apte commutant vocem, ut cantillant, ut iactant sese, ut subinde alios atque alios vultus induunt, ut omnia clamoribus miscent. Atque hanc orandi

betchen und Fasten, sondern für Werke des Glaubens und der Liebe. Ich halte nichts von denen, die ihre eigenen Taten in den Himmel erheben. Wer es mir an Heiligkeit zuvortun will, mag die Himmel der Abraxasdiener[185] für sich in Anspruch nehmen oder sich von jenen einen neuen Himmel errichten lassen, deren fragwürdige Überlieferungen er meinen Geboten vorzieht. Welche Gesichter werden sie wohl schneiden, wenn sie merken, dass Matrosen und Fuhrleute mehr Gnade finden als sie.

Bis dahin macht sie ihre Hoffnung jedenfalls glücklich, und das verdanken sie meinem Wohlwollen. Obwohl sie keine öffentlichen Ämter bekleiden, hütet sich doch jedermann vor ihnen, besonders vor den Bettelmönchen, weil sie als sogenannte Beichtväter die geheimen Fäden in der Hand haben. Sie halten es für sündhaft, darüber zu sprechen, wenn sie sich nicht gerade beim Wein mit pikanten Geschichten unterhalten wollen. Dabei deuten sie den Sachverhalt nur an und lassen die Namen aus dem Spiel. Reizt einer diese Hornissen, dann [475] rächen sie sich gründlich in den öffentlichen Predigten und stellen ihren Gegner mit Anspielungen auf eine Art bloß, dass auch der Dümmste merkt, wer gemeint ist. Sie hören mit ihrem Gekläff nicht auf, bis man ihnen das Maul stopft.

Gibt es sehenswertere Komödianten oder Gaukler als die predigenden Bettelmönche mit ihrem lächerlichen Rednerpathos, das sie auf eine possierliche Weise den Anleitungen der Rhetoriklehrer abgeguckt haben? Gott im Himmel, wie gestikulieren sie, wie modulieren sie ihre Stimme, wie schluchzen sie, wie werfen sie sich in die Brust, welche Grimassen schneiden sie und wie übertönen sie alles mit Stimmaufwand! Solche Predigtkunst vertraut ein Bruder

artem ceu rem arcanam fraterculus fraterculo per manus tradit. Eam tametsi mihi non est fas scire, tamen utcunque coniecturis sequar.

Primo loco invocant, id quod a poetis mutuo sumpserunt. Deinde dicturi de charitate, a Nilo Aegypti fluvio sumunt exordium; aut crucis mysterium enarraturi, a Babylonio dracone Bel feliciter auspicantur; aut de ieiunio disputaturi, a duodecim zodiaci signis principium faciunt; aut de fide verba facturi, diu de quadratura circuli praeloquuntur. Audivi ipsa quendam eximie stultum – erravi, doctum volebam dicere – qui in concione celeberrima divinae triadis mysterium explicaturus, quo et doctrinam suam non vulgarem ostentaret et theologicis satisfaceret auribus, nova prorsus ingressus est via, nimirum a literis, syllabis et oratione, tum a concordia nominis et verbi, adiectivi nominis et substantivi, mirantibus iam [476] plerisque ac nonnullis Horatianum illud apud se mussitantibus: *Quorsum haec tam putida tendunt?* Tandem huc rem deduxit, ut in grammaticorum rudimentis sic expressum ostenderet totius triadis simulacrum, ut nemo mathematicorum in pulvere posset evidentius depingere. Atque in hac oratione θεολογώτατος ille totos octo menses ita desudarat, ut hodie quoque magis caecutiat quam talpae, nimirum tota luminum acie ad ingenii cuspidem avocata. Verum haud poenitet hominem caecitatis ac parvo quoque putat emptam eam gloriam.

dem andern wie Geheimwissenschaft an. Obwohl mir (als einem Weib) Wissenschaft nicht ansteht, will ich doch einige Andeutungen machen.

Zuerst bringen sie ein Zitat aus einem Dichter. Wenn sie dann über die Liebe sprechen wollen, beginnen sie mit dem Nil, oder wenn sie über das Geheimnis des Kreuzes sprechen wollen, fangen sie glücklich mit dem babylonischen Drachen Bel an. Haben sie sich das Fasten als Gegenstand gewählt, verbreiten sie sich zuerst über die zwölf Zeichen des Zodiakus[186]. Eine Ansprache über den Glauben leiten sie mit einer Betrachtung der Quadratur des Kreises ein. Ich habe selbst einen Dummkopf – Verzeihung! Gelehrten, wollte ich sagen – gehört, der in einer gut besuchten Predigt über das Geheimnis der Dreifaltigkeit einen neuen Weg einschlug, um seine außergewöhnliche Gelehrsamkeit zu zeigen und vor den Ohren der Theologen Gnade zu finden. Er fing bei den Buchstaben, Silben und Wörtern an. Dann sprach er von der Übereinstimmung zwischen Nomen und Verb, zwischen Adjektiv und Substantiv. Die meisten wunderten sich schon [476] und dachten im Stillen an das Horazwort[187] »Wohin soll das wirre Zeug führen?«. Schließlich wollte er beweisen, dass in den grammatischen Begriffen ein so auffallendes Gleichnis der Dreifaltigkeit enthalten sei, wie es kein Mathematiker deutlicher in den Sand zeichnen könne. Der glorreiche Theologe hatte sich acht lange Monate im Schweiße seines Angesichtes bei dieser Vorstellung so abgemüht, dass er heute noch blinder ist als ein Maulwurf, weil die geistige Anstrengung ihn das Augenlicht kostete. Das bekümmert ihn aber weiter gar nicht. Der Preis kommt ihm gering vor im Vergleich zu dem erworbenen Ruhm.

Auditus est a nobis alius quidam octogenarius, adeo theologus, ut in hoc Scotum ipsum renatum putes. Is explicaturus mysterium nominis Iesu, mira subtilitate demonstravit in ipsis literis latere quicquid de illo dici possit. Etenim quod tribus duntaxat inflectitur casibus, id manifestum esse simulacrum divini ternionis. Deinde quod prima vox Iesus desinat in s, secunda Iesum in m, tertia Iesu in u, in hoc ἄρρητον subesse mysterium, nempe tribus literulis indicantibus eum esse summum, medium et ultimum. Restabat mysterium his quoque retrusius: mathematica ratione Iesus sic in duas aequales diffidit portiones, ut scilicet penthemimeres in medio resideret. Deinde docuit eam literam apud Hebraeos esse ש, quam illi Syn appellent; porro syn, Scotorum (opinor) lingua, peccatum sonat, atque hinc palam declarari Iesum esse qui peccata tolleret mundi. Hoc tam novum exordium sic inhiantes admirati sunt omnes, [477] praecipue theologi, ut parum abfuerit, quin illis acciderit quod olim Niobae, cum mihi propemodum evenerit quod ficulno illi Priapo, qui magno suo malo Canidiae Saganaeque nocturna sacra spectavit. Nec iniuria profecto: nam quando similem ἔφοδον commentus est Demosthenes ille Graius, aut Cicero Latinus? Illis vitiosum habebatur prooemium, quod a re foret alienius, quasi vero non ad istum modum exordiantur et subulci, natura videlicet magistra. At hi docti praeambulum suum, sic enim vocant, ita demum eximie rhetoricum fore ducunt, si nusquam quicquam habeat cum reliquo argumento confine, ut auditor

Einmal haben wir auch einen achtzigjährigen Theologen gehört, der uns wie ein neuer Scotus[188] erschien. Er wollte das Geheimnis des Namens Jesu erklären und bewies mit erstaunlichem Scharfsinn, dass in den Buchstaben selbst alles enthalten sei, was man über ihn sagen könne. Dass man ihn nur in drei Fällen beugen könne, sei offenbar ein Gleichnis der göttlichen Dreifaltigkeit. In den drei Endungen der Fälle, nämlich in dem s, m und u, verberge sich ein unaussprechliches Geheimnis, und die Buchstaben verkündigten, dass er der Höchste (*summus*), die Mitte (*medius*) und das Ende (*ultimus*) sei. Ein anderes, noch verborgeneres Geheimnis wurde uns ebenfalls zuteil: Mathematisch genau teilte er den Namen Jesus in zwei gleiche Teile, allerdings so, dass der fünfte Buchstabe in der Mitte allein übrigblieb. Dann lehrte er, dieser Buchstabe heiße im Hebräischen »Sin«, Sin in der Sprache der Schotten die »Sünde«; so ergebe sich einwandfrei, dass Jesus es sei, der die Sünden der Welt tilge. Allen blieb der Mund offen vor Bewunderung bei dieser neuartigen Einleitung, [477] besonders den Theologen, und es fehlte nicht viel, und es wäre ihnen ergangen wie einst Niobe, während ich es beinahe gemacht hätte wie der Feigenholzpriap, als er zu seinem Schaden die nächtlichen Geheimnisse der Canidia und Sagana belauschte.[189] Ich hätte allen Grund dazu gehabt. Wo hat nämlich der Grieche Demosthenes oder der Lateiner Cicero eine ähnliche Maskerade aufgeführt?[190] Bei ihnen galt eine Einleitung als fehlerhaft, die zu weit vom Gegenstand abirrte. Nicht einmal Sauhirten beginnen in ihrer Art so. Diese Gelehrten aber halten ihre Präambel – so nennen sie das nämlich – dann für hervorragend rhetorisch, wenn sie nichts mit dem Gegenstand zu tun hat, der Hörer vielmehr ver-

interim admirans illud secum murmuret: *quo nunc se proripit ille?*

Tertio loco ceu narrationis vice nonnihil ex evangelio, sed cursim ac velut obiter interpretantur, cum id solum fuerit agendum. Quarto loco iam nova sumpta persona quaestionem movent theologalem, aliquoties οὔτε γῆς οὔτε οὐρανοῦ ἁπτομένην, atque id quoque ad artem arbitrantur pertinere. Hic demum theologicum attollunt supercilium, doctores solennes, doctores subtiles, doctores subtilissimos, doctores seraphicos, doctores cherubicos, doctores sanctos, doctores irrefragabiles, magnifica nomina auribus inculcantes. Tum syllogismos, maiores, minores, conclusiones, corollaria, suppositiones frigidissimas, ac plusquam scholasticas nugas apud imperitum vulgus iactitant. Superest iam quintus actus, in quo [478] summum artificem praestare convenit. Hic mihi stultam aliquam et indoctam fabulam ex Speculo, opinor, Historiali aut Gestis Romanorum in medium adferunt, et eandem interpretantur allegorice, tropologice et anagogice. Atque ad hunc quidem modum Chimaeram suam absolvunt, qualem nec Horatius unquam assequi potuit cum scriberet: *Humano capiti* etc.

Sed audierunt a nescio quibus ingressum orationis sedatum minimeque clamosum esse oportere; itaque principio sic exordiuntur, ut nec ipsi vocem propriam exaudiant, quasi referat dici quod nullus intelligat. Audierunt nonnunquam ad concitandos affectus exclamationibus utendum esse. Proinde presse alioqui loquentes subinde repen-

wundert vor sich her murmelt: »Wohin stürzt jener sich wohl?«[191]

Im dritten Teil, also in der eigentlichen Erörterung, legen sie kurz und beiläufig ein Wort aus dem Evangelium aus, was doch allein ihre Aufgabe gewesen wäre. Im vierten Auftritt setzen sie wieder eine neue Maske auf und beschäftigen sich mit einer theologischen Untersuchung, die nach einem Wort Lukians beziehungslos zwischen Erde und Himmel hängt. Auch das halten sie für besonders kunstgerecht. Dann trichtern sie den Hörern mit vollendeter theologischer Salbung hochtrabende Titel ein wie scharfsinnige Lehrer, scharfsinnigste Lehrer, seraphische Lehrer, cherubinische Lehrer, heilige Lehrer und unwiderlegliche Lehrer. Große und kleine Syllogismen, Schlüsse, Folgesätze, frostige Voraussetzungen und mehr als scholastische Spielereien führen sie dem dummen Haufen vor. Es bleibt noch der fünfte Aufzug, in dem [478] der Gipfel der Kunst erklettert werden muss. Hier kramen sie mir eine törichte und witzlose geschichtliche Begebenheit aus dem »Speculum historiale«, wie ich glaube, oder aus den »Gesta Romanorum«[192] hervor und legen sie allegorisch, tropologisch und anagogisch aus. Auf diese Weise bringen sie ein Spukgebilde zustande, wie es Horaz nicht einmal zu Beginn seiner »Ars poetica«[193] erreichte.

Von irgendwem haben sie gehört, dass der Anfang der Rede ruhig sein müsse und möglichst wenig Stimmaufwand zeigen dürfe. Deshalb beginnen sie so leise, dass sie kaum ihre eigene Stimme hören können, als ob es besser sei, von niemandem verstanden zu werden. Irgendwo haben sie aufgeschnappt, man müsse mit Geschrei leidenschaftliche Anteilnahme erwecken. Mitten in gedämpfter

te vocem tollunt furioso plane clamore, etiam cum nihil opus. Iures elleboro homini opus esse, perinde quasi nihil referat, ut clames. Praeterea quoniam audierunt oportere sermonem in progressu fervescere, in singulis partibus principiis utcunque sane recitatis, mox mira vocis contentione utuntur, etiam si res sit frigidissima, atque ita denique desinunt, ut spiritu defectos credas.

Postremo didicerunt apud rhetores de risu fieri mentionem eoque student et ipsi iocos quosdam aspergere, ὢ φίλη Ἀφροδίτη, quam plenos gratiarum quamque in loco, ut plane ὄνον πρὸς τὴν λύραν esse dicas. Mordent quoque nonnunquam, sed ita, ut titillent magis quam vulnerent. Nec unquam verius adulantur, quam cum maxime παρρησιάζεσθαι videri student. Denique tota actio est eiusmodi, ut iures eos a fori [479] circulatoribus didicisse, a quibus longe vincuntur. Quanquam utrique alteris usqueadeo sunt similes, ut nemo dubitet quin aut hi ab illis, aut illi ab his rhetoricen suam didicerint.

Et tamen inveniunt hi quoque mea nimirum opera, qui cum hos audiunt, Demosthenes meros ac Cicerones audire se putant. Quod genus sunt praecipue mercatores ac mulierculae, quorum auribus unice placere student, quod illi nonnullam praedae portiunculam de rebus male partis soleant impertiri, si commode fuerint palpati. Illae cum aliis multis de causis huic ordini favent, tum praecipue quod in horum sinus soleant effundere, si quid in maritos stomachantur.

Videtis, opinor, quantopere mihi debeat hoc hominum

Rede erheben sie darum plötzlich ohne Grund die Stimme zu mörderischem Gebrüll. Man möchte schwören, der Kerl wäre verrückt, ganz als ob es völlig belanglos wäre, wo man gerade schreit. Weil sie nun noch gehört haben, die Rede müsse immer mehr Feuer entwickeln, bleibt es anfänglich bei einem gleichmäßigen Vortrag, dann steigern sie die Stimme bald erstaunlich, auch wenn der Gegenstand belanglos ist, und zeigen sich schließlich völlig erschöpft.

Endlich haben sie noch gelernt, dass die Rhetoren auch das Lachen erwähnen, also suchen sie auch Witze anzubringen. Bei Aphrodite, sie sind so beschwingt und passend, dass man an den Esel und die Lyra denken möchte. Bissig sind sie zwar manchmal, doch ist das mehr Kitzel als Verwundung, und ihre Schmeichelei ist nie unverschämter, als wenn sie einen freimütigen Eindruck machen möchten. Ihr ganzes Auftreten ist so, dass man glauben möchte, sie seien [479] bei Gauklern in die Lehre gegangen, die ihnen allerdings weit überlegen sind. Trotzdem sind sie einander aufs Haar gleich, und jeder ist überzeugt, dass entweder diese von jenen oder jene von diesen die Redefertigkeit erlernt haben.

Immerhin hat mein Einfluss das Volk so weit gebracht, dass es in den Bettelmönchen Demosthenes und Cicero selbst zu hören glaubt.[194] Das trifft vor allem die Krämer und Weiber, deren Ohren sie mit Fleiß gefallen wollen. Jene geben ihnen gewöhnlich einen Beuteanteil an ihren üblen Einkünften, wenn sie angenehme Schmeicheleien gesagt haben, diese haben neben vielen anderen Gründen eine Vorliebe für den Orden, weil sie hier die Beschwerden über ihre Gatten an den Mann bringen.

Ich glaube, ihr seht wohl, wie sehr diese Menschen in

genus, qui cum ceremoniolis et nugis deridiculis clamoribusque tyrannidem quandam inter mortales exerceant, Paulos atque Antonios sese credunt. Verum ego istos histriones tam ingratos beneficiorum meorum dissimulatores quam improbos simulatores pietatis libenter relinquo.

Iamdudum enim iuvat de regibus ac principibus aulicis, a quibus simplicissime color et (ut dignum est ingenuis) ingenue, nonnihil attingere. Qui quidem si vel semunciam sani cordis haberent, quid esset horum vita tristius aut aeque fugiendum? Neque enim existimabit vel periurio parricidioque parandum imperium quisquis secum perpenderit, quam ingens onus sustineat humeris qui vere principem agere velit: Eum qui rerum gubernacula susceperit, publicum non privatum negocium gerere, nihil nisi de commodis publicis oportere cogitare; a legibus, quarum ipse et autor et exactor est, nec latum digitum discedere; officialium omnium et magistratuum integritatem sibi praestandam esse; sese esse unum omnium oculis expositum, qui vel ceu sidus salutare morum innocentia maximam rebus humanis salutem possit adferre vel veluti cometa letalis summam perniciem invehere; aliorum vitia neque perinde sentiri neque tam late manare; principem eo loco esse, ut si quid vel leviter ab honesto deflexerit, gravis protinus ad quam plurimos homines vitae pestis serpat; tum, quod multa secum adferat principum fortuna, quae soleant a recto deducere, quod genus, delitiae, libertas, adulatio, luxus, hoc acrius enitendum ac sollicitius advigilandum, necubi

meiner Abhängigkeit stehen, die mit Zeremonien, lächerlichem Kleinkram und viel Geschrei die Menschheit tyrannisieren und sich als Paulusse und Antoniusse[195] ansehen. Mit ihnen, Schauspielern, undankbaren Leugnern meiner Wohltaten und gottlosen Frömmigkeitsheuchlern, will ich mich nicht weiter mehr befassen.

Es ist nämlich längst an der Zeit, die Könige und Fürsten ein wenig unter die Lupe zu nehmen, deren äußere Erscheinung immerhin echt und edel ist, wie es sich für Adlige geziemt. Hätten sie aber nur für eine halbe Unze Vernunft in ihrem Innern, würde ihr Leben an Trübsal und Unerfreulichkeit einzig dastehen. Keiner wird sich unter Meineid und Meuchelmord eine Herrschaft gründen, der sich über die ungeheure Belastung eines rechten Regenten klargeworden ist. Wer das Steuer des Staates in die Hand nimmt, darf keinen privaten Geschäften nachgehen und nur das öffentliche Wohl im Auge haben. Von den Gesetzen, die er selbst erlässt und vollstreckt, darf er nicht um Fingerbreite abweichen. In der Sauberkeit der Amtsführung muss er für alle Behörden vorbildlich sein. Er muss sich allein im Blickpunkt aller fühlen und wie ein heilbringendes Gestirn mit seiner sittlichen Unbescholtenheit der menschlichen Gesellschaft voranleuchten oder aber wie ein unheilkündender Komet krasses Verderben bringen. Gegen fremde Fehler darf er nicht allzu empfindlich, aber auch nicht allzu großzügig sein. Die Stellung des Fürsten bringt es mit sich, dass der geringste Verstoß gegen die Ehre sich gleich wie die Pest in das Leben vieler Menschen einfrisst. Wie viele Gefahren für die Tugend bringt der Reichtum fürstlichen Daseins mit sich! Galanterie, Freizügigkeit, Schmeichelei, Verschwendung! Umso peinlicher und wachsamer muss

vel deceptus cesset in officio; postremo, ut insidias, odia, caeteraque vel pericula vel metus omittam, capiti imminere verum illum regem, qui paulo post ab eo sit etiam de minimo quoque commisso rationem exacturus, idque tanto severius quanto praestantius gessit imperium. Haec, inquam, atque huiusmodi plurima, si princeps secum perpenderet (perpenderet autem si saperet), is nec somnum nec cibum, opinor, iucunde capere posset.

At nunc meo munere has omneis curas diis permittunt, ipsi sese molliter curant neque quenquam ad aurem admittunt nisi qui iucunda loqui norit, ne quid animo sollicitudinis oboriatur. Se probe principis partes omneis implesse credunt, si venentur assidue, si bellos alant caballos, si suo commodo vendiderint magistratus ac praefecturas, si quotidie novae rationes excogitentur, quibus civium opes attenuent et in suum converrant fiscum, verum id apposite repertis titulis, ut etiam si sit iniquissimum, aliquam tamen aequitatis speciem prae se ferat. Addunt data opera nonnihil adulationis, quo populares animos utcunque sibi devinciant. Fingite mihi [480] nunc (quales sunt nonnunquam) hominem legum ignarum, publicorum commodorum pene hostem, privatis intentum commoditatibus, addictum voluptatibus, osorem eruditionis, osorem libertatis ac veri, nihil minus quam de reipublicae salute cogitantem, sed omnia sua libidine suisque utilitatibus metientem. Deinde addite huic torquem auream, omnium virtu-

der Fürst sich vor leichtfertiger Pflichtvergessenheit hüten. Hinterhältigkeiten, Hass und andere Gefahren und Befürchtungen will ich übergehen, nur noch darauf hinweisen, dass jener eigentliche König über seinem Haupt schwebt und bald schon von ihm für das geringste Vergehen Rechenschaft fordern wird, und zwar umso strenger, je bedeutender seine Herrschaft war. Wenn der Fürst nun dies und vieles dergleichen bei sich überlegen würde – er würde es überlegen, wenn er weise wäre –, könnte er meines Erachtens weder ruhig schlafen noch essen.

Unter meinem Einfluss überlassen sie alle diese Sorgen den Göttern, machen sich ein behagliches Leben und schenken nur Menschen Gehör, die angenehme Dinge zu sagen wissen, damit sie von Aufregung verschont bleiben. Sie glauben die Rolle eines Fürsten gut zu spielen, wenn sie ständig jagen, schmucke Pferde unterhalten, Ämter und Kommandostellen mit Vorteil verkaufen und täglich auf neue Wege sinnen, um die Bürger zu schröpfen und die Staatseinkünfte in die eigene Tasche zu leiten, wobei sie allerdings um einen gerissenen Vorwand nicht verlegen sind, damit auch die gröbste Ungerechtigkeit noch unter dem Schein des Rechtes auftritt. Sie geben sich sogar noch Mühe, den Sinn des Volkes mit etwas Schmeichelei zu gewinnen. Stellt euch [480] nun einen Menschen vor, wie sie bisweilen vorkommen: ohne Kenntnis der Gesetze, dem öffentlichen Wohl geradezu verfeindet, nur auf den persönlichen Nutzen bedacht, vergnügungssüchtig, bildungsfeindlich, Feind der Freiheit und Wahrheit, auf nichts weniger bedacht als auf das Staatswohl, alles vielmehr nach seiner Gier und seinem Nutzen messend! Hängt ihm dann eine goldene Kette um, die den innigen Zusammenhang al-

tum cohaerentium consensum indicantem; tum coronam gemmis insignitam, quae quidem admoneat eum heroicis omnibus virtutibus oportere caeteris antecellere; praeterea sceptrum, iusticiae et undecunque incorrupti pectoris symbolum; postremo purpuram, eximiae cuiusdam in rempublicam charitatis indicium. Haec gestamina si princeps cum sua vita conferret, equidem futurum arbitror, ut plane pudescat ornatus sui vereaturque ne quis nasutus interpres totum hunc tragicum cultum in risum iocumque vertat.

Iam quid de proceribus aulicis commemorem? quorum plerisque cum nihil sit addictius, servilius, insulsius, abiectius, tamen omnium rerum primos sese videri volunt. Hac una in re tamen modestissimi, quod contenti, aurum, gemmas, purpuram, reliquaque virtutum ac sapientiae insignia corpore circumferre, rerum ipsarum studium omne concedunt aliis. Hoc abunde felices sibi videntur, quod regem haerum vocare liceat, quod tribus verbis salutare didicerint, quod norint civiles titulos subinde inculcare, serenitatem, dominationem et magnificentiam, quod egregie perfricuerint faciem, quod festiviter adulentur. Nam hae sunt artes, quae vere nobilem et aulicum deceant. Caeterum si vitae rationem omnem propius inspicias, [481] nimirum meros Phaeacas invenies, *sponsos Penelopes* – reliquum carmen agnoscitis, quod Echo vobis melius referet quam ego. Dormitur in medios dies, ibi sacrificulus mercennarius ad lec-

ler Tugenden andeutet, gebt ihm eine edelsteingeschmückte Krone, die ihn daran erinnern soll, dass er sich durch heroische Tugenden vor allen anderen auszeichnen müsse, dann das Zepter, das Symbol der Gerechtigkeit und eines ganz unbestechlichen Sinnes, und schließlich den Purpur, das äußere Zeichen unübertrefflicher Liebe zum Staat! Wenn der Fürst diese Insignien mit seinem Leben vergleicht, möchte er sich seines Aufzuges wohl gründlich schämen und befürchten, ein naseweiser Beobachter könne das ganze tragische Gehabe auf witzige Art der Lächerlichkeit preisgeben.

Was soll ich noch von den hochgeborenen Höflingen sagen? An Unterwürfigkeit, Knechtseligkeit, Witzlosigkeit und Verworfenheit tut es ihnen niemand zuvor, und doch gebärden sie sich als die Herren der Schöpfung. In einer Hinsicht sind sie allerdings ungewöhnlich bescheiden: Sie begnügen sich, ihren Körper mit Gold, Edelsteinen, Purpur und sonstigen Tugend- und Weisheitssymbolen auszustaffieren; den Eifer für die Sache selbst überlassen sie anderen. Sie schätzen sich maßlos glücklich, weil sie den König »Herr« heißen dürfen, weil sie mit drei Worten zu grüßen gelernt haben, weil sie die höfischen Anredeformen »Erlaucht«, »Herrschaft«, »Herrlichkeit« nur so wie Wasser aus dem Munde fließen lassen, weil sie keine Schamröte mehr kennen und munter schmeicheln. Das sind nämlich die geziemenden Künste eines wahrhaft vornehmen Höflings. Wollte man ihre ganze Lebensweise näher betrachten, [481] würde man waschechte Phäaken, Freier der Penelope, finden;[196] den weiteren Verlauf des Gedichtes, das Echo[197] euch besser wiedergeben könnte als ich, kennt ihr ja. Man schläft, bis die Sonne hoch am Himmel steht. Dann steht

tum paratus, qui propemodum cubantibus adhuc sacrum expedite peragat. Mox ad ientaculum, quo vix peracto iam interpellat prandium. Sub id alea, laterunculi, sortes, scurrae, moriones, scorta, lusus, inficetiae. Interim una aut altera merenda. Rursum coena, post hanc repotia, non una per Iovem. Atque ad hunc modum, citra ullum vitae taedium, elabuntur horae, dies, menses, anni, secula. Ipsa nonnunquam saginatior abeo, si quando viderim illos μεγαλορροῦντας, dum inter nymphas unaquaeque hoc sibi videtur diis propior, quo caudam longiorem trahit, dum procerum alius alium cubito protrudit, quo Iovi vicinior esse videatur, dum sibi quisque hoc magis placet, quo graviorem catenam collo baiulat, ut robur etiam, non opes tantum ostentet.

Ac principum quidem institutum summi pontifices, cardinales et episcopi iam pridem gnaviter aemulantur ac prope superant. Porro si quis perpendat, quid linea vestis admoneat, niveo candore insignis, nempe vitam undiquaque inculpatam; quid sibi velit mitra bicornis, utrunque fastigium eodem cohibente nodo, puta novi pariter ac veteris instrumenti absolutam scientiam; quid manus chirothecis communitae, puram et ab omni rerum humanarum contagio immunem sacramentorum administrationem; quid pedum, nimirum crediti gregis vigilantissimam curam; [482] quid praelata crux, videlicet omnium humanorum affectuum victoriam, haec, inquam, atque id genus alia multa si quis perpendat, nonne tristem ac sollicitam vitam egerit?

ein dienstwilliger Geistlicher am Bett, der ihnen die Messe liest, fast ohne dass sie aufzustehen brauchen. Gleich geht es zum Frühstück, das kaum zu Ende ist, wenn das Mittagessen schon ruft. Hinterher gibt es Würfelspiele, Brettspiele, Tändelei und sonstigen Schnickschnack. Zwischendurch wird noch hin und wieder gevespert. Dann kommt das Abendessen und nachher das Bankett, und, bei Jupiter, nicht nur eines! So verstreichen die Stunden, Tage, Monate, Jahre und Zeitalter ohne Langeweile. Ich selbst gehe manchmal reicher gemästet weg, wenn ich ihrem großsprecherischen Gebaren zugesehen habe, wenn unter den Damen eine jede sich den Göttern umso näher glaubt, je länger sie die Schleppe hinter sich herzieht, wenn ein Vornehmer den andern von seinem Platz vertreibt, um Jupiter (also dem Fürsten) näher zu sein, wenn jeder sich in einer möglichst schweren Halskette gefällt, um neben dem Reichtum auch seine Kraft zu zeigen.

Um Fürstenglanz bemühen sich Päpste, Kardinäle und Bischöfe auch schon längst mit Fleiß, ja sie haben es darin fast weiter gebracht als die Fürsten. Wenn einer daran denken wollte, woran der reine Glanz eines weißen Gewandes erinnert: an das völlig schuldlose Leben; was die doppelhörnige Mitra mit den gleichmäßigen Spitzen bedeutet: die gleichmäßig vollkommene Kenntnis des Alten und Neuen Testamentes; was die Handschuhe anzeigen: die von jeder Berührung weltlicher Dinge unbefleckte Verwaltung der Sakramente; was der Hirtenstab besagt: nämlich die überaus wachsame Obhut der anvertrauten Herde; [482] was das Vortragekreuz versinnbildlicht: den Sieg nämlich über alle menschlichen Leidenschaften; wenn einer, sage ich, daran und an vieles andere denken wollte, würde er nicht ein

At nunc belle faciunt, cum sese pascunt. Caeterum ovium curam aut ipsi Christo mandant aut in fratres, quos vocant, ac vicarios reiiciunt. Neque vel nominis sui recordantur, quid sonet episcopi vocabulum, nempe laborem, curam, solicitudinem, verum in irretiendis pecuniis plane episcopos agunt, οὐδ' ἀλαοσκοπιή.

Ad eundem modum cardinales si cogitent sese in apostolorum locum successisse, eadem ab ipsis requiri quae illi praestiterunt, deinde non dominos esse, sed administratores spiritalium dotium, de quibus omnibus sint paulo post exactissime reddituri rationem, imo si vel in cultu paulisper philosophentur, atque ita secum cogitent. Quid sibi vult hic vestitus candor? Nonne summam et eximiam vitae innocentiam? Quid interior purpura? Nonne flagrantissimum in deum amorem? Quid rursus exterior sinuosa capacitate diffluens ac totam etiam reverendissimi complectens mulam, quanquam una vel camelo contegendo suffecerit? Nonne charitatem latissime sese pandentem ad subveniendum omnibus, hoc est, ad docendum, exhortandum, consolandum, increpandum, admonendum, componenda bella, resistendum improbis principibus, et vel sanguinem libenter impendendum gregi Christiano, non solum opes. Quanquam quorsum omnino opes pauperum apostolorum vicem gerentibus? haec si perpenderent, inquam, nec eum locum ambirent et libenter relinquerent aut certe vitam plane laboriosam atque sollicitam agerent, cuiusmodi veteres illi vixerunt apostoli.

trübseliges und ruheloses Leben führen? Sie tun aber wohl daran, wenn sie sich selbst weiden. Im Übrigen geben sie die Obhut ihrer Schafe an Christus oder an stellvertretende Brüder weiter. Sie erinnern sich auch keineswegs der Bedeutung ihres Bischofstitels, der ja nichts anderes besagt als Arbeit, Sorge und Aufsicht.[198] Im Einziehen ihrer Gelder erweisen sie sich allerdings als ganze Bischöfe und lassen nichts aus dem Auge.

So müssten die Kardinäle sich auch vergegenwärtigen, dass sie Nachfolger der Apostel sind und dass das Gleiche von ihnen verlangt wird, was jene geleistet haben, dass sie keine Herren, sondern Sachwalter der geistlichen Gaben sind, von denen sie recht bald peinlichste Rechenschaft ablegen müssen. Bei einer nachdenklichen Betrachtung ihrer Kleidung müssten sie sich etwa so sagen: Was soll dieser Glanz der Gewänder? Meint er nicht die höchste Reinheit der Lebensführung? Was soll die purpurne Innenseite? Zeigt sie nicht die brennende Liebe zu Gott? Was soll die Weite und Länge des Gewandes, das noch das ganze Maultier des Reverendissimus umhüllt und sogar ein Kamel bedecken könnte? Deutet es nicht auf die Liebe, die sich weit öffnet, um allen zu helfen, das heißt, um zu lehren, zu ermahnen, zu trösten, zu tadeln, zuzureden, Kriege zu schlichten, gottlosen Fürsten zu widerstehen und nicht nur das Geld, sondern auch das Blut gern für die Christenheit aufs Spiel zu setzen? Wozu brauchen sie überhaupt Geld als Stellvertreter der armen Apostel? Ich sage euch, wenn sie das so überlegten, würden sie sich um das Amt nicht bemühen, oder sie würden es bereitwillig aufgeben oder würden ein mühseliges und unruhevolles Leben führen, wie es die Apostel einst getan haben.

Iam summi pontifices, qui Christi vices gerunt, si conentur eiusdem vitam aemulari, nempe paupertatem, labores, doctrinam, crucem, vitae contemptum, si vel papae, id est patris, nomen vel sanctissimi cognomen cogitent, quid erit in terris afflictius? Aut quis eum locum omnibus emat facultatibus; emptum, gladio, veneno omnique vi tueatur? Quantum his abstulerit commoditatum, si semel incessiverit sapientia? Sapientia dixi? Imo vel mica salis illius, cuius meminit Christus. Tantum opum, tantum honorum, tantum ditionis, tantum victoriarum, tot officia, tot dispensationes, tot vectigalia, tot indulgentias, tantum equorum, mulorum, satellitum, tantum voluptatum. Videtis quantas nundinas, [483] quantam messem, quantum bonorum pelagus paucis sim complexa. In quorum locum inducet vigilias, ieiunia, lachrymas, orationes, conciones, studia, suspiria, milleque id genus miseros labores. Neque vero negligendum illud, futurum ut tot scriptores, tot copistae, tot notarii, tot advocati, tot promotores, tot secretarii, tot mulotribae, tot equisones, tot mensarii, tot lenones (pene mollius quiddam addideram, sed vereor ne durius sit auribus), in summa, tam ingens hominum turba, quae Romanam sedem onerat (lapsa sum, honorat sentiebam), ad famem adigatur. Inhumanum quidem hoc et abominandum facinus, at multo magis detestandum, ipsos etiam summos ecclesiae principes ac vera mundi lumina ad peram et baculum revocari.

At nunc fere, si quid laboris est, id Petro et Paulo relin-

Wenn nun erst die Päpste als Christi Stellvertreter seinem Leben nacheifern wollten, das heißt der Armut, Mühsal, Lehre, dem Kreuz und der Lebensverachtung, oder wenn sie den Namen Papst, das heißt Vater, oder den Beinamen eines Hochheiligen ernst nähmen, würden sie an äußerem Elend nicht ihresgleichen finden auf Erden. Wer wollte dann diese Stellung um alles Geld kaufen? Wer wollte sie noch mit Schwert, Gift und jeder Art Gewalt behaupten, wenn er sie gekauft hätte? Wie viel Annehmlichkeit schwindet dahin, wenn die Weisheit sich einmal eingenistet hat? Die Weisheit sage ich? Nur ein Körnchen von jenem Salz, das Christus erwähnt hat![199] Alle die Schätze, die Ehrungen, Herrschgewalt, Siege, Dienstbarkeiten, Dispenserteilungen, Abgaben, Ablässe, Pferde, Maultiere, Würdenträger und Lustbarkeiten! Ihr seht, welchen Jahrmarkt, [483] welche Ernte, ja welchen Ozean an Gütern ich in Kürze aufgezählt habe. An deren Stelle wird er Nachtwachen, Fasten, Tränen, Gebete, Predigten, Studien, Seufzer und tausend ähnliche jämmerliche Mühen einführen. Man darf dabei nicht übersehen, dass dann alle die Schreiberseelen, Kopisten, Notare, Advokaten, Promotoren, Sekretäre, Maultiertreiber, Reitknechte, Wechsler, Kuppler – beinahe hätte ich einen delikateren Ausdruck gebraucht, ich fürchte aber, dass er nicht gern gehört wird –, kurz das ganze unübersehbare Gewimmel, das den römischen Stuhl beschwert – Verzeihung, ich wollte sagen: beehrt – verhungern müsste. Das wäre doch eine abscheulich unmenschliche Tat, und völlig unerträglich wäre es, die Kirchenfürsten und Glanzlichter der Welt auf Wanderstab und Ranzen zu verweisen.

Alle Mühe überlassen sie jetzt Petrus und Paulus, die ja

quunt, quibus abunde satis est ocii. Porro si quid splendoris aut voluptatis, id sibi sumunt. Atque ita fit mea quidem opera, ut nullum pene hominum genus vivat mollius minusque sollicitum, ut qui abunde Christo satisfactum existiment, si mystico ac pene scenico ornatu, ceremoniis, beatitudinum, reverentiarum, sanctitatum titulis, et benedictionibus ac maledictionibus episcopos agant. Priscum et obsoletum nec horum omnino temporum, miracula edere; docere populum, laboriosum; sacras interpretari literas, scholasticum; orare, ociosum; lachrymas fundere, miserum ac muliebre; egere, sordidum; vinci, turpe parumque dignum eo, qui vix reges etiam summos ad pedum beatorum admittit oscula; denique mori, inamabile; tolli in crucem, infame.

Restant sola haec, arma ac benedictiones dulces, quarum meminit Paulus atque harum quidem sunt sane quam benigni, interdictiones, suspensiones, aggravationes, redaggravationes, anathematizationes, ultrices picturae ac fulmen illud terrificum, [484] quo solo nutu mortalium animas vel ultra tartara mittunt. Quod ipsum tamen sanctissimi in Christo patres et Christi vicarii in nullos torquent acrius quam in eos qui instigante diabolo patrimonia Petri minuere atque arrodere conantur. Cuius cum haec vox sit in evangelio, *Reliquimus omnia, et sequuti sumus te*, tamen huius patrimonium appellant agros, oppida, vectigalia, portoria, ditiones. Pro quibus dum zelo Christi accensi ferro ignique dimicant, non absque plurimo Christiani sanguinis dispen-

reichlich mit Muße gesegnet sind. Wo Glanz und Lust winken, sind sie selbst zur Stelle. So verdankt man es mir, dass kaum Menschen üppiger und sorgloser leben und dass sie Christus gerecht zu werden glauben, wenn sie mit mysteriösem und mehr theatermäßigem Aufzug, mit Heiligsprechungszeremonien, Ehrwürdigkeits- und Heiligkeitstiteln, mit Segnungen und Exkommunikationen den Bischof spielen. Wunder zu wirken ist ein anrüchiger und überholter Brauch, der durchaus nicht in diese Zeit passt. Es ist aufreibend, das Volk zu belehren, die Auslegung der Heiligen Schrift verlangt zu viel Studium, Beten ist zeitraubend, Tränen sind jämmerlich und weibisch, Dürftigkeit ist peinlich, und Unterwerfung ist schimpflich und unziemlich für einen Mann, der kaum die höchsten Fürsten zum Kuss der heiligen Füße zulässt. Sterben ist schließlich unerfreulich und der Tod am Kreuz ehrlos.

Es bleiben ihnen also nur jene Waffen und Segnungen, die Paulus im Römerbrief erwähnt.[200] Stattdessen sind sie aber äußerst freigebig in Interdikten, Amtsenthebungen, Bannandrohung, scharfer Androhung, Verdammungen, öffentlichen Anprangerungen und jenem tödlichen Bannstrahl, [484] durch den sie mit einem Wink Menschenseelen in die äußerste Finsternis schleudern. Die hochheiligen Väter in Christus und Stellvertreter Christi wenden ihn mit größter Schärfe vor allem gegen die teuflischen Schädlinge des Kirchenstaates an. Das Wort des Evangeliums »Wir haben alles verlassen und sind dir gefolgt«[201] beziehen sie nicht auf Fluren, Städte, Steuereinkünfte, Hafenzölle und Gerichtsbarkeit des Kirchenstaates. Dafür brennen sie vom Eifer Christi, dafür kämpfen sie mit Feuer und Schwert und opfern dafür das Blut der Christenheit. Ja, indem sie so

dio, tum demum ecclesiam Christi sponsam sese credunt apostolice defendere, fortiter profligatis, ut vocant, hostibus; quasi vero ulli sint hostes ecclesiae perniciosiores quam impii pontifices, qui et silentio Christum sinunt abolescere et quaestuariis legibus alligant et coactis interpretationibus adulterant et pestilente vita iugulant.

Porro cum Christiana ecclesia sanguine sit condita, sanguine confirmata, sanguine aucta, nunc perinde quasi Christus perierit, qui more suo tueatur suos, ita ferro rem gerunt. Cumque bellum res sit adeo immanis ut feras, non homines deceat, adeo insana ut poetae quoque fingant a furiis immitti, adeo pestilens ut universam morum luem simul invehat, adeo iniusta ut a pessimis latronibus optime soleat administrari, adeo impia ut nihil cohaereat cum Christo, tamen omnibus omissis hoc tantum agunt. Hic videas etiam decrepitos senes iuvenilis animi robur praestare, nec offendi sumptibus nec fatigari laboribus nec deterreri, quicquam, si leges, si religionem, si pacem, si res humanas omneis sursum ac deorsum misceant. Neque desunt adulatores eruditi, qui istam [485] manifestariam insaniam, zelum, pietatem, fortitudinem appellent, excogitata via qua fieri possit, ut quis letale ferrum stringat adigatque in fratris sui viscera, manente nihilominus charitate illa summa quam ex Christi praecepto debet proximo Christianus. Equidem incerta sum adhuc, utrum his rebus exemplum

nach ihrer Weise wacker auf die Feinde losschlagen, glauben sie apostolisch die Kirche als Braut Christi zu schützen. Als ob es verderblichere Kirchenfeinde gäbe als gottlose Päpste, die mit Unbekümmertheit Christus in Verruf bringen, ihn mit Abgabeverordnungen binden, sein Wesen mit gewaltsamen Deutungen verfälschen und ihn mit ruchlosem Lebenswandel umbringen.

Da die Kirche Christi auf Blut gegründet, mit Blut gestärkt und durch Blut vermehrt worden ist, führen sie nun ihre Sache mit Schwert und Eisen, als ob Christus, der doch seine Herde in seiner Weise behütet, gestorben sei. Der Krieg ist eine Ungeheuerlichkeit, die zu wilden Tieren, aber nicht zu Menschen passt, eine Wahnsinnsgeburt, die die Dichter sogar den Furien zuschreiben, eine Seuche, die allgemeine sittliche Verwilderung mit sich bringt, eine Ungerechtigkeit, die verkommene Straßenräuber zu bestgeeigneten Sachwaltern macht, eine Gottlosigkeit, die dem Christen völlig widerspricht, und doch kümmern die Päpste sich um nichts sonst und führen nur Krieg. Dabei sieht man sogar gichtbrüchige Alte in jugendlicher Geistesfrische,[202] und kein Aufwand ist ihnen zu viel, keine Anstrengung zu mühsam, und es hält sie nichts davon zurück, Gesetze, Religion, Frieden, ja die gesamten Verhältnisse der menschlichen Gesellschaft in Unordnung und Verwirrung zu bringen. Es fehlt auch nicht an gebildeten Schmeichlern, die [485] offenbaren Wahnsinn als Eifer, Frömmigkeit und Tapferkeit hochpreisen, wenn da einer auf Mittel und Wege sinnt, gegen den Bruder mit Meuchelmord vorzugehen, obwohl doch jenes höchste Gebot der Liebe unveränderlich bleibt, die der Christ nach der Weisung Christi dem Nächsten schuldet. Ich weiß nicht, ob gewisse deutsche Bischöfe

dederint an potius hinc sumpserint episcopi quidam Germanorum, qui simplicius, etiam omisso cultu, omissis benedictionibus aliisque id genus ceremoniis, plane satrapas agunt, adeo ut propemodum ignavum, parumque decorum episcopo putent alibi quam in acie fortem animam deo reddere.

Iam vero vulgus sacerdotum, nephas esse ducens a praesulum suorum sanctimonia degenerare, euge quam militariter pro iure decimarum ensibus, iaculis, saxis, omnique armorum vi belligerantur, quam hic oculati, si quid ex veterum literis possint elicere, quo plebeculam territent et plusquam decimas deberi convincant. At interim non venit in mentem, quam multa passim legantur de officio quod illi vicissim praestare populo debeant. Nec saltem admonet eos vertex rasus sacerdotem omnibus huius mundi cupiditatibus liberum esse oportere neque quicquam nisi coelestia meditari. Sed homines suaves se suo officio probe perfunctos aiunt, si preculas illas suas utcunque permurmurarint, quas me Hercle demiror, si quis deus vel audiat vel intelligat, cum ipsi fere nec audiant nec intelligant tum, cum eas ore perstrepunt.

Verum hoc quidem sacerdotibus est cum prophanis commune, ut ad emolumenti messem vigilent omnes neque quisquam ibi leges ignoret. Caeterum si quid sarcinae, id prudenter in alienos humeros reiiciunt et aliis alii tanquam pilam per manus tradunt. Siquidem laici quoque principes, quemadmodum partes administrandi regni vica-

das aufgebracht haben oder ob sie sich vielmehr daran ein Beispiel genommen haben. Diese machen viel weniger Umstände, kümmern sich nicht um ihre priesterlichen Funktionen und sonstige Zeremonien und sind so ausschließlich Fürst, dass sie es geradezu als feige und minderwertig für einen Bischof ansehen, anderswo als im Streit Gott ein tapferes Herz zu zeigen.

Sogar die einfachen Leutpriester wollen nicht hinter der Heiligkeit ihrer Vorgesetzten zurückstehen und kämpfen mit beachtlichem Kriegermut mit Schwertern, Speeren und Geschossen und jedem Aufgebot an Mordwaffen für ihren Zehnten. Wie luchsäugig sind sie, wenn sie in alten Überlieferungen etwas zur Einschüchterung des armen Volkes ausfindig machen können, und wie wirkungsvoll vermögen sie die Pflicht zur Abgabe des Zehnten zu begründen. Sie vergessen darüber ganz, wie viel man allüberall über ihre eigene Sendung beim Volk liest. Erinnert sie denn nicht wenigstens die Tonsur daran, dass der Priester sich von allen weltlichen Neigungen frei machen muss und nur geistliche Gedanken haben darf? Die possierlichen Menschen glauben aber ihre Sendung zu erfüllen, wenn sie recht und schlecht ihr Stundengebet herunterleiern. Bei Herkules, ich wundere mich nur, ob ein Gott das hört oder versteht, da sie es doch selbst kaum hören oder verstehen, wenn sie die Lippen bewegen.

Das haben die Geistlichen mit den Weltleuten gemeinsam, dass sie alle auf ihren Vorteil bedacht sind und keiner es dabei an Gesetzeskenntnis fehlen lässt. Irgendwelche Lasten wälzt man wohlweislich auf fremde Schultern ab und reicht sie wie einen Ball von Hand zu Hand weiter. Wie bei den weltlichen Fürsten die Last der Regierung in der

riis delegant et vicarius item vicario tradit, ita pietatis studium omne plebi modestiae causa relinquunt. Plebs in eos reiicit quos ecclesiasticos vocant, perinde quasi ipsis cum ecclesia nihil omnino sit commercii, quasi baptismi votis nihil prorsus sit actum. Rursum sacerdotes qui sese vocant seculares, quasi mundo initiati, non Christo, in regulares onus hoc devolvunt, regulares in monachos, monachi laxiores in arctiores, omnes simul in mendicantes, mendicantes in Carthusienses, apud quos solos sepulta latet pietas [486] et adeo latet ut vix unquam liceat conspicere. Itidem pontifices, in messe pecuniaria diligentissimi, labores illos nimium apostolicos in episcopos relegant, episcopi in pastores, pastores in vicarios, vicarii in fratres mendicantes. Hi rursum in eos retrudunt, a quibus ovium lana tondetur.

Verum non est huius instituti pontificum ac sacerdotum vitam excutere, ne cui videar satyram texere, non encomium recitare neve quis existimet bonos principes a me taxari, dum malos laudo. Sed haec ideo paucis attigi, quo palam fieret nullum esse mortalem qui suaviter vivere possit, nisi meis initiatus sit sacris meque propiciam habeat.

Nam id quo pacto fieri queat, cum ipsa etiam Rhamnusia, rerum humanarum fortunatrix, mecum adeo consentiat, ut sapientibus istis semper fuerit inimicissima, contra stultis etiam dormientibus omnia commoda adduxerit? Agnoscitis Timotheum illum, cui hinc etiam cognomen, et

Hand eines Statthalters ruht und der eine Statthalter sie dem andern weitergibt, so überlassen sie aus reiner Bescheidenheit den Eifer in der Frömmigkeit dem gemeinen Volk. Das Kirchenvolk wiederum überlässt ihn den sogenannten Kirchenläufern, als ob es selbst mit der Kirche gar nichts zu tun und das Taufgelöbnis weiter keine Wirkung hätte. Die Weltpriester tun wieder so, als ob sie für die Welt und nicht für Christus bestimmt wären, und wälzen diese Last auf die Kanoniker, die Kanoniker auf die Mönche, die freieren Mönche auf die strengeren, alle zusammen auf die Bettelmönche und die Bettelmönche auf die Kartäuser, bei denen allein die Frömmigkeit in Grabesruhe verborgen ist, [486] und zwar so verborgen, dass man sie kaum jemals sehen kann. Dieselben Päpste, die bei der Ernte des Geldes so peinlich genau sind, übertragen die vornehmlich apostolischen Mühen auf die Bischöfe, die Bischöfe auf die Pfarrer, die Pfarrer auf die Vikare und die Vikare auf die Bettelmönche. Diese stoßen sie ab an die Schafscherer.

Doch es ist nicht unsere Absicht, den Lebenswandel der Päpste und Priester zu durchleuchten. Ich will nicht den Eindruck eines Satirikers statt eines Enkomiasten machen, und es soll niemand glauben, ich wollte gute Fürsten durchhecheln, wenn ich die schlechten bloßstelle. Ich habe das nur kurz gestreift, um zu zeigen, dass kein Mensch ohne meine Weihe und Gunst ein angenehmes Leben führen kann.

Wie sollte das auch anders sein, da doch selbst Fortuna, die Mehrerin menschlicher Wohlfahrt, mit mir eines Sinnes ist und gerade den Weisen immer denkbar missgünstig bleibt, den Toren dagegen noch im Schlaf Annehmlichkeiten in Fülle gönnt. Ihr kennt ja den Timotheos[203], der

proverbium ἡ εὕδοντος κύρτος αἱρεῖ. Rursum aliud γαλαῦξ ἵπταται. Contra in sapientes [487] quadrant illa, ἐν τετράδι γεννηθέντες, et equum habet Seianum, et aurum Tolosanum. Sed desino παροιμιάζεσθαι, ne videar Erasmi mei commentaria suppilasse.

Ergo ut ad rem, Amat fortuna parum cordatos, amat audaciores, et quibus illud placet πᾶς ἐρρίφθω κύβος. At sapientia timidulos reddit ideoque vulgo videtis sapientibus istis cum paupertate, cum fame, cum fumo rem esse; neglectos, inglorios, invisos vivere; stultos affluere nummis, admoveri reipublicae gubernaculis, breviter florere modis omnibus. Etenim si quis beatum existimet principibus placuisse viris et inter aureos illos ac gemmeos deos versari, quid inutilius sapientia, imo quid apud hoc hominum genus damnatius? Si divitiae parandae sunt, quid tandem lucri facturus est negociator, si sapientiam secutus periurio offendetur, si in mendacio deprehensus erubescet, si anxios illos de furtis atque usuris sapientum scrupulos vel tantuli faciet? Porro si quis honores atque opes ambiat ecclesiasticas, ad eas vel asinus vel bubalus citius penetrabit [488] quam sapiens. Si voluptate ducaris, puellae, maxima huius fabulae pars, stultis toto pectore sunt addictae, sapientem haud secus ac scorpium horrent fugiuntque. Denique quicunque paulo festivius ac laetius vivere parant,

seinen Ruf davon hat, und das Sprichwort »Den Seinen gibt's der Herr im Schlafe«. Ihr kennt auch das andere Sprichwort, »Die Eule fliegt«,[204] das auf die Toren zutrifft. Auf die Weisen [487] passen dagegen die Worte »Unter dem letzten Viertel des Mondes geboren«,[205] »Er hat ein Seiuspferd«[206] oder »Er hat das Gold von Toulouse«[207]. Doch ich will nicht weiter Sprüchlein machen, sonst komme ich noch in Verdacht, die »Adagia«[208] meines Erasmus geplündert zu haben.

Zur Sache also! Das Glück bevorzugt die Kleinmütigen und die Tollkühnen, von denen es heißt: »Der Würfel ist gefallen.«[209] Die Weisheit dagegen macht sie ängstlich; daher seht ihr auch die Weisen immerzu in Armut, Hunger und Unrat, verachtet, ruhmlos und verhasst, während den Toren Geld und öffentliche Ämter zuströmen, ja einfach alles nach Wunsch gerät. Wenn einer sein Glück darin findet, den hochgeborenen Herrschaften schönzutun und sich in der Gesellschaft jener gold- und edelsteingeschmückten Götter zu bewegen, was gibt es dann Hinderlicheres als die Weisheit, ja was ist bei diesen Menschen verrufener? Nehmen wir an, es ginge darum, Reichtümer aufzuhäufen! Wie will der Händler einen Gewinn erzielen, wenn er nach dem Gebot der Weisheit an einem Meineid Anstoß nimmt, wenn er, bei einer Lüge ertappt, errötet oder wenn er den Gewissensbedenken der Weisen gegenüber Diebereien und Wucher auch nur die geringste Bedeutung beimisst? Im Wettbewerb um geistliche Ämter und Pfründen wird sich ein Büffel eher durchsetzen [488] als ein Weiser. In der Liebe hängen die Mädchen eindeutig mit ganzem Herzen an den Toren, den Weisen meiden und verabscheuen sie wie einen Skorpion. Alle, die Wert auf ein wenig Glanz und

sapientem in primis excludunt ac quodvis animal potius admittunt. Breviter quoquo te vertas, apud pontifices, principes, iudices, magistratus, amicos, hostes, maximos, minimos, omnia praesentibus nummis parantur, quos uti contemnit sapiens, ita illum sedulo fugere consueverunt.

Sed cum laudum mearum nullus sit modus neque finis, tamen oratio aliquando finem habeat necesse est. Itaque desinam dicere, sed si prius ostendero paucis non deesse magnos autores, qui me literis suis pariter ac factis illustrarint, ne cui forte stulte mihi soli videar placere neve legulei calumnientur me nihil allegare. Ad ipsorum igitur exemplum allegabimus, hoc est, οὐδὲν πρὸς ἔπος.

Principio illud omnibus vel notissimo proverbio persuasum est, ubi res abest, ibi simulationem esse optimam. Eoque recte statim traditur hic versus pueris: *Stulticiam simulare loco sapientia summa est.* Vos iam ipsi coniicite, quam ingens sit bonum Stulticia, cuius etiam fallax umbra et imitatio sola tantum laudis meretur a doctis. Sed multo candidius pinguis ille ac nitidus Epicuri de grege porcus miscere *stulticiam consiliis* iubet, tametsi *brevem* non admodum scite addidit. Item alibi, *Dulce est desipere in loco.* Rursum alio in loco mavult *delirus inersque videri quam sapere et ringi.* Iam apud Homerum Telemachus, quem mo-

Freude im Leben legen, sondern sich gegen den Weisen ab und gewähren lieber jedem Tier Zutritt. Wohin du dich kehrst, bei Päpsten, Fürsten, Richtern, Politikern, Freunden, Feinden, Hochgestellten und kleinen Krautern erreicht man nur etwas mit klingender Münze. Da der Weise nichts davon wissen will, geht man ihm gewöhnlich mit Fleiß aus dem Weg.

Mein Lob kennt kein Ziel und keine Grenze, und doch muss die Rede einmal ein Ende haben. Ich will also Schluss machen, zuvor aber noch kurz darauf hinweisen, dass viele bedeutende Schriftsteller mich in ihren Darstellungen und in ihrem Verhalten hervorgestrichen haben; es soll ja keiner glauben, ich würde mir nur nach Torenart selbst um den Bart fahren, und die Gesetzeskrämer sollen nicht zischeln, ich könne mich auf nichts berufen. Wir berufen uns auf ihr eigenes Beispiel und machen immerzu viel Lärm um nichts.

Alle Welt ist überzeugt, dass, wie es im Sprichwort heißt, Vorspiegelung das Beste ist, wo die sachliche Voraussetzung fehlt. Deshalb prägt man den Kindern gleich mit Recht folgenden Vers ein: »Sich im richtigen Augenblick töricht zu stellen ist die höchste Weisheit.« Erwägt doch selbst, wie wertvoll die Torheit ist, deren trügerischer Schatten und bloße Nachahmung bei den Gelehrten noch so viel Anerkennung findet. Das ansehnlich fettglänzende rundliche Schwein aus der Herde Epikurs rät, allen Überlegungen Torheit beizumischen,[210] einen Schuss Torheit, wie es nicht gerade glücklich einschränkt. Gleichwohl heißt es an anderer Stelle bei dem gleichen Horaz:[211] »Es ist angenehm, im rechten Augenblick verrückt zu sein.« Wieder an anderer Stelle möchte er lieber blöde und ungeschickt erscheinen als weise und verärgert sein.[212] Schon bei Homer

dis omnibus laudat poeta, subinde νήπιος appellatur atque eodem praenomine tanquam felicis ominis libenter pueros et adolescentes vocare solent tragici. Quid autem sacrum Iliadis carmen nisi *stultorum regum et populorum continet aestus?* Porro quam absoluta laus illa Ciceronis? *Stultorum plena sunt omnia.* Quis enim ignorat unumquodque bonum, quo latius patet, hoc esse praestantius?

Atqui fortassis apud Christianos horum levis est autoritas; proinde sacrarum quoque literarum testimoniis, si videtur, laudes nostras fulciamus sive, ut docti solent, fundemus, principio veniam a theologis praefatae, ut nobis fas esse velint. Deinde quoniam arduam rem aggredimur et fortassis [489] improbum fuerit, denuo Musas ex Helicone ad tantum itineris revocare, praesertim cum res sit alienior, fortasse magis conveniet optare, ut interim, dum theologum ago perque has spinas ingredior, Scoti anima paulisper ex sua Sorbona in meum pectus demigret, quovis hystrice atque erinaceo spinosior, moxque remigret quo lubebit, vel ἐς κόρακας. Utinam et vultum alium liceat sumere et ornatus adsit theologicus. Verum illud interim vereor, ne quis me furti ream agat, quasi clanculum magistrorum nostrorum scrinia compilaverim, quae tantum rei theologicae teneam. Sed non adeo mirum videri debet, si tam diutina,

wird Telemachos, den der Dichter bei jeder Gelegenheit lobt, wiederholt unmündig[213] genannt, und das gleiche Beiwort gebrauchen die tragischen Dichter gewissermaßen in auszeichnendem Sinn gern für Kinder und junge Leute, wie um sie als Glückspilze darzustellen. Was ist denn die erhabene »Ilias« anderes als ein Getobe von törichten Königen und Völkern?[214] Wie unumschränkt ist Ciceros[215] Anerkennung: Alles sei durchsetzt von Torheit. Wer wollte aber abstreiten, dass jedes Gut umso bedeutender ist, je verbreiteter es ist?

Doch vielleicht haben solche Autoritäten unter Christen kein Gewicht. Versuchen wir also unser Ansehen möglichst auch mit dem Zeugnis der Schrift zu stützen oder nach gelehrtem Sprachgebrauch darzulegen! Zunächst bitte ich die Theologen um Verzeihung für das oben Gesagte, damit sie uns ihr Imprimatur erteilen, dann aber auch, weil wir einen ernsthaften Gegenstand behandeln wollen. Vielleicht [489] wäre es unziemlich, aufs Neue die Musen vom Helikon zu solchem Unterfangen herabzubemühen, zumal der Gegenstand etwas weithergeholt ist. Der Wunsch könnte verständlich erscheinen, dass bei solch theologischen Absichten und vor solch dornigem Pfad die Seele des Scotus[216] aus ihrer Sorbonne ein wenig in mein Inneres niedersteige. Ist sie doch stachliger als jeder Igel und jedes Stachelschwein, mag dafür aber auch bald wieder verschwinden, wohin sie will, meinetwegen mag sie zum Teufel gehen. Könnte man nur ein anderes Gesicht aufsetzen und einen Theologenornat anlegen! Ich fürchte aber, dass mich jemand des Diebstahls bezichtigt, als hätte ich insgeheim die Schreine unserer Meister geplündert, während ich so viel Theologie treibe. Es darf kaum verwunderlich er-

quae mihi arctissima est, cum theologis consuetudine nonnihil arripui, cum ficulnus etiam ille deus Priapus nonnullas Graecas voces legente domino subnotarit tenueritque et Gallus Lucianicus longo [490] hominum convictu sermonem humanum expedite calluerit.

Sed iam ad rem bonis avibus. Scripsit Ecclesiastes capite primo: *Stultorum infinitus est numerus.* Cum numerum praedicat infinitum, nonne mortaleis universos complecti videtur, praeter pauculos aliquot, quos haud scio an cuiquam videre contigerit? Sed magis ingenue confitetur hoc Hieremias capite decimo *Stultus*, inquiens, *factus est omnis homo a sapientia sua.* Soli deo tribuit sapientiam, universis hominibus stulticiam relinquens. Ac rursum paulo superius: *Ne glorietur homo in sapientia sua.* Cur non vis hominem in sua sapientia gloriari, optime Hieremia? Nimirum, inquiet, ob id, quia non habet sapientiam. Sed ad Ecclesiasten redeo. Hunc, cum exclamat *vanitas vanitatum et omnia vanitas*, quid aliud sensisse creditis nisi, quemadmodum diximus, vitam humanam nihil aliud quam stulticiae ludicrum esse? Nimirum Ciceronianae laudi album addit calculum, cuius optimo iure celebratur illud, quod modo retulimus: *Stultorum plena sunt omnia.* Rursum sapiens ille Ecclesiasticus, qui dixit *stultus mutatur ut luna, sapiens permanet ut sol*, quid aliud innuit nisi mortale genus omne stultum esse, soli deo sapientis nomen competere? Siquidem lunam humanam naturam interpretantur, solem om-

scheinen, wenn ich in so dauerhafter und freundschaftlich enger Verbundenheit mit den Theologen mir etwas angeeignet habe. Auch der feigenhölzerne Priap hat ja einige griechische Brocken aufgeschnappt und behalten, als sein Herr las,[217] und der Hahn des Lukian[218] verstand sich nach jahrelangem [490] Umgang in menschlicher Gesellschaft ausgezeichnet auf die menschliche Sprache.

Doch zur Sache endlich mithilfe guter Geister! Der Prediger Salomo schreibt im ersten Kapitel: »Grenzenlos ist die Zahl der Toren.«[219] Damit meint er doch wohl die Menschheit, mit geringen Ausnahmen, die kaum je einer bemerkt hat. Noch sinnreicher bekennt Jeremias im zehnten Kapitel: »Zum Toren wird jedermann durch seine Weisheit.«[220] Gott allein billigt er Weisheit zu, während der Menschheit seiner Meinung nach nichts als Torheit bleibt.[221] Wenig vorher heißt es wiederum: »Der Mensch soll sich nichts auf seine Weisheit einbilden.«[222] Warum soll sich der Mensch denn nicht seiner Weisheit rühmen, bester Jeremias? Doch nur, sagt er, weil der Mensch keine Weisheit hat. Doch ich komme noch einmal auf Salomo zurück. Mit seinem Ausspruch »Eitelkeit der Eitelkeiten, alles ist eitel«[223] hat er gewiss nichts anderes sagen wollen, als wenn wir etwa sagen, das menschliche Leben sei nur eine Schaustellung der Torheit. Er bestätigt die lobende Anerkennung Ciceros also, der mit vollem Recht preist, was wir eben angeführt haben: »Alles ist voll Torheit.« Dann heißt es wieder beim weisen Salomo: »Der Tor ist wetterwendisch wie der Mond, der Weise beständig wie die Sonne.«[224] Damit spielt er doch offensichtlich darauf an, dass alle Welt töricht sei und der Name eines Weisen nur Gott gebühre. Wenn man den Mond als Menschennatur deutet,

nis luminis fontem, deum. Huic astipulatur quod ipse Christus in evangelio negat quenquam appellandum bonum nisi deum unum. Porro si stultus est quisquis sapiens non est et quisquis bonus, idem sapiens (autoribus Stoicis), nimirum mortales omneis stulticia complectatur necessum est. Iterum Salomon capite decimoquinto *Stulticia,* inquit, *gaudium stulto,* videlicet manifeste confitens sine stulticia nihil in vita suave esse. Eodem pertinet illud quoque: *Qui apponit scientiam, apponit dolorem, et in multo sensu multa indignatio.* An non idem palam confitetur egregius ille concionator capite septimo? *Cor sapientium, ubi tristicia est, et cor stultorum, ubi laeticia.* Eoque non satis habuit sapientiam perdiscere, nisi nostri quoque cognitionem addidisset. Quod si mihi parum habetur fidei, ipsius accipite verba quae scripsit capite primo: *dedique cor meum, ut scirem prudentiam atque doctrinam erroresque et stulticiam.* Quo quidem loco illud animadvertendum, ad stulticiae laudem pertinere quod eam posteriore posuit loco. Ecclesiastes scripsit, et hunc scitis esse ordinem ecclesiasticum, ut qui dignitate primus sit, is locum obtineat extremum, vel hic certe memor evangelici praecepti.

[491] Sed stulticiam praestantiorem esse sapientia et ecclesiasticus ille, quisquis fuit, liquido testatur capite quadragesimoquarto, cuius me hercle verba non prius proferam quam εἰσαγωγήν meam commoda responsione adiuveritis, ut faciunt apud Platonem hi qui cum Socrate disputant. Utra magis convenit recondere, quae rara sunt et preciosa an quae vulgaria viliaque? Quid tacetis? Etiam si vos dissimu-

ist die Sonne als Urquell des Lichtes doch Gott. Dazu passt es auch, wenn Christus im Evangelium[225] bestreitet, dass irgendwer außer Gott gut genannt werden dürfe. Wenn also töricht ist, wer nicht weise ist, und das Gute nach dem Zeugnis der Stoa mit dem Weisen identisch ist, müssen notwendig alle Menschen töricht sein. Salomo sagt im fünfzehnten Kapitel seiner Sprüche: »Torheit ist dem Toren eine Freude.«[226] Damit bestätigt er doch klar, dass das Leben ohne Torheit keinen Genuss bietet. Dazu passt auch das Wort: »Wer Wissen bringt, bringt Schmerz, und ein wacher Sinn bringt viel Ärger.«[227] Bezeugt der treffliche Prediger im siebten Kapitel nicht dasselbe? »Im Herzen der Weisen wohnt Trauer, im Herzen der Toren Frohlocken.«[228] Die Weisheit hätte ihm keinen Verdruss gemacht, wenn er uns nicht kennengelernt hätte. Sollte ich euch nicht glaubwürdig genug sein, höret die Worte dessen, der im ersten Kapitel schrieb: »Ich habe mein Herz dahingegeben, um Klugheit und Wissen, Irrtümer und Torheit zu erfahren.«[229] Man muss wohl erkennen, wie er hier der Torheit am Schluss einen Vorzugsplatz gibt. Salomo schrieb es, und ihr kennt die geistliche Rangfolge, nach der, übrigens wohl ganz im Sinne des Herrenwortes, das eigentlich Bedeutendste an den Schluss rückt.[230]

[491] Dass aber die Torheit bedeutender ist als die Weisheit, bestätigt uns Ecclesiasticus – wer er auch sein mag – einwandfrei im vierundvierzigsten Kapitel.[231] Bei Herkules, ich will aber seine Worte nicht eher anführen, bis ihr auf meine Einleitung einige passende Worte gesagt habt, wie das bei Platon die Gesprächspartner des Sokrates machen. Was muss man mehr verbergen, was selten und kostbar oder was gewöhnlich und wohlfeil ist? Warum schweigt

letis, proverbium illud Graecorum pro vobis respondet, τὴν ἐπὶ θύραις ὑδρίαν, quod ne quis impie reiiciat, refert Aristoteles, magistrorum nostrorum deus. An quisquam vestrum tam stultus est ut gemmas et aurum in via relinquat? Non hercle, opinor. In abditissimis penetralibus, nec id satis, in munitissimorum scriniorum secretissimis angulis, ista reponitis, coenum in propatulo relinquitis. Ergo si quod preciosius est reconditur, quod vilius exponitur, nonne palam est sapientiam, quam vetat abscondi, viliorem esse stulticia, quam recondi iubet? Iam ipsius testimonii verba accipite. *Melior est homo qui abscondit stulticiam suam quam homo qui abscondit sapientiam suam.*

Quid quod animi quoque candorem divinae literae stulto tribuunt, cum sapiens interim neminem sui similem putet. Sic enim intelligo id quod scribit Ecclesiastes capite decimo: *Sed et in via stultus ambulans, cum ipse insipiens sit, omneis* stultos existimat. An non istud eximii cuiusdam candoris est, omnes aequare tibi ipsi cumque nemo non magnifice de se sentiat, omnibus tamen tuas communicare laudes? Proinde nec puduit tantum regem huius cognominis, cum ait capite trigesimo: *Stultissimus sum virorum.* Neque Paulus ille magnus gentium doctor, Corinthiis scribens, stulti cognomen illibenter agnoscit: *Ut insipiens*, inquit, *dico, plus ego*, perinde quasi turpe sit vinci stulticia.

ihr? Wenn ihr hinter dem Berg haltet, wird das griechische Sprichwort »Den Wasserkrug vor die Türe!« für euch antworten.[232] Rümpft nicht die Nase darüber; denn Aristoteles, der Abgott unserer Meister, führt es an.[233] Würde einer von euch etwa so töricht sein und Edelsteine und Gold offen liegen lassen? Beim Herkules, das möchte ich nicht annehmen. In unergründlichen Verstecken, ja in den geheimsten Winkeln wohlverwahrter Schreine hebt ihr das auf, wertloses Zeug lasst ihr vor aller Augen. Wenn also Wertvolles verborgen und Plunder offen ausgestellt wird, liegt es dann nicht klar auf der Hand, dass die Weisheit, die man nicht unter den Scheffel stellen soll, unbedeutender ist als die Torheit, die man verhehlen soll? Hört jetzt die Worte der Belegstelle selbst: »Es ist besser für den Menschen, die Torheit zu verheimlichen, als die Weisheit zurückzuhalten.«[234]

Warum sagt denn die Heilige Schrift dem Toren die Demut der Seele nach, während doch der Weise keinen sich gleichstellt? So verstehe ich nämlich, was Salomo im zehnten Kapitel schreibt: »Weil er selbst verrückt ist, hält der Tor draußen alle für töricht.«[235] Ist das nicht etwa ein Zeichen unschuldvoller Gesinnung, alle anderen sich gleich zu achten und im Vollgefühl der eigenen Herrlichkeit mit allen die Vorzüge teilen zu wollen. Selbst Salomo schämt sich nicht dieses Namens, wenn er im dreißigsten Kapitel seiner Sprüche sagt: »Ich bin der größte Narr unter den Männern.«[236] Auch Paulus, der große Völkerlehrer, muss notwendig gegenüber den Korinthern den Beinamen eines Toren zugeben: »Ist es die Unverständigkeit, sage ich, ich vermag mehr.«[237] Gleichsam als ob es schimpflich sei, an Torheit übertroffen zu werden!

Sed interim obstrepunt mihi Graeculi quidam, qui tot huius temporis theologorum ceu cornicum oculos student configere, dum annotationes suas veluti fumos quosdam aliis offundunt, cuius gregis si non Alpha, certe Beta meus est Erasmus, quem ego saepius honoris causa nomino. O vere stultam, inquiunt, et ipsa dignam Moria citationem. Longe diversa mens apostoli quam tu somnias. Nec enim hoc agit his verbis, ut caeteris stultior haberetur, verum cum dixisset *ministri Christi sunt, et ego*, seque veluti iactabundus in hac quoque parte aequasset caeteris, per correctionem adiecit *plus ego*, sentiens se non modo parem reliquis apostolis in evangelii ministerio verum etiam aliquanto superiorem. Idque cum ita verum videri vellet, ne tamen ut arrogantius dictum offenderet aures, praemuniit stulticiae praetextu, *Ut minus sapiens dico*, propterea quod sciret esse stultorum privilegium, ut soli verum citra offensam proloquantur.

Verum quid Paulus senserit cum haec scriberet, ipsis disputandum relinquo. Ego magnos, pingues, crassos, et vulgo probatissimos theologos sequor, cum quibus magna pars doctorum errare νὴ τὸν Δία malit quam cum istis trilinguibus bene sentire. Neque quisquam illorum Graeculos istos pluris facit quam Graculos: praesertim cum quidam gloriosus theologus, cuius ego nomen prudens supprimo, ne graculi nostri continuo Graecum in illum scomma iaciant ὄνος λύρας, [492] magistraliter et theologaliter hunc passum en-

Doch allmählich wollen mir wohl einige Griechlein ans Zeug, die die gesamte moderne Theologenschaft vor den Kopf stoßen und alle anderen umnebeln möchten. Wenn nicht das Alpha, so doch gewiss Beta dieser Herde ist mein Erasmus, den ich ehrenhalber öfters erwähne. O reichlich närrische und der Torheit wahrhaft angemessene Auslegung, werden sie sagen! Der Sinn des Apostels geht andere Wege als deine Hirngespinste. Er will mit den angeführten Worten nicht sagen, dass er für törichter gehalten werden möchte als alle anderen. Wenn er nämlich gesagt hätte: »Sie sind Diener Christi, ich aber auch«, hätte er sich gleichsam gebrüstet und den anderen darin gleichgestellt; verbessernd setzt er hinzu »ich vermag mehr«, in dem Bewusstsein, dass er den übrigen Aposteln im Dienst des Evangeliums nicht nur gleich, sondern sogar zu höherem Dienst berufen sei. Um das zu bekräftigen und doch nicht überheblich zu erscheinen, schützt er Torheit vor. Schlichter ausgedrückt: Er habe wohl gewusst, dass es ein Vorrecht der Toren sei, die Wahrheit zu sagen, ohne Anstoß zu erregen.

Was Paulus bei diesen Worten gedacht hat, überlasse ich ihren eigenen Disputationen. Ich halte es lieber mit den großen, handfesten und allgemein anerkannten Theologen, mit denen ein großer Teil der gelehrten Welt beim Jupiter lieber irren als mit jenen dreizüngigen Kennern des Hebräischen, Griechischen und Lateinischen das rechte Verständnis gewinnen will.[238] Keiner von ihnen würde auch die Griechlein für etwas anderes als Schwätzer halten, zumal ein gepriesener Theologe – seinen Namen will ich klüglich unterdrücken, damit unsere Schwätzer nicht gleich auf ihn die griechische Stichelei von dem Esel und der Lyra[239] ausmünzen – [492] bei der meisterlich-theologischen

arrans ab hoc loco, *Ut minus sapiens* dico, plus ego, novum facit caput et (quod absque summa dialectica non poterat) novam addit sectionem, ad hunc interpretans modum (adducam enim ipsius verba, non solum in forma, verum etiam in materia): *Ut minus sapiens dico*, id est, si videor vobis insipiens me pseudapostolis adaequando, adhuc videbor vobis minus sapiens me eis praeferendo. Quanquam idem paulo post, velut oblitus sui, alio delabitur.

Sed cur anxie me unius exemplo tueor? – cum hoc publicum ius sit theologorum, coelum, hoc est, divinam scripturam, ceu pellem extendere; cum apud divum Paulum pugnent divinae scripturae verba, quae suo loco non pugnant (si qua fides illi πενταγλώττῳ Hieronymo) cum Athenis forte conspectum arae titulum torqueret in argumentum fidei Christianae ac caeteris omissis, quae causae fuerant offectura, duo tantum extrema verba decerpserit, nempe haec, *ignoto deo*, atque haec quoque nonnihil immutata, siquidem integer titulus sic habebat: *Diis Asiae, Europae et Africae, diis ignotis et peregrinis*. Ad huius, opinor, exemplum passim iam οἱ τῶν θεολόγων παῖδες hinc atque hinc revulsa quatuor aut quinque verbula, et si quid opus est etiam depravata, ad suam accommodant utilitatem, licet ea quae praecedunt et consequuntur aut nihil omnino faciant ad rem aut reclament quoque. Quod quidem faciunt tam felici impudentia, ut saepenumero theologis invideant iureconsulti.

Auslegung mit dieser Stelle (»Wie ich als weniger Weiser spreche; ich vermag mehr«) ein neues Kapitel beginnt und, was er ohne höchste Dialektik nicht gekonnt hätte, eine neue Einteilung bringt und dann so erklärt (ich bringe seine Deutung wörtlich, nicht nur dem Inhalt nach): »Wie ich als weniger Weiser spreche« heißt: Wenn ich euch närrisch vorkomme, indem ich mich mit den Pseudoaposteln gleichsetze, werde ich euch noch weniger weise erscheinen, wenn ich mich über sie stelle. Trotzdem kommt derselbe Theologe gleich hinterher, als ob er sein eigenes Wort vergessen hätte, auf einen ganz anderen Zusammenhang.

Doch wozu halte ich mich ängstlich an ein einziges Beispiel? Ist es doch das öffentliche Recht der Theologen, den Himmel, das heißt die Heilige Schrift, wie ein Fell zu dehnen und zu spannen. So widerstreiten sich nach dem Zeugnis des Fünfsprachenkenners[240] Hieronymus bei Paulus die Worte der Heiligen Schrift; denn als er in Athen die Altarinschrift gesehen hatte, machte er sie zu einem Beweis des christlichen Glaubens, indem er die unpassenden Worte überging und nur die letzten aufgriff, die da hießen: »dem unbekannten Gott«. Doch auch diese änderte er noch ein wenig. Die vollständige Inschrift hieß nämlich: »Den Göttern Asiens, Europas und Afrikas; den unbekannten und ausländischen Gottheiten!« Nach seinem Vorbild greifen die Theologen hier und dort vier oder fünf Worte auf, entstellen sie je nach Bedarf und machen sie sich mundgerecht, möglichst gerade die vorhergehenden oder folgenden, die für die Sache belanglos oder gar sinnwidrig sind. Das machen sie mit so erfolgreicher Dreistigkeit, dass manchmal sogar die Theologen von den Juristen darum beneidet werden.

Quid enim illis iam non succedat, posteaquam [493] magnus ille (pene nomen effutiveram, sed rursus metuo Graecum proverbium) ex Lucae verbis sententiam expresserit, tam consentaneam animo Christi quam igni cum aqua convenit. Etenim cum immineret extremum periculum, quo tempore solent boni clientes maxime suis adesse patronis et quanta valent ope συμμαχεῖν, Christus hoc agens, ut omnem huiusmodi praesidiorum fiduciam eximeret ex animis suorum, percontatus est eos, num quid rei defuisset usquam, cum illos emisisset adeo non instructos viatico, ut nec calceis muniret adversus spinarum et saxorum iniuriam nec peram adderet adversus famem. Ubi negassent defuisse quicquam, adiecit: *Sed nunc*, inquit, *qui habet sacculum tollat, similiter et peram; et qui non habet, vendat tunicam suam et emat gladium.* Cum tota Christi doctrina nihil aliud inculcet quam mansuetudinem, tolerantiam, vitae contemptum, cui non perspicuum sit, quid hoc loco sentiat? Nempe ut magis etiam exarmet suos legatos, ut non tantum calceos negligant et peram, verum et tunicam insuper abiiciant nudique et prorsus expediti munus evangelicum aggrediantur, nihil sibi parent nisi gladium, non istum quo grassantur latrones et parricidae, sed gladium spiritus in intimos quoque pectoris sinus penetrantem, qui semel affectus omneis sic amputat, ut nihil iam illis cordi sit praeter pietatem.

At videte, quaeso, quorsum haec torqueat celebris ille

Wer sollte ihnen auch noch das Wasser reichen können, nachdem [493] jener große – beinahe wäre mir der Name entschlüpft; doch ich fürchte wieder das griechische Sprichwort von dem Esel und der Lyra – aus den Worten des Lukas einen Sinn erpresst, der zum Geiste Christi passt wie Feuer zum Wasser. In einem Augenblick der höchsten Gefahr nämlich, wenn sich gewöhnlich die Schutzbedürftigen an ihre Patrone halten und nach Kräften mitstreiten, fragte Christus in der Absicht, jedes Vertrauen auf solche Hilfen aus dem Herzen der Seinen zu entfernen, die Jünger, ob ihnen je etwas gefehlt hätte,[241] wo er sie doch so ohne jede Wegzehrung ausgesandt hatte, dass sie nicht einmal mit Schuhen gegen Dornen und Steine geschützt waren und nichts zum Leben hatten. Auf ihre Erklärung, dass nie etwas gefehlt habe, sagte er weiter: »Wer aber jetzt ein Bündel hat, soll es aufnehmen, wer einen Ranzen hat, desgleichen, und wer nichts hat, soll sein Gewand versetzen und ein Schwert kaufen.«[242] Da nun die ganze Lehre Christi nichts anderes einschärft als Sanftmut, Ertragen und Verachtung dieses Lebens, erkennt man doch gleich den Sinn dieser Stelle. Er möchte seine Sendboten noch mehr entwaffnen, dass sie nicht nur Schuhe und Ranzen missachten, sondern ihre Kleider auch abwerfen, bloß und völlig unbeschwert an ihre evangelische Sendung herangehen und sich nichts anderes verschaffen als ein Schwert; nicht das Schwert, mit dem Wegelagerer und Mörder wüten, sondern das Schwert des Geistes, das bis in die tiefsten Falten des Herzens dringt und alle Leidenschaften mit einem Streich so beseitigt, dass ihnen nichts anderes am Herzen liegt als Frömmigkeit.

Jetzt seht aber bitte auch, wie nun jener gepriesene Theo-

theologus. Gladium interpretatur defensionem adversus persecutionem, sacculum sufficientem commeatus [494] provisionem, perinde quasi Christus commutata in diversum sententia, quod oratores suos parum βασιλικῶς instructos emisisse videretur, superioris institutionis palinodiam canat aut velut oblitus quod dixerat beatos fore cum probris, contumeliis et suppliciis afficerentur, prohibens ne quando resisterent malo, mites enim beatos esse, non feroces, oblitus quod illos ad passerum et liliorum exemplum vocarit, nunc adeo noluerit eos absque gladio proficisci, ut eum vel tunica divendita iubeat emi malitque nudos ire quam non accinctos ferro. Ad haec, quemadmodum gladii nomine contineri putat quicquid ad depellendam vim pertinet, ita marsupii titulo complectitur quicquid ad vitae pertinet necessitatem. Atque ita divinae mentis interpres apostolos lanceis, balistis, fundis et hombardis instructos educit ad praedicationem crucifixi. Loculis item, vidulis et sarcinis onerat, ne forte non liceat illis e diversorio discedere nisi impransis. Nec vel illud commovit hominem quod ensem, quem tantopere iusserat emi, mox idem obiurgans iubeat recondi quodque nunquam fando sit auditum apostolos ensibus aut clypeis usos adversus vim ethnicorum, utique usuros, si Christus hoc sensisset, quod hic interpretatur.

Est [495] alius, quem honoris causa non nomino, haud-

loge die Worte verdreht: Das Schwert erklärt er als die Abwehr der Verfolgung, das Bündel als ausreichenden [494] Verpflegungsvorrat, gleichsam als ob Christus auf einmal seinen Sinn gewandelt hätte und seine frühere Lehre widerriefe, weil er seine Missionare in unzulänglicher Ausrüstung weggeschickt hätte. Er legt es also aus, als ob Christus sein Wort von der Seligkeit unter Vorwürfen, Schmähungen und Martern,[243] sein Verbot des Widerstands gegen das Übel[244] und die Seligpreisung der Sanftmütigen, nicht der Trotzigen, vergessen hätte oder nicht mehr wüsste, dass er sie auf das Beispiel der Sperlinge[245] und Lilien[246] verwies. Jetzt hätte er auf einmal für ihre Sendung das Schwert als so notwendig erachtet, dass sie dafür das Gewand hingeben müssten, jetzt sollten sie auf seine Weisung hin auf einmal lieber nackt als ungerüstet ausgehen. Wie er in dem Wort »Schwert« alles enthalten glaubt, was zum Widerstand gegen die Gewalt dient, so begreift er unter dem Wort »Geldbörse« alles, was zum Lebensunterhalt gehört. So führt denn der Dolmetscher des göttlichen Geistes die Apostel wohlausgerüstet mit Lanzen, Wurfmaschinen, Schleudern und Mörsern hinaus zur Predigt des Gekreuzigten. Er bepackt sie mit Schatullen, Lederkoffern und Bündeln, damit sie jederzeit einkehren und gut frühstücken können. Es macht ihm gar nichts aus, das Schwert, das er gerade noch so teuer hatte kaufen lassen, dann wieder mit eindringlichen Worten verbergen zu heißen.[247] Es wäre doch unerhört, dass die Apostel keine Schwerter und Schilde gegen die Gewalt der Heiden gebraucht hätten oder überhaupt gebrauchen würden, wenn Christus es so gemeint hätte, wie dieser hier es auslegt.

Es gibt [495] einen andern, den ich aus Scheu nicht nenne,

quaquam postremi nominis, qui e tentoriis, quorum meminit Habacuk, *turbabuntur pelles terrae Madian*, pellem fecerit Bartholomaei excoriati. Ipsa nuper interfui disputationi theologicae, nam id facio frequenter. Ibi cum quispiam exigeret, quae tandem esset divinarum literarum autoritas, quae iuberet haereticos incendio vinci magis quam disputatione revinci, senex quidam severus et vel supercilio teste theologus magno stomacho respondit hanc legem tulisse Paulum apostolum, qui dixerit: *Haereticum hominem post unam et alteram correptionem devita.* Cumque ea verba identidem intonaret et plerique demirarentur quid accidisset homini, tandem explanavit de vita tollendum haereticum. Risere quidam nec deerant tamen quibus hoc commentum plane theologicum videretur, caeterum reclamantibus etiamnum nonnullis, successit τενέδιος, quod aiunt, συνήγορος et autor irrefragabilis. Accipite rem, inquit, scriptum est, *maleficum ne patiaris vivere*, omnis haereticus maleficus, ergo etc. Mirari quotquot aderant hominis ingenium et in eam sententiam itum est pedibus, et quidem peronatis. Neque cuiquam venit in mentem legem eam ad sortilegos et incantatores ac magos attinere, quos Hebraei sua lingua vocant מיפשבם. [496] Alioqui fornicationem et ebrietatem capite punire oportuit.

Verum haec stulte persequor tam innumera, ut nec Chrysippi nec Didymi voluminibus omnia comprehendi

der aber keineswegs unbekannt ist. Aus den Zelten, die Habakuk erwähnt (»Die Zelte des Landes Madian werden verwirrt werden«), hätte er die Haut des geschundenen Bartholomäus machen mögen.[248] Ich selbst wohnte kürzlich einer theologischen Disputation bei (was ich häufig tue). Als dort einer haargenau die Stelle der Schrift wissen wollte, die befehle, dass man die Ketzer mehr mit Feuer als durch Auseinandersetzung bezwingen müsse, erhob sich ein würdiger alter Mann, der durch seine finstere Miene gebührend als Theologe ausgezeichnet war, und erwiderte mit großem Unwillen, dieses Gesetz habe der Apostel Paulus erlassen, der gesagt hätte: »Weise den Ketzer einige Male zurecht und halte ihn dir dann vom Leib!«[249] Als er die Worte mehrmals wiederholte und die meisten sich über sein Gebaren wunderten, erläuterte er schließlich, man halte ihn sich vom Leib, indem man ihn ins Jenseits befördere. Einige fühlten sich belustigt, es waren aber auch viele da, denen diese Erklärung höchst theologisch erschien. Als immer noch einige widersprachen, haute er den Gordischen Knoten glatt durch. Der Fall liegt so, sagte er: Es steht geschrieben, du sollst einen Übeltäter nicht leben lassen,[250] jeder Ketzer ist ein Übeltäter, also … Alle Anwesenden bewunderten den Geist des Menschen, und bieder fügte man sich seinem Spruch. Keinem kam es in den Sinn, dass jenes Gebot sich auf Weissager, Zauberer und Magier, die die Juden auf Hebräisch *Mekaschephim* nennen, bezieht, [496] sonst müsste man ja Hurerei und Trunksucht auch mit dem Tod bestrafen.

Doch es ist dumm von mir, aufzählen zu wollen, was so ins Ungemessene geht, dass weder die Bände des Chrysipp noch des Didymus alles aufnehmen könnten.[251] Ich wollte

possint. Illud duntaxat admonitos volebam, cum haec divinis illis magistris licuerint, mihi quoque plane συκίνῃ θεολόγῳ par est dare veniam, si minus omnia ad amussim citavero.

Nunc tandem ad Paulum redeo: *Libenter*, inquit, *fertis insipientes*, de sese loquens. Et rursum *velut insipientem accipite me*, et *non loquor secundum deum, sed quasi in insipientia.* Rursus alibi *Nos*, inquit, *stulti propter Christum.* Audistis a quanto autore quanta stulticiae praeconia. Quid, quod idem palam stulticiam praecipit ut rem in primis necessariam, et oppido salutarem? *Qui videtur esse sapiens inter vos, stultus fiat, ut sit sapiens.* Et apud Lucam duos discipulos, quibus se iunxerat in via, Iesus stultos appellat. Illud haud scio an mirum videatur, cum deo quoque non nihil stulticiae tribuit divinus ille Paulus: *Quod stultum est*, inquit, *dei, sapientius est hominibus.* Porro Origenes interpres obsistit, quo minus hanc stulticiam ad hominum opinionem possis referre: quod genus est illud, *verbum crucis pereuntibus quidem stulticiam.*

Sed quid ego frustra anxia tot testimoniis haec docere pergo, cum in psalmis misticis palam ipse Christus loquatur patri *Tu scis insipientiam meam?* Neque vero temere est, quod deo stulti tam impense placuerunt: opinor, propterea quod, quemadmodum summi principes nimium cordatos suspectos habent et invisos (ut Iulius Brutum et

nur auf Folgendes hinweisen: Wenn jene erhabenen Meister das dürfen, soll man auch mir als einem theologischen Analphabeten durch die Finger sehen, wenn ich alles weniger erschöpfend behandle.

Jetzt will ich aber endlich auf Paulus zurückkommen. »Willig«, sagt er, »ertragt ihr die Narren«,[252] und spricht dabei von sich. Und wiederum: »Nehmt mich als einen Narren hin! Ich spreche nicht im Sinne des Herrn, sondern gleichsam in Narrheit.«[253] »Wir«, sagt er, »sind Toren um Christi willen.«[254] Ihr hört, von welch hervorragendem Autor hier die Torheit hochgepriesen wird. Empfiehlt der gleiche Apostel die Torheit nicht geradezu als vordringlich lebensnotwendig und überaus heilsam? »Wer sich unter euch weise dünkt, werde ein Tor, damit er weise ist.«[255] Bei Lukas nennt Jesus die zwei Jünger, denen er sich unterwegs angeschlossen hatte, Toren.[256] Das scheint mir weiter gar nicht erstaunlich, wo doch der heilige Paulus Gott selbst Torheit nachsagt. »Was bei Gott töricht ist«, sagt er, »ist weiser als die Menschen.«[257] Origenes sträubt sich allerdings dagegen, diese Torheit mit der menschlichen Auffassung zu vergleichen; er begreift sie in dem Sinne, dass das Wort vom Kreuz denen Torheit ist, die in ihr Verderben rennen.[258]

Doch ich halte es für zwecklos, immerzu diese Dinge mit peinlicher Sorgfalt und einem Aufgebot an Zeugnissen auszubreiten. Sagt doch Christus in den mystischen Psalmen selbst ganz klar zum Vater: »Du kennst meine Torheit.«[259] Es kommt also nicht von ungefähr, dass die Toren bei Gott so gut angeschrieben sind. Auch die fürstlichen Häupter begegnen kühnen Naturen nur mit Misstrauen und Abneigung wie Caesar dem Brutus und Cassius, woge-

Cassium, cum ebrium Antonium nihil metueret, utque Nero Senecam, Dionysius Platonem) [497] contra crassioribus ac simplicioribus ingeniis delectantur, itidem Christus σοφούς istos suaeque nitentes prudentiae semper detestatur ac damnat. Testatur id Paulus haudquaquam obscure cum ait *Quae* stulta sunt mundi elegit deus cumque ait deo visum esse, ut per stulticiam servaret mundum, quandoquidem per sapientiam restitui non poterat. Quin ipse idem satis indicat clamans per os prophetae: *Perdam sapientiam sapientium et prudentiam prudentium reprobabo.* Rursum cum agit gratias, quod salutis mysterium celasset sapientes, parvulis autem, hoc est, stultis aperuisset. Nam Graece pro parvulis est νηπίοις, quos opposuit σοφοῖς. Huc pertinet quod passim in evangelio Pharisaeos et scribas ac legum doctores incessit, vulgus indoctum sedulo tuetur. Quid enim aliud est *Vae vobis scribae et pharisaei* quam *vae vobis sapientes*? At parvulis, mulieribus ac piscatoribus potissimum delectatus esse videtur. Quin et ex animantium brutorum genere ea potissimum placent Christo, quae a vulpina prudentia quam longissime absunt, eoque asino maluit insidere, cum ille, si libuisset, vel leonis tergum impune potuisset premere. Ac spiritus ille sacer in columbae specie delapsus est, non aquilae aut milvii. Praeterea cervorum, hinnulorum, agnorum crebra passim in divinis literis mentio. Adde quod suos ad immortalem vitam destina-

gen er den trunksüchtigen Antonius nicht im Geringsten fürchtete,[260] oder wie Nero dem Seneca[261] und Dionysius dem Platon[262]; [497] an Tölpeln und Einfaltspinseln dagegen haben sie ihre Freude. So wendet sich auch Christus immer ausdrücklich gegen die eingebildeten Klugen und verurteilt sie. Paulus bezeugt das einleuchtend mit den Worten »Was vor der Welt Torheit ist, hat Gott erwählt«,[263] oder wenn er sagt, Gott habe es gefallen, durch Torheit die Welt zu erlösen, da er sie ja durch Weisheit nicht wiederherstellen konnte[264]. Durch den Mund des Propheten verkündet er offen: »Die Weisheit der Weisen werde ich zunichte machen und die Klugheit der Klugen verwerfen.«[265] Er gibt uns recht, wenn er dafür dankt, dass das Geheimnis der Erlösung den Weisen verborgen blieb, den Kleinen aber, das heißt den Toren, eröffnet wurde.[266] Das griechische Wort für »Kleine« bedeutet nämlich auch »Unverständige«, und er stellt sie den Weisen gegenüber. Dem entspricht auch die allgemeine Heftigkeit im Evangelium gegen Pharisäer, Schriftgelehrte und Gesetzeslehrer und die auffallende Vorliebe für das ungebildete Volk. Was bedeutet denn das »Wehe euch, Schriftgelehrte und Pharisäer!«[267] anderes als »Wehe euch Weisen!«? An Kindern, Frauen und Fischern dagegen scheint der Herr seine größte Freude gehabt zu haben. Ja, sogar unter der stummen Kreatur gefällt Christus am meisten, was an der Schläue des Fuchses den geringsten Anteil hat. Er bevorzugt den Esel als Reittier, obwohl er doch ohne Besorgnis auf einem Löwen hätte sitzen können, wenn er gewollt hätte. Der Heilige Geist kam in Gestalt einer Taube herab, nicht als Adler oder Falke; Hirschen, Maultieren und Lämmern begegnet man immer wieder in der Heiligen Schrift. Dazu passt auch, dass er sei-

tos oves appellat; quo quidem animante non est aliud insipientius, vel Aristotelico proverbio teste, προβάτειον ἦθος, [498] quod quidem admonet ab eius pecudis stoliditate sumptum in stupidos et bardos convicii loco dici solere. Atqui huius gregis Christus sese pastorem profitetur, quin etiam ipse agni nomine delectatus est, indicante eum Ioanne *Ecce agnus dei*, cuius multa fit et in Apocalypsi mentio.

Haec quid aliud clamitant nisi mortaleis omneis stultos esse, etiam pios? Ipsum quoque Christum, quo stulticiae mortalium subveniret, cum esset sapientia patris, tamen quodammodo stultum esse factum, cum hominis assumpta natura habitu inventus est ut homo? Quemadmodum et peccatum factus est, ut peccatis mederetur. Neque alia ratione mederi voluit, quam per stulticiam crucis, per apostolos idiotas ac pingues, quibus sedulo stulticiam praecipit a sapientia deterrens, cum eos ad puerorum, liliorum, sinapis et passerculorum exemplum provocat, rerum stupidarum ac sensu carentium soloque naturae ductu, nulla arte, nulla sollicitudine vitam agentium; praeterea cum vetat esse sollicitos, qua essent apud praesides oratione usuri cumque interdicit, ne scrutentur tempora vel momenta temporum, videlicet, ne quid fiderent suae prudentiae, sed totis animis ex ipso penderent. Eodem pertinet quod deus ille orbis architectus interminatur, ne quid de arbore scientiae degustarent, perinde quasi scientia felicitatis sit venenum. Quanquam Paulus aperte scientiam veluti inflantem et perniciosam improbat. Quem divus Bernardus (opinor)

ne Auserwählten für das ewige Leben Schafe nennt.[268] Ein dümmeres Tier gibt es ja nicht, was auch das aristotelische Sprichwort von dem Schafsbenehmen bestätigt.[269] [498] Es rührt von der Tölpelhaftigkeit dieses Viehs her, und man braucht es meistens als Scheltwort für Dummköpfe und stumpfsinnige Gesellen. Christus macht sich nun zum Hirten dieser Herde[270] und legt sich selbst gern den Namen eines Lammes bei. Johannes weist ja auf ihn hin: »Siehe das Lamm Gottes!«[271] In der Apokalypse wird es oft erwähnt.

Beweist das alles nicht eindeutig, dass alle Menschen töricht sind, sogar die frommen? Ist nicht Christus selbst, der doch die Weisheit des Vaters ist, auf eine gewisse Art zum Toren geworden, als er die Menschheit von ihrer Torheit erretten wollte und menschliche Gestalt annahm? So ist er auch zur Sünde geworden, um die Sünden zu tilgen. Er wollte sie aber nicht anders tilgen als durch die Torheit des Kreuzes, durch einfältige und plumpe Sendboten. Ihnen legt er die Torheit ans Herz und warnt sie vor der Weisheit, wenn er sie auf das Beispiel der Kinder[272], der Lilien[273], des Senfkorns[274] und der winzigen Sperlinge[275] verweist, die doch alle stumpf und fühllos sind und sich, frei von Arglist und Berechnung, nur vom natürlichen Instinkt leiten lassen. Ja, er verbietet ihnen jede Art Sorge, wie sie wohl vor den Großen sprechen sollten,[276] er untersagt ihnen das Forschen nach Zeit und Gelegenheit, vielleicht, damit sie nicht auf die eigene Klugheit bauten, sondern ihre Sache ganz auf ihn stellten. In diesem Sinne warnt der Schöpfer die Menschen auch,[277] vom Baum der Erkenntnis zu essen, als ob die Erkenntnis für das Glück Gift sei. Paulus verwirft die Erkenntnis unverblümt als aufgeblasen und gefährlich.

sequutus, montem eum in quo Lucifer sedem statuerat, scientiae montem interpretatur.

Fortasse nec illud omittendum videatur argumentum, gratiosam esse apud superos stulticiam, quod huic soli datur erratorum venia, sapienti non ignoscitur; unde qui veniam orant, etiam si prudentes peccaverint, tamen stulticiae praetextu patrocinioque utuntur. Nam sic Aaron sororis poenam deprecatur in Numerorum, si satis commemini, libris: *Obsecro, domine mi, ne imponas nobis hoc peccatum, quod stulte commisimus.* Sic et Saul apud David culpam deprecatur *Apparet enim*, inquiens, *quod stulte egerim.* [499] Rursum ipse David ita blanditur domino: *Sed precor, domine, ut transferas iniquitatem servi tui, quia stulte egimus*, perinde quasi non impetraturus veniam, nisi stulticiam et inscitiam obtenderet. Sed illud acrius urget, quod Christus in cruce, cum oraret pro suis inimicis *Pater ignosce illis*, non aliam praetexuit excusationem quam imprudentiae: *quia nesciunt, inquit, quid faciant.* Ad eundem modum Paulus scribens ad Timotheum: *Sed ideo misericordiam dei consecutus sum, quia ignorans feci in incredulitate.* Quid est *ignorans feci* nisi per stulticiam feci, non maliciam? Quid est ideo *misericordiam consecutus sum*, nisi non consecuturus, ni stulticiae patrocinio commendatus? Pro nobis facit et mysticus ille psalmographus, qui suo loco non veniebat in mentem, *Delicta iuventutis meae et ignorantias*

Soviel ich weiß, ist es der heilige Bernhard, der nach seinem Beispiel den Sitz des Luzifer als Berg der Erkenntnis deutet.

Vielleicht darf man auch dies als Beweis nicht geringschätzen, dass die Torheit bei den Himmlischen beliebt ist, weil man ihr allein Irrtümer verzeiht, dem Weisen gegenüber aber unnachsichtig bleibt. Daher stellen sich die gerissenen Sünder, wenn sie um Verzeihung bitten, dumm und suchen ihre Zuflucht unter dem Schutzmantel der Torheit. Aaron bittet nämlich folgendermaßen um Gnade für seine Schwester: »Ich beschwöre dich, mein Herr, rechne uns diese Sünde, die wir in Torheit begangen haben, nicht an!«[278] Auch Saul entschuldigt sich so bei David: »Es ist offenbar, dass ich töricht gehandelt habe.«[279] [499] Selbst David schmeichelt sich so wieder beim Herrn ein: »Ich bitte dich, Herr, übersieh die Sünde deines Knechtes, da ich töricht gehandelt habe!«[280] Er tut doch so, als ob er nur Gnade finden würde, wenn er Torheit und Unwissenheit vorschützt. Noch viel schwerer wiegt aber, was Christus am Kreuz sagte, als er für seine Feinde bat: »Vater, vergib ihnen!«[281] Er fand dabei keine andere Entschuldigung als ihre Unklugheit: »Denn sie wissen nicht, was sie tun.« Ähnlich schreibt Paulus an Thimotheus: »Ich habe die Barmherzigkeit Gottes deshalb erlangt, weil ich in Unwissenheit und Unglauben gehandelt.«[282] Was heißt aber »in Unwissenheit und Unglauben« anderes als »Ich habe aus Torheit gehandelt, nicht aus Bosheit«? Was heißt »Ich habe die Barmherzigkeit deshalb erlangt« anderes als »Ich würde sie nicht erlangen, wenn ich nicht durch die Fürsprache der Torheit empfohlen wäre«? Der mystische Psalmendichter – eine Stelle, die ich eben schon hätte erwähnen müssen – mag für uns sprechen: »Gedenke nicht der Sünden meiner Jugend

meas ne memineris. Audistis quae duo praetexat, nimirum aetatem, cui semper comes esse soleo, et ignorantias, idque numero multitudinis, ut ingentem stulticiae vim intelligeremus.

Ac ne quae sunt infinita persequar utque summatim dicam, videtur omnino Christiana religio quandam habere cum aliqua stulticia cognationem minimeque cum sapientia convenire. Cuius rei si desideratis argumenta, primum illud animadvertite, pueros, senes, mulieres, ac fatuos sacris ac religiosis rebus praeter caeteros gaudere eoque semper altaribus esse proximos, solo nimirum naturae impulsu. Praeterea videtis primos illos religionis autores mire simplicitatem amplexos, acerrimos [500] literarum hostes fuisse. Postremo nulli moriones magis desipere videntur, quam hi, quos Christianae pietatis ardor semel totos arripuit: adeo sua profundunt, iniurias negligunt, falli sese patiuntur, inter amicos et inimicos nullum discrimen, voluptatem horrent, inedia, vigilia, lachrymis, laboribus, contumeliis saginantur, vitam fastidiunt, mortem unice optant, breviter ad omnem sensum communem prorsus obstupuisse videntur, perinde quasi alibi vivat animus, non in suo corpore. Quod quidem quid aliud est quam insanire? Quo minus mirum videri debet, si apostoli musto temulenti sunt visi, si Paulus iudici Festo visus est insanire.

und meiner Unwissenheiten!«[283] Ihr hört, welche zwei Dinge er vorschützt, das Alter nämlich, dem ich immer gern zur Seite stehe, und die Unwissenheiten, die er auffälligerweise in der Mehrzahl anführt, um uns die Bedeutung und Wirkung der Torheit nahezubringen.

Ich will mich aber nicht in endlose Einzelheiten verlieren und es nach meiner Art geradeheraus sagen: Die christliche Religion hat allem Anschein nach eine innige Verwandtschaft mit der Torheit und recht wenig mit der Weisheit gemeinsam. Wollt ihr die Beweise dafür haben, dann richtet euer Augenmerk zunächst einmal auf die Kinder, Alten, Frauen und einfältigen Seelen, die mehr als alle anderen ihre Freude an Gottesdiensten und religiösen Übungen haben und deshalb, wie von der Natur getrieben, immer in unmittelbarer Nähe der Altäre sind. Zudem seht ihr ja auch, dass die ersten Glaubensboten in ihrer unverbrüchlichen Einfalt heftige [500] Gegner der Wissenschaft waren. Schließlich gibt es keine besesseneren Narren als die von christlicher Glaubensinbrunst einmal ganz Erfassten. Sie verschleudern ihre Habe, ertragen Ungerechtigkeiten, lassen sich hintergehen und machen keinen Unterschied zwischen Freund und Feind; Vergnügungen sind ihnen zuwider, und sie haben ihr Genügen an Hunger, Nachtwachen, Tränen, Mühsal und Schmähungen; sie hassen das Leben und wünschen sich nur den Tod; kurz, sie scheinen jedes Gefühl für gesunden Menschenverstand eingebüßt zu haben, als ob ihr Geist nicht im Körper anwesend wäre. Was ist denn das anderes als Unverstand, Verrücktheit? Umso weniger erstaunlich mag es sein, wenn die Apostel »voll süßen Weines«[284] schienen und Paulus dem Richter Festus wie ein Verrückter vorkam[285].

Sed posteaquam semel τὴν λεοντήν induimus, age doceamus et illud, felicitatem Christianorum, quam tot laboribus expetunt, nihil aliud esse quam insaniae stulticiaeque genus quoddam; absit invidia verbis, rem ipsam potius expendite. Iam primum illud propemodum Christianis convenit cum Platonicis, animum immersum alligatumque esse corporeis vinculis huiusque crassitudine praepediri, quo minus ea quae vere sunt contemplari fruique possit. Proinde philosophiam definit esse mortis meditationem, quod ea mentem a rebus visibilibus ac corporeis abducat, quod idem utique mors facit. Itaque quamdiu animus corporis organis probe utitur, tam diu sanus appellatur. Verum ubi ruptis iam vinculis conatur in libertatem asserere sese quasique fugam ex eo carcere meditatur, tum insaniam vocant; id si forte contingit morbo vitioque organorum, prorsus omnium consensu insania est. Et tamen hoc quoque genus hominum videmus futura praedicere, scire linguas ac literas quas antea nunquam didicerant, et omnino divinum quiddam prae se ferre. Neque dubium est id inde accidere, quod, mens a contagio corporis paulo liberior, incipit nativam sui vim exerere. Idem arbitror esse in causa, cur laborantibus vicina morte simile quiddam soleat accidere, ut tanquam afflati prodigiosa quaedam loquantur.

Rursum si id eveniat studio pietatis, fortasse non est idem insaniae genus, sed tamen adeo confine, ut magna pars hominum meram insaniam esse iudicet, praesertim

Doch da wir einmal unsere Eselsgestalt in das Löwenfell der Bildung gekleidet haben, wollen wir auch noch beweisen, dass die Seligkeit der Christen, die sie unter so viel Mühen erstreben, nichts anderes ist als eine Art Verrücktheit oder Torheit. Nehmt an den Worten keinen Anstoß und überlegt lieber sachlich! Zusammen mit den Platonikern sind die Christen der Ansicht, dass die Seele in den Fesseln des Körpers gebunden und begraben sei und durch seine Stofflichkeit gehindert werde, die Wahrheit zu schauen und zu genießen. Die Philosophie wird dabei als Betrachtung des Todes erklärt,[286] weil durch sie der Geist von den sichtbaren und körperhaften Dingen abgelenkt wird, und dasselbe bewirkt ja überall der Tod. Solange nun die Seele von den körperlichen Organen den rechten Gebrauch macht, nennt man sie bei Sinnen. Sobald aber die Fesseln gesprengt sind und sie Freiheit gewinnen will, das heißt also auf Flucht aus dem Gefängnis sinnt, spricht man von Unbesonnenheit. Ist Krankheit oder ein organischer Fehler die Ursache, sprechen alle einstimmig von Verrücktheit. Gleichwohl sehen wir solche Menschen die Zukunft vorhersagen, in Zungen reden und Wissenschaften verstehen, die sie niemals gelernt haben. Im Ganzen kann man sagen, dass ein Schimmer göttlichen Wesens sie umgibt. Unzweifelhaft kommt es daher, dass der Geist, sobald er von der Bindung ans Körperliche ein wenig frei geworden ist, seine natürliche Kraft zu entfalten beginnt. Aus dem gleichen Grund kommen die Menschen in der Sterbestunde in eine ähnliche Lage, so dass sie wie Erleuchtete weissagen.[287]

Wenn der Frömmigkeitseifer zu diesem Ergebnis führt, ist es vielleicht nicht die gleiche Art Verrücktheit, ist aber doch so hart daran, dass viele Menschen es als bare Ver-

cum pauculi homunciones ab universo mortalium coetu tota vita dissentiant. Itaque solet iis usvuenire, quod iuxta Platonicum figmentum opinor accidere iis, qui in specu vincti rerum umbras mirantur, et fugitivo illi, qui reversus in antrum veras res vidisse se praedicat, illos longe falli, qui praeter miseras umbras nihil aliud esse credant. Etenim sapiens hic commiseratur ac deplorat illorum insaniam, qui tanto errore teneantur. Illi vicissim illum veluti delirantem rident atque eiiciunt. Itidem vulgus hominum ea quae maxime corporea sunt maxime miratur eaque prope sola putat esse. Contra pii, quo quicque propius accedit ad corpus, hoc magis negligunt totique ad invisibilium rerum [501] contemplationem rapiuntur. Nam isti primas partes tribuunt divitiis, proximas corporis commodis, postremas animo relinquunt, quem tamen plerique nec esse credunt, quia non cernatur oculis. Ediverso illi primum in ipsum deum, rerum omnium simplicissimum, toti nituntur; secundum hunc, et tamen in hoc, quod ad illum quam proxime accedit, nempe animum; corporis curam negligunt, pecunias ceu putamina prorsus aspernantur ac fugitant. Aut si quid huiusmodi rerum tractare coguntur, gravatim ac fastidienter id faciunt, habent tanquam non habentes, possident tanquam non possidentes.

Sunt et in singulis rebus gradus multum inter istos diversi. Principio sensus tametsi omnes cum corpore cognationem habent, tamen quidam sunt ex his crassiores, ut tactus, auditus, visus, olfactus, gustus; quidam magis a cor-

rücktheit bezeichnen, zumal nur einige wenige Erdenkinder sich in ihrer ganzen Lebensweise von der menschlichen Gemeinschaft absondern. Daher geht es jenen gewöhnlich so wie im Gleichnis des Platon[288] jenen, die in der Höhle gebunden die Schatten der Dinge anstaunen, und jenem Ausreißer, der in die Höhle zurückkommt und behauptet, das Wesen der Dinge geschaut zu haben. Sie seien im Irrtum, meinte er, weil sie glaubten, es gebe nichts anderes als die elenden Schatten. So bedauert und beweint der Weise ihre verrückte Befangenheit in solchem Irrtum, wogegen sie wieder über seine Verrücktheit lachen und ihn hinausschmeißen. Dasselbe macht der große Haufen, der das grob Körperliche schätzt und es für allein wirklich hält. Die Frommen hingegen missachten alles, je körperhafter es ist, und [501] geben sich ganz der Beschauung der unsichtbaren Dinge hin. Jene schätzen den Reichtum über alles, nächst diesem die körperlichen Bequemlichkeiten und räumen der Seele den geringsten Anspruch ein; die meisten glauben nicht einmal an ihr Dasein, weil sie nicht sichtbar ist. Dagegen wenden sich die Frommen vor allem zu Gott, dem Urgrund der Einfachheit. An zweiter Stelle kommt bei ihnen die Seele, aber nur, weil und insofern sie Gott am nächsten ist. Um das körperliche Leben machen sie sich keine Sorge, missachten und meiden das Geld geradezu wie Ballast. Müssen sie sich mit solchen Dingen abgeben, tun sie es nur ärgerlich und mit deutlichem Ekel. Sie »haben, als ob sie nicht hätten, und besitzen, als ob sie nicht besäßen«.

Auch in der Sinneswelt machen sie noch besondere Unterschiede. Obwohl alle Sinne am Körper haften, sind doch manche darunter gröber, wie Gefühl, Gehör, Gesicht, Geruch und Geschmack. Andere sind weniger körperhaft, wie

pore semoti, veluti memoria, intellectus, voluntas. Igitur ubi se intenderit animus, ibi valet. Pii, quoniam omnis animi vis ad ea contendit [502] quae sunt a crassioribus sensibus alienissima, in his velut obbrutescunt atque obstupescunt. Contra vulgus in his plurimum valet, in illis quam minimum. Inde est quod audimus nonnullis divinis viris accidisse, ut oleum vini loco biberint.

Rursum in affectibus animi quidam plus habent cum pingui corpore commercii, veluti libido, cibi somnique appetentia, iracundia, superbia, invidia; cum his irreconciliabile bellum piis, contra vulgus sine his vitam esse non putat. Deinde sunt quidam affectus medii quasique naturales, ut amor patriae, charitas in liberos, in parentes, in amicos. His vulgus nonnihil tribuit. At illi hos quoque student ex animo revellere, nisi quatenus ad summam illam animi partem assurgunt, ut iam parentem ament non tanquam parentem (quid enim ille genuit, nisi corpus? quanquam hoc ipsum deo parenti debetur) sed tanquam virum bonum et in quo luceat imago summae illius mentis, quam unam summum bonum vocant et extra quam nihil nec amandum nec expetendum esse praedicant.

Hac eadem regula reliqua item omnia vitae officia metiuntur, ut ubique id quod visibile est, si non est omnino contemnendum, tamen longe minoris faciant quam ea quae videri nequeunt. Aiunt autem et in sacramentis atque ipsis pietatis officiis corpus et spiritum inveniri. Velut in ieiunio non magni ducunt, si quis tantum a carnibus coena-

Gedächtnis und Wille. Wohin sich die Seele wendet, dort ist ihr Einfluss bestimmend. Da nun die Frommen alle Kraft der Seele [502] von den gröberen Sinnen abziehen, werden diese gleichsam stumpf und unempfindlich. Die große Masse ist gerade hier besonders geweckt, in den geistigeren Sinnen aber denkbar unentwickelt. So kommt es, dass man von manchen Heiligen hört, die Öl statt Wein getrunken hätten.[289]

Auch unter den seelischen Regungen gibt es grob körperliche, wie Brunst, Esslust, Schlafsucht, Jähzorn, Stolz und Neid. Unversöhnlich stehen die Frommen mit ihnen auf Kriegsfuß, während der Menge das Leben ohne sie nicht lebenswert ist. Es gibt auch gleichsam natürliche Regungen, die die Mitte halten, wie Vaterlandsliebe, Kinderliebe, Elternliebe und Freundesliebe. Auch diesen misst die Menge einen gewissen Wert bei, die Frommen bemühen sich aber, auch sie aus ihrer Seele zu entfernen, soweit sie sich nicht ins rein Geistige erheben und der Vater nicht mehr als Vater – was hat er denn anderes gezeugt als den Körper, obwohl selbst der noch von Gott geschaffen ist? –, sondern als guter Mensch erscheint, in dem das Bild jenes höchsten Geistes sichtbar wird, den sie das einzige und höchste Gut nennen und neben dem nach ihrer Behauptung nichts Liebe und Eifer verdient.

Nach diesem Maß messen sie alle anderen Aufgaben des Lebens, und wenn etwas Sichtbares noch so verdienstlich ist, geben sie dem Unsichtbaren doch ohne Bedenken den Vorzug. Sie sagen aber, dass man auch bei den Sakramenten und selbst im Frömmigkeitsleben das Körperliche vom Geistigen unterscheiden könne. Beim Fasten bedeutet es noch gar nichts nach ihrer Meinung, wenn einer sich nur

que abstineat, id quod vulgus absolutum esse ieiunium existimat, nisi simul et affectibus aliquid adimat, ut minus permittat irae quam soleat, minus superbiae, utque ceu minus iam onustus mole corporea spiritus ad coelestium bonorum gustum fruitionemque enitatur. Similiter et in Synaxi, tametsi non est aspernandum, inquiunt, quod ceremoniis geritur, tamen id per se aut parum est conducibile aut etiam perniciosum, nisi id quod est spiritale accesserit, nempe hoc quod signis illis visibilibus repraesentatur. Repraesentatur autem mors Christi, quam domitis, extinctis, quasique sepultis corporis affectibus exprimere mortales oportet, ut in novitatem vitae resurgant utque unum cum illo, unum item inter sese fieri queant. Haec igitur agit, haec meditatur ille pius. Contra vulgus sacrificium nihil aliud esse credit quam adesse altaribus, idque proxime, audire vocum strepitum, aliasque id genus ceremoniolas spectare.

Nec in his tantum, quae duntaxat exempli gratia proposuimus, sed simpliciter in omni vita refugit pius ab his quae corpori cognata sunt, ad aeterna, ad invisibilia, ad spiritalia rapitur. Proinde cum summa sit inter hos et illos omnibus de rebus dissensio, fit ut utrique alteris insanire videantur. Quanquam id vocabuli rectius in pios competit quam in vulgus, mea quidem sententia. Quod quidem magis perspicuum fiet, si (quemadmodum pollicita sum) paucis demonstraro summum illud praemium nihil aliud esse quam insaniam quandam.

vom Fleisch und der Abendmahlzeit enthält – was der gemeine Haufen ja bereits für ein vollkommenes Fasten ansieht –, wenn er nicht gleichzeitig die Begierden einschränkt, weniger rasch aufbraust als gewöhnlich und seinen Stolz mäßigt, damit der Geist freier atmet unter seiner körperlichen Last und sich zum freudigen Genuss der himmlischen Güter erhebt. Ähnlich ist bei der Eucharistie der äußere Vorgang, obwohl er keineswegs gleichgültig sei, wie sie sagen, an sich ungenügend oder gar verderblich, wenn das Geistige nicht hinzukommt, also das in jenen sichtbaren Zeichen Dargestellte. Dargestellt wird aber der Tod Christi, den die Menschen durch Bändigung, Tilgung und gleichsam durch das Begräbnis ihrer körperlichen Leidenschaften verwirklichen müssen, damit sie zu neuem Leben auferstehen und mit ihm und unter sich eins werden. Auf solches sinnt und richtet sich der Fromme ein. Das Volk glaubt aber, dass das Opfer nichts anderes sei als der Kirchenbesuch, und zwar ein möglichst häufiger Kirchenbesuch, das Anhören beliebigen Wortgeklingels und das Zuschauen bei dergleichen Zeremonien.

Doch nicht bloß in diesen Dingen, die wir nur als Beispiel angeführt haben, sondern überall im Leben hält sich der Fromme vom Körperhaften fern. Das Ewige, Unsichtbare und Geistige hält seinen Sinn gefangen. Dieser unüberbrückbare Gegensatz der Anschauungen führt dazu, dass beide Parteien einander als verrückt betrachten. Gleichwohl passt das Wort meiner Ansicht nach besser auf die Frommen als auf die große Masse. Das wird noch deutlicher erkennbar, wenn ich meinem Versprechen gemäß in Kürze beweise, dass jenes höchste Entzücken nichts anderes ist als eine Art Verrücktheit.

Primum igitur existimate Platonem tale quiddam iam tum somniasse, cum amantium furorem omnium felicissimum esse scriberet. Etenim qui vehementer amat, iam non in se vivit, sed in eo quod amat quoque longius a seipso digreditur et in illud demigrat, hoc magis ac magis gaudet. Atque cum animus a corpore peregrinari meditatur neque probe suis utitur organis, istud haud dubie furorem recte dixeris. Alioqui quid sibi vult, quod vulgo etiam dicunt: Non est apud se, et ad te redi, et sibi redditus est? Porro quo amor est absolutior, hoc furor est maior ac felicior. Ergo quaenam futura est illa coelitum vita, ad quam piae mentes tanto studio suspirant? Nempe spiritus absorbebit corpus, utpote victor ac fortior. Idque hoc faciet facilius, partim quod iam velut in suo regno est, [503] partim quod iam olim in vita corpus ad huiusmodi transformationem repurgarit atque extenuarit. Deinde spiritus a mente illa summa mire absorbebitur, quippe infinitis partibus potentiore. Ita ut iam totus homo extra se futurus sit, nec alia ratione felix futurus nisi quod extra sese positus, patietur quiddam ineffabile a summo illo bono omnia in se rapiente.

Iam haec felicitas, quanquam tum demum perfecta contingit cum animi receptis pristinis corporibus immortalitate donabuntur, tamen quoniam piorum vita nihil aliud est quam illius vitae meditatio ac velut umbra quaedam, fit ut praemii quoque illius aliquando gustum [504] aut odorem aliquem sentiant. Id tametsi minutissima quaedam stillula est ad fontem illum aeternae felicitatis, tamen longe superat universas corporis voluptates, etiam si omnes omnium

Ihr werdet mir zugeben, dass Platon etwas Ähnliches gedacht hat, als er schrieb, die Liebesraserei sei das Allerseligste.[290] Wer heftig liebt, lebt schon nicht mehr in sich, sondern im Gegenstand seiner Liebe. Je weiter er von sich selbst abkommt und in jenen eingeht, umso größer wird ständig seine Freude. Wenn die Seele von dem Körper scheiden will und ihre Werkzeuge nicht recht gebraucht, wird man ohne Zweifel von Raserei sprechen können. Was soll es denn sonst heißen, was man allgemein sagt: »Er ist nicht bei sich« und »Komm zu dir!« und »Er hat sich gefasst«? Je vollkommener die Liebe ist, umso heftiger und seliger ist die Raserei. Wie wird also das himmlische Leben beschaffen sein, nach dem die frommen Seelen mit solcher Inbrunst aufseufzen? Als überlegener Sieger wird der Geist den Körper aufzehren, und er wird es umso leichter tun, teils weil er schon in seinem Reich herrscht, [503] teils weil er den Körper im Leben schon längst auf diese Verwandlung hin geläutert hat, dann aber wird auch der Geist von jenem höchsten Geist auf wunderbare Weise aufgezehrt, da dieser ja unendlich mächtiger ist. Wenn so der ganze Mensch außer sich ist, erfährt er etwas Unaussprechliches von dem höchsten Gut, das alles an sich zieht.

Immerhin wird diese Seligkeit erst dann vollkommen zuteil, wenn die Seelen ihren früheren Körper wieder empfangen haben und Unsterblichkeit genießen. Da aber das Leben der Frommen nur die immerwährende Betrachtung und gleichsam der Schatten jenes Lebens ist, verspüren sie gelegentlich schon einen Geschmack [504] oder Hauch des Lohnes. Obwohl das nur ein winziges Tröpfchen ist im Vergleich zur Quelle der ewigen Seligkeit, übertrifft es doch bei Weitem alle Lust des Körpers, auch wenn man alle Köstlich-

mortalium deliciae in unum conferantur. Usqueadeo praestant spiritalia corporalibus, invisibilia visibilibus. Hoc nimirum est quod pollicetur propheta: *Oculus non vidit nec auris audivit nec in cor hominis ascenderunt quae praeparavit deus diligentibus se.* Atque haec est Moriae pars, quae non aufertur commutatione vitae, sed perficitur. Hoc igitur quibus sentire licuit (contingit autem perpaucis), ii patiuntur quiddam dementiae simillimum, loquuntur quaedam non satis cohaerentia nec humano more, sed dant sine mente sonum, deinde subinde totam oris speciem vertunt. Nunc alacres, nunc deiecti, nunc lachrymant, nunc rident, nunc suspirant, in summa, vere toti extra se sunt. Mox ubi ad sese redierint, negant se scire ubi fuerint, utrum in corpore an extra corpus, vigilantes an dormientes: quid audierint, quid viderint, quid dixerint, quid fecerint, non meminerunt nisi tanquam per nebulam ac somnium, tantum hoc sciunt, se felicissimos fuisse dum ita desiperent. Itaque plorant sese resipuisse nihilque omnium malint, quam hoc insaniae genus perpetuo insanire. Atque haec est futurae felicitatis tenuis quaedam degustatiuncula.

Verum ego iamdudum oblita mei ὑπὲρ τὰ ἐσκαμμένα πηδῶ. Quanquam si quid petulantius aut loquacius a me dictum videbitur, cogitate et Stulticiam et mulierem dixisse. Sed interim tamen memineritis illius Graecanici proverbii, πολλάκι τοι καὶ μωρὸς ἀνὴρ κατακαίριον εἶπεν, nisi forte putatis hoc ad mulieres nihil attinere.

keiten der Welt zusammennimmt. So hoch steht das Geistige über dem Körperlichen, das Unsichtbare über dem Sichtbaren. Das ist es, was der Prophet verheißt: »Kein Auge hat es gesehen, und kein Ohr hat es gehört, in keines Menschen Herz ist es gedrungen, was Gott denen bereitet hat, die ihn lieben.«[291] Das ist auch der Teil der Torheit, der ihr nicht genommen wird im Wandel der Dinge, sondern zur Vollendung reift. Die das fühlen durften – es wird aber ganz wenigen zuteil –, erleiden etwas, was der Entrückung sehr nahe kommt, sprechen unzusammenhängende Worte und machen sich nicht nach Menschenart, sondern ohne Sinn bemerkbar, wobei sie unvermittelt den Gesichtsausdruck völlig wechseln. Bald sind sie erregt, bald niedergeschlagen, bald weinen, bald lachen und bald seufzen sie. Kurz gesagt, sie sind ganz außer sich. Wenn sie wieder zu sich kommen, wollen sie nicht wissen, wo sie gewesen sind, ob im Körper, ob außerhalb des Körpers oder im Schlaf. Sie erinnern sich nur nebelhaft und wie nach einem Traum, was sie gehört, gesehen, gesagt und getan haben, und wissen nur so viel, dass sie in tiefster Seligkeit waren, als sie so entrückt wurden. Deshalb bedauern sie auch, dass sie wieder zur Besinnung gekommen sind, und möchten am liebsten auf immer in solcher Verrücktheit von Sinnen sein. Trotzdem ist es nur eine dürftige Kostprobe der künftigen Seligkeit.

Doch ich bin in meiner Vergesslichkeit schon längst über das Ziel hinausgeschweift. Sollte ich in meinen Worten zu bissig oder geschwätzig gewesen sein, bedenkt immer, dass ich als Torheit und Frau zu euch gesprochen habe. Denkt aber auch an das wohl griechische Sprichwort, dass oft auch ein törichter Mensch ein treffendes Wort sagt,[292] sofern ihr nicht etwa meint, das Wort beziehe sich nicht auf Frauen.

Video vos epilogum expectare, sed nimium desipitis, siquidem arbitramini me quid dixerim etiamnum meminisse, cum tantam verborum farraginem effuderim. Vetus illud μισῶ μνάμονα συμπόταν, novum hoc μισῶ μνάμονα ἀκροατήν. Quare valete, plaudite, vivite, bibite, Moriae celeberrimi mystae.

τέλος

Ich sehe, ihr wartet auf ein Nachwort. Ihr seid aber nicht recht gescheit, wenn ihr annehmt, ich könnte mich nach solch kunterbuntem Allerlei noch meiner Worte erinnern. Ein altes Sprichwort heißt: »Ich hasse einen nachhaltenden Zechgenossen.« Ein modernes Sprichwort sagt: »Ich hasse einen nachhaltenden Zuhörer.« Lebt also wohl, klatscht Beifall, lebt und trinkt, ihr hochgepriesenen Mysten der Torheit!

Ende.

Anhang

Zu dieser Ausgabe

Erasmus' *Moriae encomium* erlebte im Laufe der Jahrhunderte eine große Zahl von Auflagen und Nachdrucken. Die Erstausgabe wurde 1511 bei Gilles de Gourmont in Paris gedruckt, allerdings wohl ohne Erasmus' Wissen, und sie war durch und durch mangelhaft. In den Monaten danach erschienen innerhalb kurzer Zeit weitere – 1511 bei Matthias Schürer in Straßburg (er fügte den Titel *laus Stultitiae* hinzu), 1512 noch einmal bei Schürer, im selben Jahr auch bei Dirk Martens in Antwerpen und Jodocus Badius in Paris. Die Reihe an Neuausgaben riss auch in den folgenden Jahren nicht ab. Dabei überarbeitete und erweiterte Erasmus die Schrift kontinuierlich und teilweise beträchtlich. Als Ausgabe letzter Hand gilt jene, die 1532 in Basel bei Hieronymus Froben und Nikolaus Bischoff (Nicolaus Episcopius) gedruckt wurde. Der Text dieser Ausgabe fand dann auch Eingang in die 1540 in derselben Offizin erschienenen *Opera omnia* des Erasmus (Bd. 4, S. 352–389). 1703 besorgte Jean Leclerc (Iohannes Clericus) in Leiden eine neue Gesamtausgabe des erasmianischen Werkes, die dann für mehr als zweihundert Jahre die maßgebliche bleiben sollte. Als Grundlage für seine Edition des *Moriae encomium* (Bd. 4, Sp. 401–504) zog Leclerc allerdings nicht den Text der Ausgabe von 1532 heran, sondern den einer früheren Überarbeitungsphase. Bei der seit 1969 in Arbeit befindlichen neuen kritischen Amsterdamer Erasmus-Gesamtausgabe stützte man sich für den Text des *Moriae encomium* grundsätzlich wieder auf den des Baseler Drucks von 1532.

Der hier abgedruckte *lateinische Text* folgt der Ausgabe *Opera omnia Desiderii Erasmi Roterodami. Recognita et adnotatione critica instructa notisque illustrata. Ordinis quarti tomus tertius: Moriae encomium id est Stultitiae laus*, hrsg. von Clarence H. Miller, Amsterdam/Oxford 1979. Sowohl Interpunktion als auch Orthographie entsprechen dieser Edition, mit Ausnahme der Unterscheidung zwischen *u* und *v* nach ihrem Lautwert.

Eine einheitliche Kapitel- und Absatzeinteilung hat sich für das *Moriae encomium* bisher nicht durchgesetzt. Der vorliegende Abdruck folgt in der Absatzeinteilung der Amsterdamer Gesamtausgabe. Die Spaltenzählung der Leidener *Opera omnia* wurde, wegen der

großen Bedeutung, die diesen als dem langjährigen *textus receptus* zukommt, in eckigen Klammern mitgeführt. Die Spalten werden dort bisweilen durch die ganze Breite der Seite einnehmende Illustrationen durchbrochen, so dass sich eine Teilung der Seite in eine obere und in eine untere Hälfte ergibt. Wo dies der Fall ist, ist es in der Übersetzung kenntlich gemacht (Beispiel: An den Text »[407 oben]« schließt der Text »[408 oben]« an; dann folgt »[407 unten]« und schließlich »[408 unten]«).

Korrigiert wurden zwei offensichtliche Druckfehler:

S. 144, Zeile 6: *His* statt *Hiis*.
S. 180, Zeile 4: *novum* statt *nouuum*.

Kursiv gesetzt sind Stellen (teils ganze Sätze, teils einzelne Wörter), an denen Erasmus einen anderen Autor zitiert oder Stellen aus anderen Werken paraphrasiert.

Dem lateinischen Text ist die *deutsche Übertragung* von Anton J. Geil aus dem Jahr 1949 beigegeben. Für die vorliegende Ausgabe wurde diese leicht überarbeitet und fallweise behutsam ergänzt, die Absatzeinteilung wurde an die des lateinischen Ausgangstexts angepasst und die bereits genannte Spaltenzählung wurde eingefügt.

Dem Text des *Moriae encomium* wurde in dem 1515 von Johann Froben in Basel besorgten Druck ein umfangreicher Kommentar aus der Feder von Gerardus Listrius beigefügt. Dieser Kommentar, der auch in zahlreichen späteren Ausgaben mitabgedruckt wurde, bildete die Grundlage für die *Anmerkungen*, die Gail seiner Übersetzung angefügt hat. Für den vorliegenden Abdruck wurden diese überarbeitet und stark erweitert.

Anmerkungen

1 Griechisch μωρία (*mōría*, »Torheit, Einfalt, Dummheit«). Zum Adressaten des Briefes, Thomas Morus, s. das Nachwort.

2 Von Abdera; um 460 – um 370 v. Chr.; Hauptzeuge der antiken materialistischen Atomtheorie; vielseitiger und gewandter Schriftsteller; Erasmus spielt hier auf seine gesellschaftskritische Haltung an.

3 *Aristophanes:* zwischen 450 und 444 – 380 v. Chr.; Komödiendichter aus Athen; bedeutendster Vertreter der alten attischen Komödie. Von den 40 ihm zugeschriebenen Werken, haben sich elf vollständig erhalten. – *Lukian:* von Samosata; um 120 – vor 180 oder um 200 n. Chr.; griechischer Rhetor und Satiriker in der Zweiten Sophistik; Lukian gilt als einer der bedeutendsten satirischer Schriftsteller der Antike. Seine literarische Produktion war enorm – 80 Werke sind unter seinem Namen überliefert, rund 70 gelten als echt. Erasmus war ein großer Lukian-Verehrer und übersetzte zusammen mit Thomas Morus eine Reihe von dessen Schriften ins Lateinische.

4 *Homer:* Autor der *Ilias* und der *Odyssee*; er gilt gemeinhin als erster abendländischer Dichter, Identität und Wirkungszeit sind aber nicht gesichert und in der Forschung stark umstritten (sog. »Homerische Frage«). Der hier genannte »Froschmäusekrieg« (*Batrachomyomachia*) wurde lange Zeit Homer zugeschrieben, stammt jedoch wahrscheinlich aus späthellenistischer Zeit. Dieses Epyllion (kleines Epos) schildert in Parodie auf die beiden homerischen Großepen einen Krieg zwischen Fröschen und Mäusen. – *Vergil:* 70–19 v. Chr.; römischer Dichter der augusteischen Zeit; Autor des römischen Nationalepos *Aeneis*. Vergil hat in seiner Jugend ein Gedicht *Culex* (»Die Mücke«) geschrieben. Dass aber das überlieferte und hier gemeinte Kurzepos tatsächlich aus seiner Feder stammt, wie bis in jüngste Zeit häufig angenommen worden ist, wird heute mehrheitlich abgelehnt. Mit großer Sicherheit nicht vergilisch ist das »Käutergedicht« (*Moretum*), in dem in hochpoetischem Stil der profane Alltag eines italischen Bauern geschildert wird. – *Ovid:* 43 v. Chr. –17 n. Chr.; römischer Dichter der augustei-

schen Zeit. Das hier Ovid zugeschriebene Gedicht *Nux* (»Nuss«), in dem der Autor einen Nussbaum einen Monolog halten lässt, wird heute weitgehend als unecht angesehen.

5 *Polykrates:* Rhetor in Athen um 400 v. Chr. Sein Enkomion *Busiris* auf den gleichnamigen ägyptischen König ist nicht erhalten. – *Busiris:* sagenhafter ägyptischer König; er opfert im Mythos Fremde, die in sein Land kommen, den Göttern, wird aber schließlich von Herkules erschlagen. – *Isokrates:* 436–338 v. Chr.; Rhetoriklehrer und Logograph aus Athen. Iskoraktes' *Busiris*, in dem sich der Autor gegen die Vorstellung von einem an Sparta orientierten Staat als mustergültigem Gemeinwesen wendet, stellt eine direkte Antwort auf die gleichnamige Lobrede des Polykrates dar. – *Glaukon:* einer der Brüder Platons; spätes 5. / erste Hälfte des 4. Jh.s v. Chr. Glaukon tritt in der *Politeia* als Gesprächspartner des Sokrates auf und hält ein *Lob auf die Ungerechtigkeit* (Platon, *Politeia* 2,357a–362c). – *Favorinus:* um 80 – um 160 n. Chr.; Rhetor und Philosoph, Vertreter der Zweiten Sophistik. Von Favorinus' umfangreicher literarischen Produktion sind nur drei Reden überliefert, wobei selbst hier die Zuschreibung bei zweien unsicher ist. Von den beiden genannten Lobreden, auf den körperlich missgebildeten und zänkischen griechischen Trojakämpfer Thersites und das viertägige Fieber wissen wir aus Gellius, *Noctes Atticae* 17,12,2. Favorinus verweist in seinem Lob auf das Fieber u. a. auf Platon, der den Nutzen des viertägigen Fiebers gelobt habe; wer es überstanden habe, sei hinterher umso kräftiger und gesünder. – *Synesius:* von Kyrene; um 370 – nach 412 n. Chr.; spätantiker Philosoph und Dichter; durch Hypathia, die gelehrte Tochter des Mathematikers Theon von Alexandria, wurde er in Alexandria mit der neuplatonischen Philosophie bekannt; um 409 wurde er zum Bischof von Ptolemais in der Pentapolis (Kyrenaika) gewählt. – *Lukian:* s. Anm. 3.

6 *Seneca:* der Jüngere; um 1 – 65 n. Chr.; stoischer Philosoph und Erzieher Neros (Kaiser 54–68); er rächte sich mit der Satire *Apokolokynthosis* (»Verkürbissung«) an Kaiser Claudius (reg. 41–54), der ihn für acht Jahre nach Korsika verbannt hatte. Es war zugleich eine bissige Antwort auf die Tatsache, dass man Claudius nach seinem Tod zum Gott erklärt hatte; denn die Verwandlung in einen

Kürbis sollte der Symbolbedeutung des Kürbisses entsprechend als Verdummung verstanden werden. – *Plutarch:* um 45 – um 125 n. Chr.; griechischer Schriftsteller, Verfasser zahlreicher philosophischer und historisch-biographischer Schriften. Als Philosoph stand er in der Tradition des Platonismus, als Geschichtsschreiber widmete er sich insbesondere der Biographik. – *Gryllus:* ein Gefährte des Odysseus. Durch die Zauberkünste der Kirke wird er im Mythos in ein Schweinchen verwandelt. In der Unterhaltung mit Odysseus behauptet er, dass die Tiere glücklicher seien als die Menschen (Plutarch, *Moralia* 985D–992E). – *Lukian:* s. Anm. 3; gemeint ist hier die Erzählung *Asinus*. – *Apuleius:* von Madaura; geb. um 125 n. Chr.; Redner und Schriftsteller, Vertreter der Zweiten Sophistik. In seinem *Asinus aureus* (»Der goldene Esel«) erzählt in der Ich-Form ein gewisser Lucius, der von einer Hexe einen Esel verwandelt worden ist, von seinen Abenteuern, die er zu bestehen hatte, bis er schließlich von der Göttin Isis wieder seine Menschengestalt erhielt. – *Testament des Schweines Grunnius Corocotta:* Hieronymus erwähnt das *Testamentum porcelli* im Vorwort zu seinem Kommentar zum Buch des Propheten Jesaia (*Corpus Christianorum Series Latina* 73A, 465).

7 Vgl. Horaz, *Satire* 2,3,248.

8 In seinen zahlreichen Friedensschriften (so z. B. *Dulce bellum inexpertis*) hat Erasmus die unchristliche Kriegsbegeisterung der Christenheit kritisiert, in seiner *Institutio principis Christiani* hielt er Kaiser Karl V. (reg. 1519–56) entgegen allen üblichen Fürstenspiegeln das Bild eines Friedensfürsten vor, und in seinem *Ciceronianus* stellte er die Unwahrhaftigkeit des rhetorischen Schwulstes und der bloßen Nachahmung dar.

9 347–420 n. Chr.; Kirchenvater; Verfasser der lateinischen *Vulgata*, der langen Zeit maßgeblichen Bibelübersetzung der katholischen Kirche. Mit seiner *Chronik* prägte er wesentlich die christliche Geschichtsschreibung; seine zahlreichen theologischen Schriften – besonders die Kommentare – übten nachhaltigen Einfluss auf die abendländische Theologie aus. Erasmus beschäftigte sich Zeit seines Lebens intensiv mit den Schriften der Kirchenväter, insbesondere mit denen des Hieronymus.

10 Geb. um 67 n. Chr.; römischer Satirendichter. Erhalten sind 16 Satiren, auf fünf Bücher verteilt. Inhaltlich kreisen sie vornehmlich um das Thema Sittenverfall sowie die Heuchelei und Verdorbenheit der stadtrömischen Oberschicht.

11 Erasmus spielt hier auf die früh erfolgreiche Anwaltstätigkeit seines Freundes an.

12 Zu den Umständen der Abfassung der Schrift s. das Nachwort.

13 Wer den Gott *Trophonius* in seiner Höhle bei Lebadea in Böotien um Orakel befragte, verließ den Ort gewöhnlich »trübsinnig und bekümmert«.

14 In dem musikalischen Wettstreit zwischen Apollo und Pan entscheidet der phrygische König Midas zugunsten des Pan; zur Strafe lässt ihm Apollo Eselsohren wachsen (Ovid, *Metamorphosen* 11,146–169).

15 Als *Sophisten* wurden die ab dem 5. Jh. v. Chr. auftretenden, umherziehenden Wanderlehrer bezeichnet, die mit der Vermittlung ihrer Kenntnisse, v. a. als Rhetoriklehrer, sowie als Logographen und Redner vor Gericht ihren Lebensunterhalt bestritten. Ihren zweifelhaften Ruf verdanken sie vornehmlich der negativen Beurteilung durch Platon und Aristoteles: Die Sophisten, die nur dem Schein nach weise wären, beschäftigten sich bloß mit der eitlen Streit- und Redekunst und nicht – wie richtige Philosophen – mit der Erforschung der Wahrheit.

16 Von Athen, um 600 v. Chr.; er gilt neben dem legendenhaften spartanischen Rechtssetzer Lykurg als einer der bedeutendsten griechischen Gesetzgeber der archaischen Zeit und als erster wichtiger Dichter Athens. In der antiken Tradition wird er zu den »Sieben Weisen« gezählt und galt seines reformatorischen Gesetzgebungswerkes wegen als Begründer der Demokratie in Athen.

17 *Busiris:* s. Anm. 5. – *Phalaris:* Tyrann von Akragas; reg. um 570 – 555 v. Chr.; er war wegen seiner Grausamkeit berüchtigt, denn er ließ die Opfer seiner »Justiz« in einem ehernen Stier verbrennen. Unter seinem Namen sind (unechte) Briefe erhalten. Lobreden der hier erwähnten Art, allerdings durchaus ironische, hat Lukian (s. Anm. 3) von Samosata verfasst (z. B. auf Phalaris). – Zu den übrigen erwähnten Lobreden s. Anm. 5.

18 S. Anm. 1.

19 S. Anm. 14.

20 Von Milet; um 624 – um 546 v.Chr.; der erste der »Sieben Weisen«, einer der sogenannten Ionischen Naturphilosophen; er bezeichnete das Wasser als den Urstoff aller Dinge.

21 Die früher allgemein verbreitete Meinung, dass Blutegel zwei Zungen besäßen, rührt von Plinius dem Älteren her (*Naturalis historia* 11,34).

22 Hesiod und Homer nennen nämlich stets Zeus/Jupiter den »Vater der Götter und Menschen«.

23 Die Göttin schützt z. B. den Odysseus vor dem Zorn des Poseidon/Neptun.

24 Gemeint ist Hephaistos/Vulkan, der hinkende Gott des Feuers und der Schmiedekunst. Mit der Ehe ist somit diejenige Jupiters mit Hera/Juno gemeint.

25 In der Komödie *Plutos* (»Der Reichtum«) behandelt Aristophanes (s. Anm. 3) die oftmals ungerechte Verteilung von Reichtum und Besitz – während zahlreiche Verbrecher im Überfluss leben, fristen die Anständigen ihr Dasein in bitterer Armut. Im *Plutos* vermag Pluto, der Gott des Reichtums, diese ungerechte Verteilung nicht zu sehen, weil er blind ist.

26 *auf dem haltlosen Delos:* Im Mythos ist das kleine Delos zunächst eine schwimmende Insel; erst als Apollo und Artemis/Diana dort geboren werden, bekommt sie einen festen Platz. – *aus dem wogenden Meer:* Bei Hesiod (*Theogonie* 176–200) wird Aphrodite/Venus aus den von Gaia mit einer Sichel abgetrennten und ins Meer geworfenen Geschlechtsteilen des Uranos geboren. – *Kalypso:* Die schöne Meernymphe rettet den schiffbrüchigen Odysseus und hält ihn sieben Jahre auf ihrer Insel Ogygia fest, bis ihr von Zeus befohlen wird, ihn freizugeben und die Heimreise antreten zu lassen.

27 Der schöne Geliebte der Aphrodite war ursprünglich ein orientalischer Vegetationsgott.

28 *Methe:* die personifizierte Trunkenheit. – *Apaedia:* die personifizierte Beschränktheit.

29 Plinius, *Naturalis historia* 2,5,18.

30 Der Schild des Zeus/Jupiter, ein goldenes Ziegenfell.

31 Jupiter nimmt im Mythos immer wieder eine andere Gestalt an, um sich schönen Göttinnen oder sterblichen Frauen zu nähern.

32 Pythagoras (von Samos; um 570 – nach 510 v. Chr.; Philosoph und Mathematiker) suchte alles auf die Vier als Ursprung aller Dinge zurückzuführen.

33 Lukrez (römischer Dichter und Philosoph in der Tradition des Epikureismus und Atomismus; zwischen 99 und 98 – 55 oder 53 v. Chr.) besingt Venus in seinem Epos *De rerum natura* (1,17–23) als die Alleserschaffende und -regierende.

34 Sophokles, *Aias* 554. – *Sophokles:* 497/496 – 406/405 v. Chr.; attischer Tragödiendichter der griechischen Klassik. Von seinem umfassenden Werk haben sich sieben Stücke erhalten. Die Tragödie *Aias* hat den Streit um die Waffen Achills nach dessen Tod vor Troja sowie die daraus resultierende Raserei des Aias, die schließlich in dessen Selbstmord ihr Ende fand, zum Thema.

35 Apuleius, *Apologie* 85.

36 A, m, o; vgl. Plautus, *Mercator* 304.

37 Beim Anblick der schönen Helena (Homer, *Ilias* 3,149–512).

38 Homer, *Odyssee* 17,218.

39 Daphne wird in einen Baum verwandelt (Ovid, *Metamorphosen* 1,542–548), Philomela in die Nachtigall, Prokne in eine Schwalbe (ebd. 6,667–670), Tithonus in eine Grille (Servius, *Commentarius in Vergilii Aeneida* 4,585), Cadmus und Harmonia in eine Schlange (Ovid, *Metamorphosen* 4,571–603).

40 Anspielung zugleich auf Erasmus' holländische Herkunft.

41 *Medea* kocht den Aison auf und macht ihn so wieder jung (Ovid, *Metamorphosen* 7,262–293). – Als *Kirke* den Gefährten des Odysseus wieder ihre menschliche Gestalt zurückgibt, erscheinen sie jünger und schöner, als sie es zuvor waren (Homer, *Odyssee* 10,229–399). – *Venus* verleiht Phaon Jugend und Schönheit (Servius, *Commentarius in Vergilii Aeneida* 3,279 und Lukian, *Totengespräche* 9,2). – *Aurora* (Eos) erbittet sich für ihren Geliebten Tithonus von Zeus/Jupiter ewiges Leben, vergisst jedoch, zugleich auch um ewige Jugend für ihn zu bitten (*Hymni Homeri* 5,218–238).

42 *Phaon:* der legendenhafte Fährmann zwischen der Insel Lesbos und Kleinasien setzt Aphrodite/Venus in Gestalt einer alten Frau ohne Entgelt auf das Festland über. Zum Dank dafür schenkt die Göttin ihm ein verjüngendes und verschönerndes Salböl (Lukian, *Totengespräche* 19,2). – *Sappho:* die Lyrikerin (um 630 – um 570 v. Chr.) soll sich laut einem Eintrag in der *Suda* in Phaon verliebt und seinetwegen vom Leukadischen Felsen ins Meer gestürzt haben (vgl. zu dieser Liebe auch Ovids 15. *Heroidenbrief*).

43 *Morychos:* griechischer Tragiker (Ende 5. Jh. v. Chr.), der wegen seiner betulichen Lebensführung vielfachem Spott ausgesetzt war. Eine seiner Marotten war es, sich nie *im* Haus, sondern stets vor der Tür aufzuhalten, genau wie Bacchus, dessen Standbilder man immer außerhalb des Tempels errichtete. Im Namen »Morychos« liegt noch eine weitere Anspielung auf Bacchus: μορύξαι (*morýxai*) bedeutet »bestreichen«, und so lässt »Morychos« wegen des Gleichklangs mit diesem Verb auch an jene ausgelassenen Streiche der Bauern denken.

44 Das lateinische Wort *inguen* bedeutet »Schenkel«, kann aber auch (mit Beziehung auf das vorher Gesagte) »Scham« heißen. In der Sage trägt Jupiter seinen Sohn Bacchus in seinem eigenen Schenkel aus, nachdem seine Geliebte Semele in seinen Armen vom Blitz erschlagen wurde (Ovid, *Metamorphosen* 3,310–312).

45 Plutos, der Gott des Reichtums, ist der Vater der Torheit.

46 Die Göttin der Blüte. Die zu ihren Ehren genannten *ludi* (Festspiele), die Floralien, wurden 241 v. Chr. in Rom eingeführt. Sie galten als besonders ausgelassene Feier.

47 Diana verliebte sich in den herausragend schönen Jungen und entführte ihn auf den Berg Latmos in Karien (vgl. Ovid, *Heroides* 18,49–74).

48 Der Gott des Spottes und Tadels wird in Lukians Erzählung von Minerva, Neptun und Vulkan zum Schiedsrichter in einem Wettstreit bestellt. Er hat an allen Erzeugnissen dieser Götter etwas auszusetzen, am Menschen, dem Werk des Vulkan, vor allem, dass der Gott an dessen Brust kein Fenster eingebaut habe, durch das man in das Herz hineinsehen könne (Lukian, *Hermotimos* 29).

49 Göttin der Verblendung und des Unheils. Sie soll nach Homer (*Ilias* 19,126–131) von Zeus, ihrem Vater, aus eigener Verblendung vom Olymp auf die Erde geworfen worden sein.

50 Homer, *Odyssee* 4,805 und 5,122 sowie *Ilias* 6,138.

51 Gott der Fruchtbarkeit; sein hölzernes (Feigenbaumholz), ithyphallisches Kultbild stand vor dem Eingang des Hauses. Es handelte sich dabei durchweg um ein primitives, grobgeschnitztes Bild.

52 Homer, *Ilias* 1,584–600.

53 *Silen:* Sohn des Hermes oder des Pan, Erzieher und Begleiter des Bacchus. – *Kordax:* Ein ausgelassener, höchstwahrscheinlich sehr obszöner Tanz, der als besonders anrüchig galt, da er fast nur von Betrunkenen getanzt wurde. Vgl. Aristophanes, *Die Wolken* 540. – *Kyklopentanz:* Vgl. Aristophanes, *Der Reichtum* 290.

54 Oskisches Volksschauspiel possenhafter Art; der Name stammt von der oskischen Stadt Atella in Kampanien. Atellanen stellten das Volksleben in derb-obszöner Komik dar, ursprünglich in oskischer, später auch in lateinischer Sprache.

55 *Harpokrates:* Eine hellenisierte Horus-Kindgottheit. Harpokrates galt als Gott des Schweigens und wurde daher häufig mit einem Finger am Mund dargestellt. – *Momus:* s. Anm. 48.

56 Die Leidenschaften sind also 24-fach stärker.

57 Vgl. Platon, *Timaios* 69b–71a.

58 Platon, *Timaios* 76e.

59 Vgl. Horaz, *Satire* 1,3,26–27. – Epidauros, in der Argolis auf der Peloponnes gelegen, war eine der wichtigsten antiken Kultstätten für den Gott der Heilkunst Asklepios und dessen Vater Apollon. In der bildenden Kunst wird Asklepios häufig mit einer sich um seinen Stab windenden Schlange (Äskulapstab) dargestellt.

60 Εὐήθεια kann zweierlei bedeuten: einerseits »Gutmütigkeit«, andererseits auch »Einfalt, Torheit, Naivität«.

61 Vgl. Theokrit, *Eidyllia* 6,18–19.

62 Nach Homer war *Nireus* der Schönste (*Ilias* 2,673), *Thersites* der Hässlichste (ebd. 2,216) unter den Griechen vor Troja. – *Phaon:* Der legendenhafte Fährmann zwischen der Insel Lesbos und dem kleinasiatischen Festland war für seine außergewöhnliche ju-

gendliche Schönheit, die er Venus zu verdanken hatte, berühmt (s. Anm. 42). – *Nestor:* Der König von Pylos, sticht unter den griechischen Helden vor Troja wegen seiner außerordentlichen Redegabe und seines hohen Alters hervor (nach Homer, *Ilias* 1,250–252 herrschte er bereits über die dritte Generation).

63 Vgl. Theokrit, *Eidyllia* 14,49. Die Megarer waren wegen ihres schildbürgerhaften Eigensinns berüchtigt.

64 *Demosthenes:* 384/383 – 322 v. Chr.; attischer Redner und Politiker; als einer der einflussreichsten Rhetoren seiner Zeit in Athen betrieb er mit Nachdruck eine gegen die Makedonen unter König Philipp II. gerichtete Außenpolitik. Erasmus spielt hier auf Demosthenes' Feigheit an, da dieser sich, nachdem sein Stern gesunken war, immer wieder durch Flucht und schließlich durch Selbstmord seiner Verantwortung zu entziehen suchte (vgl. Plutarch, *Vitae* 855A). – *Archilochos:* um 680 – um 645 v. Chr.; griechischer Lyriker. In einem seiner Gedichte scheut sich Archilochos nicht, zu sagen, dass er in der Schlacht seinen Schild fortgeworfen habe, da dieser ja ersetzbar sei (vgl. Plutarch, *Moralia* 239 B).

65 *Sokrates:* 469–399 v. Chr.; athenischer Philosoph. Sokrates hat nichts Schriftliches hinterlassen. Seine philosophische Methode, durch strukturierten Dialog (Maieutik) zu Erkenntnissen zu gelangen, hat auf die abendländische Philosophie nachhaltigen Einfluss ausgeübt. In der Komödie *Die Wolken* macht Aristophanes ihn zum Träger aller schrulligen Eigenheit der in weltvergessenes Nachsinnen versunkenen Philosophen.

66 Vgl. Aristophanes, *Die Wolken* 144–152, 156–164, 252.

67 *Platon:* 428/427 – 348/347 v. Chr.; athenischer Philosoph, Schüler des Sokrates. Platons frühe Dialoge und seine *Apologie des Sokrates* sind die wichtigsten Quellen zu Sokrates und dessen Philosophie. In der *Apologie* sind in literarischer Gestaltung die drei Reden versammelt, die Sokrates, als er 399 v. Chr. vor dem athenischen Volksgerichtshof der Abesie (Gottlosigkeit) angeklagt worden war, zu seiner Verteidigung hielt.

68 *Theophrast:* um 371/370 – 287/286 v. Chr.; peripatetischer Philosoph und Naturforscher, Schüler und Nachfolger des Aristoteles.

Theophrast war in der Redekunst so ungeübt, dass er bei Reden vor Publikum den Mund nicht zu öffnen vermochte (vgl. Gellius, *Noctes Atticae* 8,9). – Die Römer glaubten, der Anblick eines Wolfes bringe Unheil, und wen er zuerst angeblickt habe, der verliere die Stimme.

69 *Isokrates:* 436–338 v. Chr.; athenischer Logograph und Rhetoriklehrer. Isokrates selbst bezeugt mehrmals in seinen Werken seine Scheu, vor Publikum zu sprechen (vgl. Cicero, *De oratore* 2,3,10). – *Cicero:* 106–43 v. Chr.; römischer Staatsmann, Philosoph und Redner. Eine gewisse Gehemmtheit und Beklemmung bei der öffentlichen Rede bekennt Cicero selbst (Cicero, *Pro Sex. Roscio Amerino* 4,9; *Pro Milone* 1,1).

70 *Quintilian:* um 35 – um 96 n. Chr.; lateinischer Redelehrer und Rhetorikprofessor. In seiner *Institutio oratoria* (12,5,4) erkennt er eine gewisse Anspannung bei einem Redner als ein Zeichen an, dass sich dieser der Größe seiner Aufgabe bewusst sei.

71 Platon, *Politeia* 473c–d.

72 Marcus Porcius Cato Censorius, auch Cato der Ältere genannt, 234–149 v. Chr., war als Zensor für seine (übermäßige) Sittenstrenge und seine luxusfeindlichen Maßnahmen berüchtigt. Daneben war er auch für seine Neigung bekannt, Meinungsverschiedenheiten aller Art bevorzugt vor Gericht austragen zu lassen (Plutarch, *Vitae* 344D–E). – Marcus Porcius Cato Uticensis, auch Cato der Jüngere genannt, 95–46 v. Chr., profilierte sich im Bürgerkrieg gegen Caesar als der führende Verteidiger der Republik, also der Freiheit des römischen Volkes. Wegen seiner unerbittlichen Haltung und Kompromisslosigkeit rief er mit Fortschreiten des Krieges aber nicht nur beim einfachen Volk Verbitterung hervor, sondern sogar bei seinen Verbündeten und Freunden, wie etwa bei Cicero.

73 *Brutus, Cassius:* Marcus Iunius Brutus (85–42 v. Chr.) und Gaius Cassius Longinus (vor 85 – 42 v. Chr.) waren die Führer der Verschwörung einer Gruppe von Senatoren gegen Caesar, die dessen Bestrebung, alle Macht im Staat in seiner Hand zu vereinigen, missbilligten. Sie ermordeten Caesar an den Iden des März (15. März) 44 v. Chr. Im darauffolgenden Bürgerkrieg wurden sie

von Caesars Erben Octavian, dem nachmaligen Kaiser Augustus, in der Schlacht bei Philippi in Makedonien vernichtend geschlagen (42 v. Chr.). – *die Gracchen:* Gemeint sind Tiberius Sempronius Gracchus (162–133 v. Chr.) und Gaius Sempronius Gracchus (153–121 v. Chr.). Sie versuchten als Volkstribunen und Anführer der Popularen, umfassende Land- und Sozialreformen durchzusetzen, die aber auf heftigen Widerstand vonseiten der Optimaten stießen. Die durch diese Spannungen hervorgerufenen Unruhen markieren den Beginn der römischen Bürgerkriege (133–30 v. Chr.). – *Cicero/Demosthenes:* Cicero, so wird hier von der Torheit insinuiert, habe durch seine *Philippischen Reden* Antonius (s. Anm. 260) zur Zerstörung der Römischen Republik gereizt, so wie Demosthenes durch seine Reden gegen König Philipp II. von Makedonien diesen zur Zerstörung der athenischen Demokratie. Cicero und Demosthenes wurden nicht nur gerne als Rednerpaar einander gegenübergestellt, sondern auch als Staatsmänner verglichen.

74 *Marc Aurel:* römischer Kaiser 161–180 n. Chr. Der Philosoph auf dem Kaiserthron – er wird zu den Vertretern der jüngeren Stoa gezählt – brachte, anders als die Torheit hier andeutet, dem Römischen Reich eine Phase des Wohltands und einer gewissen inneren wie äußeren Stabilität, wofür er beim Volk durchaus große Beliebtheit erntete (vgl. *Historia Augusta, Marcus Aurelius* 8,3; 12,1; 18, 1–3)

75 Römischer Kaiser 180–192 n. Chr. Bei Herrschaftsantritt gelang es ihm noch, die stabilisierende und auf Ausgleich bedachte Politik seines Vaters Marc Aurel fortzuführen, schon bald aber wandelte sich seine Regierung in eine von Willkür und Justizmorden bestimmte Herrschaft. Besonderes Missfallen erregten der von ihm selbst forcierte Personenkult und sein Drang zur Selbstdarstellung. Schließlich formierte sich in Commodus' engstem Umfeld eine Verschwörung zu seiner Ermordung.

76 Vgl. Seneca, *Epistulae morales* 104,27. Über Sokrates' Frau Xanthippe kursierten in der Antike allerlei Anekdoten. Sie galt als launenhaft, zänkisch und streitsüchtig (vgl. Aulus Gellius, *Noctes Atticae* 1,17,1–3).

77 Cato der Jüngere war für seine stete Sittenstrenge bekannt (s. Anm. 72). In die Literatur ging sein finsteres Gesicht beim Verlassen der Floralien (s. Anm. 46) ein (vgl. Valerius Maximus, *Facta et dicta memorabilia* 2,10,8; Erasmus, *Adagia* Nr. 947).

78 *Timon:* von Athen; 5. Jh. v. Chr. Er war für seine Misanthropie und seine mit beißendem Spott vorgetragene Kritik am Sittenverfall seiner Zeit bekannt. Aus Enttäuschung über seine Mitmenschen soll er sich in die Einsamkeit zurückgezogen und als Eremit gelebt haben. Lukian machte ihn zur Hauptfigur in seiner Satire *Timon.*

79 Bei *Amphions* Gesang sollen sich die Steine von selbst zu den Mauern Thebens zusammengefügt haben (Pausanias 9,17,7). – *Orpheus* habe mit seinem Spiel wilde Tiere, Bäume (Ovid, *Metamorphosen* 10,86–91) und Felsen (Quintilian, *Institutio oratoria* 1,10,9) bezaubert.

80 Livius, *Ab urbe condita* 2,32,8–12.

81 *Themistokles:* um 524 – um 459 v. Chr.; athenischer Staatsmann und Feldherr zur Zeit der Perserkriege. Um seine Mitbürger von einer Revolte gegen ihre habgierigen Magistrate abzubringen, soll er folgende Fabel gebraucht haben: Zu einem von Fliegen arg gequälten Fuchs kam einst ein Igel und erbot sich, die Plagegeister zu verjagen; allein der Fuchs lehnte dankend ab, denn »jene sind jetzt satt«, sagte er; »vertreibst du sie, so werden andere kommen, um sich an meinem Blut zu sättigen, und ich habe überhaupt keine Ruhe«. Vgl. Plutarch, *Moralia* 790D und Aristoteles, *Rhetorik* 1393b, die die Fabel aber Äsop zuweisen.

82 *(Quintus) Sertorius:* 123–72 v. Chr.; römischer Politiker und Feldherr. Im Bürgerkrieg zwischen Marius und Sulla Anhänger des Marius, ging er nach der Machtübernahme der Sullaner nach Spanien, wo er zuvor schon als Militärtribun gedient hatte und wo es ihm nun gelang, eine von Rom unabhängige Herrschaft zu errichten. Im Krieg gegen die Iberer ließ er verbreiten, er besäße als Geschenk der Diana eine weiße Hirschkuh, die seine Taten bestimme und ihm die Zukunft verkünde. Diese List erleichterte ihm bei den Soldaten wesentlich die Durchführung seiner Pläne. Vgl. Gellius, *Noctes Atticae* 15,22,1–9. – *Lykurg:* sa-

genhafter Gesetzgeber Spartas in archaischer Zeit; den Wert einer zweckmäßigen Erziehung suchte er durch zwei Hunde zu veranschaulichen, der eine dressiert, der andere undressiert. Er stellte ihnen einen Napf mit Futter hin und ließ dann einen Hasen los. Der dressierte Hund lief sofort dem Hasen nach, der andere begann ruhig zu fressen. Vgl. Plutarch, *Moralia* 3A–B. – Sertorius führte, um seinen Kriegern zu beweisen, dass Verstand über Körperstärke gehe, zwei Pferde vor, ein sanftes und ein wildes, und hieß einen starken Mann dem wilden Tier den Schwanz ausreißen, was diesem trotz Aufwand der größten Kraft aber nicht gelang. Darauf befahl er einem Schwächlichen, dasselbe bei dem sanften Pferd vorzunehmen; der zweite kam langsam, aber sicher ans Ziel, indem er ein Haar nach dem andern auszog. Vgl. Valerius Maximus, *Facta et dicta memorabilia* 7,3,6; Plutarch, *Vitae* 576A–B.

83 *Minos:* mythischer König von Kreta; um seinen Gesetzen mehr Achtung zu verschaffen, behauptete er, alle neun Jahre bei Jupiter zu Gast zu sein. Vgl. Homer, *Odyssee* 19,178 und Platon, *Minos* 320d. – *Numa:* legendenhafter zweiter römischer König (angeblich 750–672 v. Chr.); seine gesetzlichen und gottesdienstlichen Vorschriften wollte er von der Nymphe Egeria in nächtlichen Zusammenkünften erhalten haben. Vgl. Livius, *Ab urbe condita* 1,19,5.

84 Also von Philosophen. – *Platon:* s. Anm. 67. – *Aristoteles:* aus Stageira; 384–322 v. Chr.; griechischer Philosoph, Schüler Platons. Er gründete in Athen am Lykeion eine eigene Schule, deren Mitglieder wegen der dazugehörigen Wandelhalle (»Peripatos«) auch Peripatetiker genannt werden. Von Aristoteles haben sich nur Lehrschriften erhalten, die nicht zur Veröffentlichung bestimmt gewesen waren und als Vorlesungsmanuskripte gedient hatten. Nach ihrer Wiederentdeckung im 1. Jh. v. Chr. setzte eine rege Aristoteles-Kommentar-Tradition ein, die auch in der Spätantike nicht erlosch und die die philosophische und theologische Betätigung des Mittelalters wesentlich geprägt hat. – *Sokrates:* s. Anm. 65.

85 Gemeint ist die Sage von Publius Decius Mus (gest. 340 v. Chr.).

Dieser soll als Konsul in der Schlacht am Vesuv den Römern dadurch den Sieg über die Latiner gesichert haben, dass er sich und seine Feinde den Göttern der Unterwelt weihte (*devotio*) und den Opfertod im Kampf fand (Livius, *Ab urbe condita* 8,6; 9–11). Mit einer ähnlichen Selbstaufopferung soll auch sein Sohn 295 v. Chr. die Schlacht bei Sentinum gegen die Kelten entschieden haben (Livius, *Ab urbe condita* 10,26–30).

86 Gemeint ist die sagenhafte Selbstaufopferung von Marcus *Curtius.* Im Jahr 362 v. Chr. soll sich auf dem Forum ein tiefer und breiter Spalt aufgetan haben. Ein Orakel verkündete, der Spalt werde sich erst dann wieder schließen, wenn Roms höchstes Gut geopfert würde. Daraufhin stürzte sich Marcus Curtius, ein Soldat aus vornehmer Familie, in voller Rüstung zusammen mit seinem Pferd in den Spalt, woraufhin sich dieser wieder schloss. An seiner Stelle soll der Sage nach dann der Lacus Curtius entstanden sein (vgl. Livius, *Ab urbe condita* 7,6,1–6; Valerius Maximus, *Facta et dicta memorabilia* 5,6,2).

87 S. Anm. 2.

88 Homer, *Ilias* 17,32.

89 Silene waren Spottgeburten aus Ton, die im Innern Götterbilder enthielten. Mit ihnen vergleicht Alkibiades (athenischer Staatsmann und Redner, 5. Jh. v. Chr.) in Platon, *Symposion* 215 Sokrates, der unter kümmerlichem Äußeren eine großartige Seele besaß. Vgl. dazu *Sileni Alcibiadis* in Erasmus, *Adagia* Nr. 2201.

90 *Dama:* ein typischer Sklavenname; er taucht in den Satiren des Horaz und des Persius mehrfach auf (vgl. Horaz, *Satire* 2,5,18 und Persius, *Satire* 5,76–77; s. auch Horaz, *Satire* 1,6,38 und 2,7,54).

91 S. Anm. 6.

92 *Platons »Staat«:* In seiner *Politeia* entwarf Platon den idealen Staat und die ideale Gesellschaft. – *Gärten des Tantalus:* Luftgebilde, die sich jedem Zugriff entziehen.

93 Steht in Vergil, *Aeneis* 6,471 für einen unerschütterlichen Felsen.

94 Sprichwörtlich berühmt wegen der Schärfe seiner Augen, mit denen er durch die Erde habe hindurchsehen können (Horaz, *Epistulae* 1,1,28–29).

95 Nach Gellius, *Noctes Atticae* 15,10 (der Plutarch, *Moralia* 249B zitiert) nahmen sich in Milet plötzlich und ohne erkennbare Ursache zahlreiche Mädchen das Leben. Die schreckliche Reihe an Suiziden nahm erst ein Ende, als man beschloss, die Leichname der Selbstmörderinnen nackt durch die Straßen der Stadt zu schleifen.

96 Den hier genannten ist gemein, dass sie ihrem Leben durch Selbstmord ein Ende gesetzt haben sollen. – *Diogenes:* von Sinope, 412/403 – 324/321 v. Chr.; griechischer Philosoph, Gründer der kynischen Schule. Diogenes soll sich aus freien Stücken für ein mittelloses Leben entschieden haben und diese Armut auch zur Schau gestellt haben. Er besaß kein festes Zuhause, sondern soll in einem Fass gehaust haben (vgl. Diogenes Laërtios, *Leben und Lehre der Philosophen* 6,77–78). – *Xenokrates:* von Chalkedon, 396/395 – 314/313 v. Chr.; griechischer Philosoph und Schüler Platons, mit dem er in enger Verbindung stand. Von 339/338 an stand er 25 Jahre lang der Akademie als Leiter vor. Als solcher beeinflusste er die Entwicklung des Platonismus nachhaltig (vgl. Diogenes Laërtios, *Leben und Lehre der Philosophen* 4,14–15, wo Xenokrates' Tod allerdings als Unfall beschrieben wird). – *den Catonen:* gemeint ist wohl nur Cato der Jüngere (vgl. Plutarch, *Cato Minor* 69–70 [*Vitae* 794]), der nach der Niederlage der Senatspartei gegen Caesar in der Schlacht bei Thapsus (46 v. Chr.) in Utica Selbstmord beging; zu ihm s. Anm. 72. – *Cassius und Brutus:* sie nahmen sich nach dem Sieg der Caesarianer über die Republikaner in der Schlacht bei Philippi (42 v. Chr.) das Leben (vgl. Plutarch, *Brutus* 43, 52 [*Vitae* 1004, 1009]; zu ihnen s. Anm. 73).

97 Durch Weisheit ausgezeichneter Zentaur, Lehrer des Achill; von Herkules mit einem Giftpfeil verwundet, bat er die Götter, seinem Leben ein Ende zu machen. Vgl. Lukian, *Totengespräche* 26 und Ovid, *Metamorphosen* 2,659–645.

98 Nach der Sage bildete Prometheus den menschlichen Körper aus Ton (Lukian, *Prometheus* 2,11–13).

99 S. Anm. 62.

100 Aristophanes, *Der Reichtum* 266–267.

101 S. Anm. 42.

102 Ein alter Gott der Ägypter, dem der Vogel Ibis heilig war; er habe, so Platon (*Phaidros* 274c–d und 274e–275a) die Arithmetik, das Rechnen, die Geometrie und Astronomie, das Brett- und Würfelspiel und die Buchstaben erfunden.

103 Bei Platon heißt es weiter, Theuth habe seine Künste dem ägyptischen König Thamus mit der Bitte gezeigt, ihnen unter dem Volk weitere Verbreitung zu verschaffen: Der König erkundigte sich ganz genau nach allem. Und als sie zu den Buchstaben gekommen waren, sagte Theuth: »Diese Wissenschaft, mein König, wird die Ägypter weiser machen und ihr Gedächtnis stärken, denn nun ist ein Mittel für das Gedächtnis und die Weisheit gefunden.« Thamus aber antwortete: »Erfindungsreicher Theuth, Sache des einen ist es, solche Künste zu erdenken, die eines anderen, zu beurteilen, wie viel Schaden und Vorteil sie bei der Benutzung bringen werden. Du hast jetzt als Vater der Buchstaben in deinem löblichen Eifer gerade das Gegenteil von dem gesagt, was diese zu leisten imstande sind. Denn deine Erfindung wird die Menschen infolge der Vernachlässigung ihres Gedächtnisses das Gelernte vergessen lassen, weil sie nunmehr im Vertrauen auf die Schrift sich äußerlich durch fremde Zeichen und nicht mehr innerlich durch sich selbst an alles erinnern werden. Du hast also kein Mittel für das Gedächtnis, sondern für die Erinnerung gefunden, das den Schülern nur einen falschen Glauben an ihre Weisheit, nimmermehr aber die wahre Weisheit einzuflößen vermag. Denn sie, die ohne deine Lehre tüchtig und klug geworden wären, werden sich jetzt, obwohl sie in der Mehrzahl unerfahren und linkisch sind, für vielerfahren halten und sich weise dünken, anstatt es wirklich zu sein.« Vgl. Platon, *Phaidros* 274c–d und 274e–275a.

104 Platon, *Kratylos* 398b.

105 Gemeint sind die in Rom und Griechenland sehr geschätzten babylonischen Astrologen, die Astrologie und Magie, Stern- und Zukunftsdeuterei zu einem geheimnisvollen und zugleich faszinierenden Ganzen verbanden (vgl. Gellius, *Noctes Atticae* 14,1,1–10).

106 Gemeint ist die Satire *Somnium sive Gallus* (»Der Hahn oder Der Traum des Mikyllos«; s. Anm. 136) des Lukian von Samosata.

107 S. Anm. 6.

108 Platon, *Symposion* 217e. Zu *Alkibiades* s. Anm. 89.

109 Euripides, *Bakchen* 369.

110 Vgl. Euripides, *Rhesos* 394–395 und *Andromache* 451–452.

111 Anspielung auf eine Anekdote des Avian (*Fabulae* 29) von einem Satyr, den ein Bauer bei sich zu Gast hatte. Es war kalt, und der Bauer blies sich in die Hände. »Warum tust du das?«, fragte der Satyr. »Um mich zu erwärmen«, erwiderte der Landmann. Darauf setzten sich beide zu Tisch; man trug ein sehr heißes Gericht auf, und der Bauer blies nun fortwährend auf seinen Löffel. »Warum bläst du denn jetzt noch?«, rief der Satyr. »Um den Brei kälter zu machen«, antwortete der Bauer. Da ging der Satyr ärgerlich fort, denn er wollte nichts mit Leuten zu schaffen haben, die sich derselben Handlung zu entgegengesetzten Zwecken bedienen können.

112 Eros und Anteros als Gehilfen der Venus Urania und der Venus Vulgivaga. Vgl. Platon, *Symposion* 180d–e.

113 Horaz, *Carmina* 3,4,5–6.

114 Platon, *Phaidros* 244a–245a.

115 Vergil, *Aeneis* 6,135.

116 Cicero, *Epistulae ad Atticum* 3,13.

117 Horaz, *Epistulae* 2,2,128–140.

118 Gattin des Odysseus. Sie galt in der Antike als Muster einer treuen Ehefrau.

119 Erasmus hat dies in seine *Adagia* (Nr. 1755) aufgenommen und dort kurz interpretiert. Es stammt aber nicht, wie er meinte, von Tibull, sondern aus einer *Elegie* des Properz (2,10,6).

120 An der Südspitze der Peloponnes.

121 Horaz, *Satire* 2,7,14–18.

122 Um das Heidnische in den Auswüchsen des Kults zu kennzeichnen, vergleicht Erasmus den Christophorus mit dem Kyklopen Polyphem, dem er ja auch in der Darstellung nachgebildet wurde.

123 Phaidra, die Gattin des Theseus, verliebt sich im Mythos in ihren Stiefsohn *Hippolytos*, findet jedoch keine Gegenliebe und verleumdet ihn deshalb bei ihrem Gemahl; dieser lässt durch Poseidon die Pferde des Hippolytos scheu werden und somit zu Tode schleifen. Auch hier weist Erasmus auf die (bei vielen Heiligenlegenden wirksame) Vermischung mit heidnisch-mythischen Überlieferungen hin.

124 Dem heiligen Bernhard begegnete einst ein Teufel und rühmte sich, sieben Psalmenverse zu wissen, durch deren tägliches Hersagen man seines Seelenheiles gewiss werden könne. Der Mann Gottes war neugierig, jene Verse kennenzulernen, doch der Bewohner der Hölle verweigerte jede nähere Auskunft. Der fromme Bernhard erwiderte, dann werde er in Zukunft täglich den ganzen Psalter, also auch jene sieben Verse, beten. Da hielt es der Teufel denn doch für besser, sein Geheimnis preiszugeben, denn er mochte nicht der Urheber so großer Frömmigkeit sein.

125 Nach Vergil, *Aeneis* 6,625–627.

126 *Nireus:* der Schönste der Griechen vor Troja; s. Anm. 62. – *Euklid:* von Alexandria; 3. Jh. v. Chr; griechischer Mathematiker. In seinem bekanntesten Werk, den *Elementen*, sammelte er in 13 Büchern das gesamte mathematische Wissen seiner Zeit und brachte es in eine systematische Ordnung. Es wurde in der Frühen Neuzeit immer wieder neu aufgelegt und gedruckt.

127 Vgl. Erasmus, *Adagia* Nr. 335.

128 Gemeint ist Tigellius *Hermogenes* aus Sardinien (Mitte 1. Jh. v. Chr.), ein Musiker, Sänger und Dichter, der für seinen Reichtum und zugleich für seine Verschwendungssucht bekannt war (vgl. Horaz, *Satire* 1,9,25 und 1,3,129).

129 Seneca, *Epistulae morales* 27,4–6.

130 Horaz, *Epistulae* 1,18,6.

131 So schrieb Erasmus selbst einen *Panegyricus ad Philippum Burgundionum principem* (»Panegyricus auf Philipp [den Schönen] von Burgund«).

132 Antikes Sprichwort für zwei Tölpel, die einander Weihrauch streuen; s. dazu Erasmus, *Adagia* Nr. 696.

133 Hiermit sind die Schüler der »Mittleren Akademie« gemeint, die von Arkesilaos (315–240 v. Chr.) gegründet wurde. Dieser sprach den Menschen die Fähigkeit ab, unbestreitbare Sätze aufzustellen; alle menschliche Erkenntnis habe nur einen gewissen Grad von Wahrscheinlichkeit.

134 *Apelles* (um 380/370 – Ende 4. Jh. v. Chr.) und *Zeuxis* (Wirkungszeit zwischen ca. 435/425 und 390 v. Chr.) gelten als die bedeutendsten antiken Maler.

135 Platon, *Politeia* 7,514a–b.

136 Gemeint ist Lukians Satire *Somnium sive Gallus*, eine Persiflage auf die Seelenwanderungslehre der Pythagoreer. Der Hahn des armen Schusters Mycillus weckt diesen unversehens aus einem wunderbaren Traum, in dem er viel Geld geerbt hatte. Dem ob des plötzlichen Erwachens aus seinem lieblichen Traum erbosten Hausherrn erzählt der Hahn dann zur Unterhaltung die Geschichte seiner verschiedenen Wiedergeburten, die er schon hinter sich habe.

137 Auch Vedjovis; altrömische Unterweltsgottheit (nach Gellius, *Noctes Atticae* 5,12).

138 Iphigenie wird im Mythos selbst von ihrem Vater Agamemnon der Göttin Artemis/Diana geopfert, doch die Göttin entrückt sie nach Tauris, wo sie schließlich als ihre Priesterin dient; dort bringt man ebenfalls Menschenopfer dar.

139 Gemeint ist offenbar das Heiligtum des Zeus in Olympia mit dem Goldelfenbeinstandbild von Phidias.

140 S. Anm. 2.

141 Im Pythagoreismus, einer auf Pythagoras von Samos (s. Anm. 32) zurückgehenden Philosophie, spielte das Konzept der Freundschaft, die unbedingte Loyalität forderte, eine besondere Rolle. Bei den Pythagoreern galt deshalb der Grundsatz, dass der Besitz der Freunde allen gemeinsam sei (*amicorum communia sunt omnia*, vgl. Erasmus, *Adagia* Nr. 1).

142 Nach Compostella in Spanien.

143 *Menippos:* von Gadara, kynischer Philosoph, 3. Jh. v. Chr. Lukian lässt ihn in der Satire *Icaromenippus* eine Luftfahrt machen.

144 Aeneas muss der Unterweltsgöttin Proserpina einen goldenen

Zweig bringen, um zum Schattenreich zu gelangen (Vergil, *Aeneis* 6,132–148).

145 Erasmus bezieht sich auf das Epigramm des Palladas in *Anthologia Palatina* 9,173, das in Anlehnung an die ersten fünf Verse der *Ilias* die Grammatiker apostrophiert.

146 Gemeint ist die Fabel vom Esel im Löwenfell: In Cumae wirft sich ein Esel ein Löwenfell über und fühlt sich in dieser Verkleidung so sicher, dass er sich ganz als Tyrann gebärdet. Zu dieser Fabel s. Erasmus, *Adagia* Nr. 612 und Nr. 266.

147 *Phalaris:* s. Anm. 17. – *Dionysius:* s. Anm. 262.

148 *(Rhemmius) Palaemon:* um 5 – 65; Grammatiker unter Tiberius (Kaiser 14–37) und Claudius (Kaiser 41–45). – *Donat:* Aelius Donatus; um 310 – um 380; Grammatiker und Rhetoriklehrer, Lehrer des Hieronymus. Seine *Ars grammatica* war bis in Erasmus' Zeit *das* Standardlehrbuch zur lateinischen Grammatik.

149 Über die Eltern von Aeneas' Vater Anchises gab es zahlreiche Vermutungen und Hypothesen.

150 Anspielung auf den Dichter Quintus Ennius (239–169 v. Chr.), der in seinen *Annales* einen Traum fingiert, in dem ihm der Geist Homers zuteilgeworden sei. – Zum römischen ›Nationaldichter‹ Vergil s. Anm. 4.

151 *Aldus (Manutius):* 1449–1515; berühmtester Venetianer Drucker, in dessen Offizin Erasmus 1507/08 an der Herausgabe antiker Autoren und einer erweiterten Ausgabe seiner *Adagia* arbeitete.

152 Die persischen Könige galten in der Antike als sagenhaft reich (vgl. Horaz, *Carmina* 3,9,4 und 1,38,1).

153 Z. B. Cicero, *De oratore* 2,54,217–222; 2,58–71, 235–291; Quintilian, *Institutio oratoria* 6,3.

154 Quintilian (*Institutio oratoria* 3,1,21; zu ihm s. Anm. 70) nennt als Autor der *Rhetorica ad Herennium* einen Quintus Cornificius, was jedoch allgemein abgelehnt wird. Die Zuschreibung des Werkes an Cicero, die schon in der Antike aufkam und dazu geführt hat, dass es im Mittelalter und in der Renaissance weite Verbreitung gefunden hat, ist nach Stand der Forschung mit Sicherheit falsch.

155 Zeitgenossen des Satirikers Lucilius (nach 180 – 103 v. Chr.), der mit Bezug auf die Leser, die er sich wünschte, folgenden Vers schrieb: *Persium non curo legere, Laelium Decimum volo*, denn Persius war nach Ciceros Zeugnis (*De oratore* 2,6,25) *omnium fere nostrorum hominum doctissimus*, Laelius dagegen ein *vir bonus et non illiteratus*. Also nur die mäßige Bildung eines simplen Alltagsmenschen verlangte Lucilius für die Lektüre seiner Werke, die gute Torheit aber scheint selbst schon auf dieser Stufe gefährliche Kritik zu fürchten.

156 *Telemachus:* (einziger) Sohn von Odysseus und Penelope. – *Stelenus:* Gemeint ist vermutlich der griechische Trojakämpfer Sthenelos (Homer, *Ilias* 2,564; 5,241; 23,511 u. a. m.). Bei Vergil (*Aeneis* 2,261) wird er als Insasse des hölzernen Pferdes erwähnt. – *Laërtes:* Vater des Odysseus. – *Polykrates:* Gemeint ist wohl der im Widmungsschreiben an Thomas Morus genannte Rhetor (s. Anm. 5). – *Thrasymachos:* von Chalkedon; sophistischer Rhetoriker (Ende 5. Jh.), der sich nach Cicero (*De oratore* 3,128) mit Naturphilosophie beschäftigt habe. Platon lässt ihn in seiner *Politeia* in einem Gespräch mit Sokrates auftreten (Platon, *Politeia* 336a–340a).

157 Genannt werden hier als Maßstab ein großer Dichter, ein großer Redner und ein großer Philosoph. – *Kallimachos:* 305–240 v. Chr.; griechischer Dichter und Gelehrter; er gilt als ein Hauptvertreter der gelehrten Dichtung des Hellenismus. – *Cicero:* s. Anm. 70. – *Platon:* s. Anm. 68.

158 Die *Scipionen* waren ein berühmter Zweig des römischen patrizischen Geschlechts der Cornelier. Die wohl bekanntesten Scipionen sind Publius Cornelius Scipio Africanus maior (235–183 v. Chr.), der Sieger über Hannibal in der Schlacht bei Zama (202 v. Chr.) im Zweiten Punischen Krieg, und Publius Cornelius Scipio Aemilianus Africanus minor Numantianus (185–129 v. Chr.), der Sieger über das iberische Numantia und Zerstörer Karthagos im Dritten Punischen Krieg.

159 *Sophisten:* s. Anm. 15. – Unter dem *Erz von Dodona* (im alten Epirus) hat man ein mantisches Instrument aus zwei Gestellen zu verstehen, von denen das eine ein ehernes Becken, das ande-

re einen Knaben mit einer Geißel trug, ein Weihgeschenk der Korkyräer. Da es in Dodona sehr windig war, schlug die Peitsche häufig an das Becken, das infolgedessen fast ununterbrochen tönte. Die sprichwörtliche Anwendung des dodonäischen Erzes auf Schwätzer rührt von dem Komiker Menander (342/341–291/290 v. Chr.) her.

160 Seine Stimme soll im Mythos so kräftig und laut sein, dass sie die von fünfzig Männern übertönt (Homer, *Ilias* 5,785–786).

161 Nach Homer (*Odyssee* 10,493–494) hat allein der blinde Seher Teiresias in der Unterwelt seinen Verstand behalten, während alle anderen Toten nur ein Schattendasein führen.

162 Im Hintergrund dieses ganzen Abschnitts stehen die scheinbare Wortklauberei der scholastischen Philosophen und die sich in vermeintlichen Kleinigkeiten verlierenden Streitereien zwischen den verschiedenen Schulen (s. dazu Anm. 166). – *Ideen* sind nach platonischem Verständnis eigenständig existierende Urbilder. Mit *Universalien* sind allgemeine Begriffe gemeint, die je nach Ansicht entweder als real existierend oder als bloße Abstraktionen gedacht wurden (sog. Universalienstreit). Nach aristotelischer Lehre lassen sich Materie (ὕλη) und Form (μορφή) unterscheiden, die in den Dingen der sichtbaren Welt miteinanderverbunden erscheinen. Die *forma sperata* war eine Form, die (noch) ohne Materie existierte, der Urstoff, die *materia prima*, hingegen war noch ohne Form. Die Begriffe *quidditas* (das Wesen oder die Natur eines Dinges) und *ecceitas* (die Besonderheit des Einzeldinges) spielten insbesondere im Denken des Johannes Duns Scotus eine wichtige Rolle. – Zu *Lynkeus* s. Anm. 94.

163 Vgl. Homer, *Odyssee* 8,273–281.

164 Tenes, König von *Tenedos*, soll so streng regiert haben, dass er bei Anklagen stets den Henker hinter den Kläger stellte, um diesen, falls er gegen Unschuldige Klage führte, sofort bestrafen zu lassen (s. Cicero, *Epistulae ad Quintum fratrem* 2,11,2).

165 S. Anm. 94.

166 Die *Realisten* betrachteten die allgemeinen Begriffe (Universalien) als wahrhaft bestehende Dinge (Realien), während die *Nominalisten* in den Universalien nur Produkte der Abstraktion,

keine Realien sahen. – *Thomisten* waren Anhänger des Thomas von Aquin (1225–1274), der wegen seiner Gelehrsamkeit den Beinamen *Doctor universalis* oder *angelicus* führte. Am bekanntesten ist seine Schrift *Summa theologiae*. – *Albertisten* waren Schüler Alberts des Großen (um 1193 – 1280), *Doctor universalis*, Graf von Bollstädt. Sein *Compendium theologicae veritatis* und die Abhandlung *De secretis mulierum et virorum* wurden im 15. und 16. Jh. viel gelesen. – *Occamisten* waren Jünger des berühmten Scholastikers Wilhelm von Occam (um 1288 – 1347), *Doctor invincibilis et singularis*, auch *Princeps Nominalium* genannt, da er den Nominalisten zum Sieg über die Realisten verhalf. Bemerkenswert sind von seinen Werken das *Centiloquium theologicum* und die *Quaestiones super IV libros sententiarum*. – *Scotisten* waren Anhänger des Duns Scotus (um 1266 – 1308). Sein spitzfindiger Scharfsinn trug ihm den Namen *Doctor subtilis* ein.

167 Hebräer 11,1.

168 Johannes 4,24.

169 Vgl. die Verurteilungen in den Briefen an Timotheus und Titus.

170 Chrysipp von Soloi: 280–207 v. Chr.; stoischer Philosoph, der besonders wegen seiner dialektischen Schärfe berühmt war.

171 Johannes *Chrysostomus* (um 345–407 n. Chr., Patriarch von Konstantinopel) und *Basilius* der Große (329–379 n. Chr., Bischof von Caesarea) waren bedeutende griechische Kirchenväter. Erasmus beschäftigte sich Zeit seines Lebens intensiv mit den Schriften der Kirchenväter, insbesondere mit denen des *Hieronymus* (s. Anm. 9). Die Werke aller drei wurden von ihm herausgegeben.

172 Die Gattin des Odysseus legt im Mythos fest, dass sie dem Werben eines Freiers (Odysseus war ja auf der Heimreise von Troja verschollen) erst nachgeben werde, wenn sie das Totentuch für ihren Schwiegervater fertig gewoben habe. Nachts trennt sie stets das wieder auf, was sie tagsüber gewoben hat, und so wird das Totentuch nie fertig.

173 Der Titan *Atlas* stützt im Mythos das Himmelsgewölbe.

174 *Solon*: s. Anm. 16.

175 *Hieronymus:* s. Anm. 9. – *Augustinus:* von Hippo; 354–430 n. Chr.; Kirchenvater und Kirchenlehrer. Mit seinem reichen theologischen und philosophischen Werk übte Augustinus schon zu Lebzeiten nachhaltigen Einfluss auf die abendländische Theologie aus; sein Einfluss erstreckt sich ungebrochen über die Spätantike, das Mittelalter und die Renaissance bis in die Neuzeit. Mit *De civitate Dei* (»Vom Gottesstaat«) prägte er wesentlich die mittelalterliche Geschichtsphilosophie, seine *Confessiones* (»Bekenntnisse«) gehören zu den einflussreichsten autobiographischen Texten der Weltliteratur. – *Thomas:* s. Anm. 166.

176 Hier hat Erasmus die Theologen der Oxforder Schule im Auge.

177 Das Empyreum war der Feuerhimmel der antiken Naturphilosophen, die oberste Weltgegend also. In Dantes *Divina Commedia* ist das Empyreum der Aufenthaltsort der Seligen, der ewig unveränderliche Sitz der Gottheit.

178 Jupiter trägt Minerva in seinem Kopf aus. Statt von Wehen wird er von Kopfschmerzen geplagt – bis Vulkan ihm auf den Kopf haut, womit er die Geburt auslöst.

179 Gemeint ist das Wort Jahweh, das in der hebräischen Schreibweise nur mit den Konsonanten angegeben wird: JHWH. Die Juden lasen und sprachen dieses Wort aber nicht, sondern ersetzten es durch »Adonai« (»Herr«). Mit diesem Hinweis stellt Erasmus die Selbstüberhebung der Theologen bloß.

180 *Religiosi* sind die Mitglieder religiöser Genossenschaften, Laien und Geistliche, die sich zum Zusammenleben nach einer bestimmten Regel verpflichtet haben. – »Mönch« kommt vom griechischen μοναχός (*monachós*), was »allein lebend« bedeutet.

181 *Kilikiergewand:* Aus kilikischen Ziegenhaaren gefertigte Kittel trugen bei den Griechen und Römern gewöhnlich nur Soldaten und Matrosen. – *Milesierstoff:* Milesische Wolle galt als besonders fein und kostbar.

182 *Strickträger:* die 1208 durch Franz von Assisi (1181–1226) gegründete Ordensgemeinschaft der Franziskaner. – *Coleter:* oder Colet[t]aner; nach der Nonne Colet(t)a (Nicolette Boillet oder Boellet, 1381–1447) aus Calceye bei Corbie benannt. Diese hatte den Orden der armen Klarissen gestiftet, nach deren Vorbild

sich dann 1412 in Nordfrankreich und Belgien Franziskaner als Colet(t)aner reformierten. – *Minoriten:* Erasmus meint hier offenbar die gerade zu seiner Zeit endgültig vom ursprünglichen Orden, den sog. Konventualen, gespaltenen Observanten, aus denen dann die Kapuziner hervorgingen. – *Minimiten:* ein Bettelorden mit verschärfter Franziskanerregel, 1435 von Franz von Paola (1416–1507) gegründet; nach ihrem Gründer auch »Paulaner« genannt. – *Knopfträger:* Gemeint sind die Observanten. – *Benediktiner:* Der Benediktinerorden ist der älteste abendländische Mönchsorden; Benedikt von Nursia (um 480 – 547) hat ihn im selben Jahr gegründet wie das Kloster auf dem Monte Cassino – in diesem Jahr, 529, hörte die Platonische Akademie in Athen auf zu bestehen. – *Bernardiner:* die nach dem Kloster Citeaux bei Dijon genannten Zisterzienser; dieser Orden wurde 1098 durch Robert von Molesme (um 1028 – 1111) als Reform der Benediktinerregel gegründet; ihr bedeutendster Ordensmann wurde Bernhard von Clairvaux (um 1090 – 1153). – *Brigidenser:* von Brigida von Schweden (1303–1373) 1348 nach der Augustinerregel gegründeter Orden. – *Augustiner:* die nach der Regel des Augustinus von Hippo (s. Anm. 175) lebenden Augustiner-Eremiten waren besonders im späten Mittelalter erfolgreich in wissenschaftlicher Tätigkeit und in Schulgründungen; Luther war Augustiner-Eremit. – *Wilhelmiten:* von Schülern des Wilhelm von Maleval (um 1100 – 1157) in Maleval bei Siena gestiftet; meist nach der benediktinischen Regel lebende Eremiten; ihr deutsches Hauptkloster war im Spätmittelalter Grevenbroich. – *Jakobiten:* Die Anhänger der von Dominikus de Guzman (um 1170 – 1221) 1215 gegründeten Ordensgemeinschaft der Dominikaner wurden in Frankreich meist Jakobiner genannt; die revolutionären Jakobiner hatten ihren Namen von ihrem Versammlungsort, dem Dominikanerkloster in Paris.

183 Ein *lustrum* war ein Zeitraum von fünf Jahren: nach dem Reinigungs- oder Sühnopfer, das alle fünf Jahre von den Zensoren nach Ablauf ihrer Amtszeit dargebracht wurde.

184 Als »Judaismus« bezeichnete Erasmus jede äußerliche Werkfrömmigkeit.

185 Abraxas ist ein gnostisches Geheimwort und bezeichnet nach Basilides von Alexandria (um 85 – um 145) die höchste Gottheit. Wenn man für die Buchstaben Zahlenwerte einsetzt (in griechischen Buchstaben: A = 1, B = 2, P = 100, Ξ = 60, Σ = 200), erhält man als Summe 365, also die Zahl der Tage im Jahr. Basilides vermutete zudem 365 Himmel.

186 Tierkreis.

187 Horaz, *Satire* 2,7,21.

188 S. Anm. 166.

189 *Niobe* gebar ihrem Gemahl, dem thebanischen König Amphion, sieben Söhne und Töchter. Als sie sich wegen der großen Zahl ihrer Kinder stolz über die Titanin Leto, die nur Apollo und Artemis geboren hat, erhebt, lässt Leto Niobes Kinder (die »Neobiden«) von Apollo und Artemis mit Pfeil und Bogen töten. Fassungslos über den Verlust stürzt sich Amphion in das Schwert, Niobe aber erstarrt vor Schmerz und Trauer zu Stein (vgl. Ovid, *Metamorphosen* 6,146–312). – *der Feigenholzpriap:* Erasmus spielt auf die bei Horaz (Satire 1,8) erzählte Geschichte von den beiden Hexen Canidia und Sagana an. Canidia und Sagana suchen in der Erde eines Gartens auf dem Esquilin in Rom, der vor langer Zeit einmal ein Friedhof gewesen war, nach Knochen. Eine hölzerne Statue des Gottes der Fruchtbarkeit Priapus, die dort steht, fürchtet sich so sehr vor den beiden Hexen, dass sie furzen muss. Dadurch aufgeschreckt, fliehen Canidia und Sagana (vgl. Horaz, *Satire* 1,8,44–50).

190 Die beiden wohl bekanntesten Redner der Antike: *Demosthenes* (s. Anm. 64) der berühmteste griechische, *Cicero* (s. Anm. 69) der berühmteste römische.

191 Vergil, *Bucolica* 3,19.

192 Eine im 13. oder 14. Jh. in Deutschland oder England entstandene Novellensammlung, von der möglicherweise das Wort »Roman« herrührt.

193 In *Ars poetica* 1–5 beschreibt Horaz ein Mischwesen, das aus verschiedenen menschlichen und tierischen Gliedern zusammengesetzt ist.

194 S. Anm. 190.

195 Hier sind der Apostel Paulus und der wegen seiner Predigtgewalt bekannte Antonius von Padua (um 1195 – 1231) gemeint.

196 *Phäaken:* Seefahrervolk der griechischen Mythologie, das sich besonders durch seine hochentwickelte Schiffsbaukunst auszeichnet. Heimat der Phäaken war die Insel Scheria, die letzte Station des Odysseus auf seiner Heimreise: Er wird dort an Land gespült und von der Königstochter Nausikaa am Strand gefunden; die Phäaken nehmen ihn sehr freundlich auf, und als sie seine eigentliche Identität entdecken, bringen sie ihn heim nach Ithaka. – *Freier der Penelope:* s. Anm. 172.

197 Eine geschwätzige Nymphe, die im Mythos von Jupiter in einen Fels verwandelt wird, der nun immer das zuletzt gehörte Wort wiederholen muss.

198 Das griechische Wort ἐπίσκοπος (*epískopos*), wovon »Bischof« abgeleitet ist, bedeutet »Aufseher«.

199 Matthäus 5,13.

200 Römer 16,18.

201 Matthäus 19,27; Markus 10,28; Lukas 18,28.

202 Erasmus zielt hier vor allem auf den kriegerischen Julius II. (Papst 1503–13), den noch 1517 die Satire *Iulius exclusus e coelis* angriff. Die Autorschaft des Erasmus war schon unter den Zeitgenossen umstritten und ist es noch heute.

203 Der athenische Feldherr *Timotheos* (gest. 354 v. Chr.) war wegen seines Reichtums und seines Glückes berühmt. Aristophanes erwähnt in *Der Reichtum* 80 einen Palast des Timotheos, und in einem antiken Kommentar heißt es dazu, dass die Maler den Feldherrn schlafend darzustellen pflegten, zusammen mit der Göttin des Glücks, die ihn mühelos Städte erobern und zerstören ließ.

204 Der Flug der Eule galt in Athen als gutes Vorzeichen für einen günstigen Ausgang.

205 Der ewig von Mühen geplagte Herkules wurde im letzten Viertel des Mondes geboren.

206 Das Pferd des Gnaeus Seius brachte diesem und den späteren Besitzern Unglück (Gellius, *Noctes Atticae* 3,9,1–6).

207 Der Konsul Servilius Caepio zog sich nur Unglück zu mit den

Schätzen, die er aus einem Tempel in Toulouse entführt hatte (Gellius, *Noctes Atticae* 3,9,7–9).

208 Die hier erwähnten und die meisten anderen Sprichwörter im *Lob der Torheit* sind in der etwa 8000 Positionen umfassenden Sammlung *Adagia* enthalten, deretwegen Erasmus zu seiner Zeit und während der folgenden Jahrhunderte bis zu Goethe vor allem bekannt war. Erasmus hat die Sprichwörter nicht nur zusammengetragen, sondern auch in einer vielfach aktuellen und zeitkritischen Weise kommentiert.

209 Ausspruch Caesars beim Übergang über den Rubikon am 7. Januar 49 v. Chr., womit er den Bürgerkrieg gegen Pompeius auslöste.

210 Horaz, *Carmina* 4,12,27. – Als *Schwein aus der Herde Epikurs* bezeichnet sich Horaz in *Epistulae* 1,4,15–16.

211 Horaz, *Carmina* 4,12,28.

212 Horaz, *Epistulae* 2,2,126–128.

213 Das griechische Wort νήπιος (*nḗpios*) kann zweierlei bedeuten: »Kind« (in diesem Sinne wird es auf Telemachos, den Sohn von Odysseus und Penelope, bezogen, vgl. Homer, *Odyssee* 11,448–449) und »unverständig« (vgl. z. B. ebd. 9,44).

214 Horaz, *Epistulae* 1,2,8.

215 Cicero, *Epistulae ad familiares* 9,22,4.

216 S. Anm. 166.

217 Anspielung auf *Carmina Priapea* 68,3–4. – *Priap:* s. Anm. 51.

218 Wiederum in dem schon erwähnten Dialog *Somnium sive Gallus* (s. Anm. 136).

219 Kohelet 1,15 (Erasmus legt den Text der Vulgata zugrunde). Der Prediger Salomo wird von Erasmus meist als *Ecclesiastes* zitiert. Davon ist *Ecclesiasticus* zu unterscheiden, das unter den apokryphischen Büchern des Alten Testamentes enthaltene Buch »Jesus Sirach«. Vgl. Anm. 231.

220 Jeremia 10,14.

221 Jeremia 10,7 und 12.

222 Jeremia 9,23.

223 Kohelet 1,2 und 12,8.

224 Jesus Sirach 2,17.

225 Matthäus 19,17.
226 Sprichwörter 15,21.
227 Kohelet 1,18.
228 Kohelet 7,5.
229 Kohelet 1,17.
230 Die von Erasmus hier eingehaltene Reihenfolge der Begriffe entspricht dem Text der *Vulgata*: *dedique cor meum, ut scirem prudentiam atque doctrinam erroresque et stulticiam.*
231 Mit *Ecclesiasticus* bezeichnet hier Erasmus, der Vulgata folgend, das Buch »Jesus Sirach«, eine Nachahmung des Buches »Kohelet« (*Ecclesiastes*). Die Kapitelangabe an dieser Stelle ist jedoch falsch. Jesus Sirach 44 enthält nichts, worauf sich die Argumentation der Torheit beziehen könnte. Der Vers, auf den sie hier wohl anspielt und der am Ende des Absatzes auch wörtlich zitiert wird, ist Jesus Sirach 41,18 (ganz ähnlich auch ebd. 20,33).
232 Das griechische Sprichwort τὴν ἐπὶ θύραις ὑδρίαν deutet an, dass man einen Wasserkrug als einen Gegenstand ohne besonderen Wert vor die Türe setzt, kostbare Dinge aber »wohl verwahrt«. S. dazu Erasmus, *Adagia* Nr. 1065.
233 Aristoteles, *Rhetorik* 1363a. – Zu *Aristoteles* s. Anm. 84.
234 Jesus Sirach 41,18.
235 Kohelet 10,3.
236 Sprichwörter 30,2.
237 2. Korinther 11,23.
238 Erasmus hat soeben seinen eigenen Namen genannt und gibt hier in ausführlicherer Form die Erklärung der Paulusstelle, die er auch in seine *Paraphrasis* zum Neuen Testament aufgenommen hat. In den Worten der Torheit spiegelt sich die Abneigung der zünftigen Theologen gegenüber den humanistischen Reformtheologen. »Dreizüngig« nennt die Torheit sie wiederum mit Anspielung auf Erasmus (und Reuchlin). Erasmus hat später als Organisator der Studien am Löwener Dreisprachenkolleg harte Auseinandersetzungen mit der orthodoxen Theologie gehabt und musste deren Anfeindungen schließlich weichen.
239 Anspielung auf den Theologen Nikolaus Lyranus (1270–1340), der aus Lyra in der Normandie stammte und den Beinamen

Doctor planus et utilis führte. Sein Hauptwerk: *Postillae perpetuae in universa Biblia*, eine fortlaufende Erklärung der biblischen Schriften.

240 *Hieronymus* (s. Anm. 9) beherrschte neben seinem dalmatinischen Heimatdialekt Lateinisch, Griechisch, Hebräisch und Chaldäisch.

241 Lukas 22,35.

242 Lukas 22,36.

243 Matthäus 10,22.

244 Matthäus 10,23.

245 Matthäus 10,29–31.

246 Matthäus 6,26–30.

247 Matthäus 26,52 und Johannes 18,11.

248 Dieser Theologe hatte nicht gewusst, dass *pellis* auch für »Zelt« stehen kann, weil die Zelte zu jener Zeit aus Tierfellen errichtet wurden; außerdem hatte er übersehen, dass *pellis* nur für Tierfell, nicht für Menschenhaut (*cutis*) steht (was allerdings beim Latein der Vulgata nicht ausschlaggebend ist). – *Bartholomäus:* Nach der Überlieferung wurde der Apostel zu Albania-Pyla am Kaspischen Meer entweder geschunden oder gekreuzigt.

249 Titus 3,10.

250 Exodus 22,18.

251 *Chrysipp:* s. Anm. 170; er baute die stoische Lehre in seinen 705 Rollen umfassenden Schriften nach jeder Richtung aus. – *Didymus:* um 65 v. Chr. – um 10 n. Chr.; alexandrinischer Grammatiker zur Zeit Caesars und Augustus'; er soll insgesamt gegen 4000 Bücher verfasst haben. Wegen seines *eisernen* Fleißes nannte man ihn χαλκέντερος (*chalkénteros*), und weil er sich dessen, was er geschrieben hatte, bei der ungeheuren Menge seiner Bücher manchmal selbst »nicht mehr erinnern konnte«, spöttisch βιβλιολάθας (*biblioláthas*).

252 2. Korinther 11,19.

253 2. Korinther 11,16.

254 1. Korinther 4,10.

255 1. Korinther 3,18.

256 Lukas 24,25.

257 1. Korinther 1,25.

258 1. Korinther 1,18. – *Origenes:* 185–254; alexandrinischer Theologe der christlichen Frühzeit, von Erasmus als »Wegweiser in der theologischen Kunst« besonders geschätzt (Brief des Erasmus an John Colet aus dem Dezember 1504). Erasmus plante noch kurz vor seinem Tod eine Apologie des Origenes gegen seine Verleumder.

259 Psalm 68,6 (= Psalm 69,6 *Nova Vulgata*).

260 *Brutus und Cassius:* die Anführer der senatorischen Verschwörung gegen Caesar; s. Anm. 73. – *(Marcus) Antonius:* 86–30 v. Chr.; diente unter Caesar als Reitergeneral. Nach dessen Ermordung an den Iden des März 44 v. Chr. verbündete er sich im Zweiten Triumvirat mit dessen Erben Octavian und Marcus Aemilius Lepidus (um 90 – 12 v. Chr.) gegen die Caesarmörder und die Senatspartei. Das Bündnis des Dreimännerkollegiums zerbrach aber schon bald nach ihrem Sieg. Antonius' Bild ist hauptsächlich durch die spätere (Kriegs-)Propaganda Octavians bestimmt, die Antonius als einen sittenlosen orientalischen Despoten in den Fängen Kleopatras zeichnete.

261 *Seneca* (s. Anm. 6) war Erzieher und Ratgeber Neros (Kaiser 54–68), wurde aber schließlich von diesem wegen Verschwörungsversuchs verurteilt und machte seinem Leben selbst ein Ende.

262 *Platon* versuchte zweimal, den Nachfolger Dionysius' I. von Syrakus (Tyrann 405–367 v. Chr.) für eine philosophische Organisation des Staates zu gewinnen, doch seine Bemühungen scheiterten (vgl. Platon, *Epistulae* 7).

263 1. Korinther 1,27.

264 1. Korinther 1,21.

265 1. Korinther 1,19 (bezieht sich auf Jesaja 29,14).

266 Matthäus 11,25 und Lukas 10,21.

267 Matthäus 23,13–27 und Lukas 11,42–43.

268 Johannes 10,1–27; Matthäus 25,32–33.

269 Aristoteles, *Historia animalium* 9,3,1,610b.

270 Johannes 10,12.

271 Johannes 1, 29 und 36.

272 Matthäus 18,3; Markus 10,15; Lukas 18,17.
273 Matthäus 6,28; Lukas 12,27.
274 Matthäus 13,31 und 17,19; Markus 4,31; Lukas 13,19.
275 Matthäus 6,25 und 10,29; Lukas 12,6.
276 Matthäus 10,18–19; Markus 13,11; Lukas 12,11–12 und 21,14.
277 Genesis 2,17.
278 Numeri 12,11.
279 1. Samuel 26,21.
280 2. Samuel 24,10.
281 Lukas 23,34.
282 1. Timotheus 1,13.
283 Psalm 24,7 (= Psalm 25,7 *Nova Vulgata*)
284 Apostelgeschichte 2,13.
285 Apostelgeschichte 26,24.
286 Platon, *Phaidon* 64a und 80.
287 So verhielt sich Sokrates nach seiner Verurteilung gegenüber seinen Richtern (Platon, *Apologie* 39c).
288 Gemeint ist das platonische Höhlengleichnis zu Beginn des 7. Buches der *Politeia* (514a–517a).
289 Das wird von Bernhard von Clairvaux in der *Legenda aurea* des Jacobus de Voragine berichtet.
290 Platon, *Phaidros* 244a–245b.
291 1. Korinther 2,9 (Paulus zitiert an dieser Stelle Jesaja 64,4).
292 Von Gellius, *Noctes Atticae* 2,6,9 überliefert.

Literaturhinweise

Wichtige Drucke und Ausgaben

Paris: Gilles de Gourmont, 1511. [Mangel- und fehlerhafter Erstdruck, der ohne Erasmus' Wissen veröffentlicht wurde; dieser distanzierte sich von dem Produkt.]

Paris: Jodocus Badius Ascensius, 1512. [Erster von Erasmus revidierter Druck.]

Straßburg: Matthias Schürer, 1514. [Von Erasmus revidierte und stark erweiterte Ausgabe.]

Venedig: Aldus und Andrea d'Asola, 1515.

Basel: Johann Froben, 1515. [Enthält erstmals den Kommentar von Gerardus Listrius. Das Exemplar dieses Druckes des Oswald Myconius, das zahlreiche Randnotizen aus der Feder seines Besitzers und die berühmten Randzeichnungen von Hans Holbein enthält, wurde 1931 (Basel: Henning Oppermann) von H. A. Schmid als Faksimile und mit einer umfangreichen Einleitung versehen herausgegeben.]

Basel: Hieronymus Froben und Nicolaus Episcopius, 1532. [Ausgabe letzter Hand.]

In: Desiderii Erasmi Roterodami opera omnia [...] cum praefatione Beati Rhenani [...]. Bd. 4. Basel: Hieronymus Froben und Nicolaus Episcopius, 1540. S. 352–389.

Hrsg. von Ch. Patin. Basel: Genathian, 1676.

Hrsg. von J. Clericus. In: Desiderii Erasmi Roterodami opera omnia emendatiora et auctiora, ad optimas editiones [...] summa fide exacta. Bd. 4. Leiden: Pieter van der Aa, 1703. Sp. 401–504. [Für rund zwei Jahrhunderte die maßgebliche Ausgabe.]

Hrsg. von W. G. Becker. Basel: Johann J. Thurneysen, 1780.

Hrsg. von J. B. Kan. Den Haag: Martinus Nijhoff, 1898. [Mit neuem Kommentar versehene, viel benutzte Ausgabe.]

Hrsg. von C. H. Miller. In: Opera omnia Desiderii Erasmi Roterodami. Recognita et adnotatione critica instructa notisque illustrata. Bd. 4/3. Amsterdam/Oxford: North-Holland Publishing Com-

pany, 1979. [Kritische Edition im Rahmen der modernen Amsterdamer Gesamtausgabe. Zugänglich unter: http://library.oapen.org/handle/20.500.12657/34721.]
Hrsg. von Th. Burkard / K. Wesselmann. Stuttgart: Vandenhoeck & Ruprecht 2024. [Studienkommentar mit gehaltvollem sprachlichem und Sachkommentar.]

Übersetzungen (Auswahl)

Franck, S.: Das Theür vnd Künstlich Büchlin Morie Encomion. Das ist, Ein Lob der Thorhait [...]. Ulm 1534.
Becker, W. G.: Lob der Narrheit aus dem Lateinischen des Erasmus von Rotterdam übers. und mit Anm. begleitet. Mit 83 Holzschnitten, nach Holbeins Figuren neuerdings abgezeichnet. Basel 1780.
Anonymos: Das Lob der Narrheit aus dem Lateinischen des Erasmus. Mit Kupfern von Chodowiecky. Berlin/Leipzig 1781.
Hartmann, A.: Erasmus von Rotterdam. Das Lob der Torheit. Basel 1929 [u. ö.]. [Wiederabdr. in: Erasmus von Rotterdam. Ausgewählte Schriften. Lat./Dt. Bd. 2. Hrsg. von W. Welzig. Darmstadt 1975. S. 1–211.]
Fiore, T.: Elogio della pazzia. Turin 1972. [Übers. ins Italienische.]
Steinmann, K.: Erasmus von Rotterdam. Das Lob der Torheit. Zürich 2002.
Miller, C. H.: The Praise of Folly. London / New Haven 2003. [Übers. ins Englische.]
Schmidt, L.: Erasmus von Rotterdam. Lob der Narrheit. Mit Zeichnungen von Gabriele Mucchi. Leipzig 2005. [Nach der Übersetzung von Anonymos 1781.]

Forschungsliteratur

Zu Erasmus' Leben und Zeit im Allgemeinen

Augustijn, C.: Erasmus, Desiderius (1466/69–1536). In: Theologische Realenzyklopädie Bd. 10. Berlin / New York 1982. S. 1–18.

– Erasmus von Rotterdam. Leben – Werk – Wirkung. München 1986.

Bainton, R. H.: Erasmus of Christendom. New York 1969. [Dt. Ausgabe: Erasmus. Zwischen den Fronten. Übers. von W. Langerbeck. Göttingen 1972.]

Bautz, F. W.: Erasmus von Rotterdam. In: Biographisch-Bibliographisches Kirchenlexikon. Bd. 1. Hamm ^{2}1990. Sp. 1524–32.

Bietenholz, P. G. [u. a.]: Erasmus von Rotterdam. In: Deutscher Humanismus 1480–1520. Verfasserlexikon. Bd. 1. Hrsg. von F. J. Worstbrock. Berlin / New York 2008. Sp. 658–804. [Mit reicher Bibliographie.]

Christ-von Wedel, Ch.: Erasmus von Rotterdam. Anwalt eines neuzeitlichen Christentums. Münster 2003.

– Erasmus von Rotterdam. Ein Porträt. Basel 2016.

Eckert, W. P.: Erasmus von Rotterdam. Werk und Wirkung. 2 Bde. Köln 1967.

Enenkel, K. A. E. (Hrsg.): The Reception of Erasmus in the Early Modern Period. Leiden 2013.

Faludy, G.: Erasmus of Rotterdam. London 1970. [Dt. Ausgabe: Erasmus von Rotterdam. Übers. von W. Seib und W. Engel. Frankfurt a. M. 1970.]

Flitner, A.: Erasmus im Urteil seiner Nachwelt. Das literarische Erasmus-Bild von Beatus Rhenanus bis zu Jean le Clerc. Tübingen 1952.

Gail, A. J.: Erasmus. Hamburg 1974.

Halkin, L. E.: Érasme parmi nous. Paris 1987. [Dt.: Erasmus von Rotterdam. Eine Biographie. Übers. von E. Heinemann. Zürich ^{2}1992.]

Heer, F.: Die dritte Kraft. Der europäische Humanismus zwischen den Fronten des konfessionellen Zeitalters. Frankfurt a. M. 1959.

Huizinga, J.: Erasmus. New York 1924. [Dt. Ausgabe: Erasmus. Übers. von W. Kaegi. Basel 1928 (u. ö.).]

Kämmel, H.: Erasmus von Rotterdam, Desiderius. In: Allgemeine Deutsche Biographie. Bd. 6. Leipzig 1877. S. 160–180.

Langereis, S.: Erasmus. Dwarsdenker. Amsterdam 2021. [Dt.: Erasmus. Biografie eines Freigeists. Übers. von B. Jänicke. Berlin 2023.]

MacPahil, E. (Hrsg.): A Companion to Erasmus. Leiden/Boston 2023.

Meissinger, K. A.: Erasmus von Rotterdam. Berlin ²1948.

Newald, R.: Probleme und Gestalten des deutschen Humanismus. Berlin 1963.

– Erasmus Roterodamus. Freiburg i. Br. 1947.

Reynolds, E. E.: Thomas More and Erasmus. London 1965.

Ribhegge, W.: Erasmus von Rotterdam. Darmstadt 2010.

Schottenloher, O: Erasmus von Rotterdam, Desiderius. In: Neue Deutsche Biographie. Bd. 4. Berlin 1959. S. 554–560.

Stupperich, R.: Erasmus von Rotterdam und seine Welt. Berlin / New York 1977.

Zweig, S.: Triumph und Tragik des Erasmus von Rotterdam. Wien 1934 [u. ö.].

Zu Erasmus' Moriae encomium *im Besonderen*

Bacchi, E.: *Non sum Oedipus, sed Morus.* A Portrait of Erasmus' *Moria.* In: Erasmus Studies 39 (2019) S. 75–91.

Baschnagel, G.: *Narrenschiff* und *Lob der Torheit.* Zusammenhänge und Beziehungen. Frankfurt a. M. 1979.

Battista, L.: The Feminine Irony of God. A Deconstructive Reading of Erasmus' *The Praise of Folly.* In: Erasmus Studies 43 (2023) S. 160–184.

Blumberg, F. L.: *The Praise of Folly* and the Limits of Satiric Licence. In: Erasmus Studies 39 (2019) S. 271–241.

Castelli, E. [u. a.] (Hrsg.): L'Umanesimo e *la Follia.* Rom 1971.

Christian, L. G.: The Metamorphoses of Erasmus's *Folly.* In: Journal of the History of Ideas 32 (1971) S. 289–294.

Christ-von Wedel, Ch.: Torheit und Häresie. Zum *Moriae encomium* des Erasmus von Rotterdam. In: Religiöse Toleranz im Spiegel der

Literatur. Eine Idee und ihre ästhetische Gestaltung. Hrsg. von B. W. Springer [u. a.]. Münster 2009. S. 103–115.

– Das *Lob der Torheit* des Erasmus von Rotterdam im Spiegel der spätmittelalterlichen Narrenbilder und die Einheit des Werkes. In: Archiv für Reformationsgeschichte 78 (1987) S. 24–36.

DeMolen, R. L. (Hrsg.): Essays on the Works of Erasmus. New Haven 1978.

Descœudres, C.-E. (Hrsg.): Narrenworte spricht der Narr. Sprichwörter in Erasmus' *Lob der Torheit.* Aus Erasmus' *Adagia* ausgew. und übers. Mit einem Vorw. von A. C. Sulzer. Basel 2022.

Gavin, J. A. / Walsh, Th. M.: The *Praise of Folly* in Context. The Commentary of Girardus Listrius. In: Renaissance Quarterly 24 (1971) S. 193–209.

Hauffen, A.: Zur Litteratur der ironischen Enkomien. In: Vierteljahrsschrift für Literaturgeschichte 6 (1893) S. 165–181.

Kaiser, W. J.: Praisers of Folly: Erasmus, Rabelais, Shakespeare. Cambridge (MA) 1963.

Kaminski, N.: *Stultitia* als Sophistin. Satire ohne Norm im *Lob der Torheit* des Erasmus von Rotterdam. In: Deutsche Vierteljahrsschrift für Literaturwissenschaft und Geistesgeschichte 68 (1994) S. 22–44.

Kay, W. D.: Erasmus' Learned Joking. The Ironic Use of Classical Wisdom in *The Praise of Folly*. In: Texas Studies in Literature and Language 19 (1977) S. 247–267.

Könneker, B.: Satire im 16. Jahrhundert. Epoche – Werke – Wirkung. München 1991.

– Wesen und Wandlung der Narrenidee im Zeitalter des Humanismus. Brant – Murner – Erasmus. Wiesbaden 1966.

Lefebvre, J.: Le Fols et la folie. Paris 1968.

Miller, C. H.: Humanism and Style. Eassays on Erasmus and More. With an Introduction by J. Harp. Bethlehem (PA) 2011.

– Styles and Mixed Genres in Erasmus' *Praise of Folly*. In: Acta Conventus Neo-latini Guelpherbytani. Hrsg. von S. P. Revard [u. a.]. Binghamton (NY) 1988. S. 277–287.

– Some Medieval Elements and Structural Unity in Erasmus' *Praise of Folly*. In: Renaissance Quarterly 27 (1974) S. 499–511.

Nigg, W.: Der christliche Narr. Zürich 1956.
Pavlovskis, Z.: *The Praise of Folly*. Structure and Irony. Leiden 1983.
Potgieter, R.: In *Praise of Folly*. A Cursory Review and Appreciation Five Centuries Later. In: In die Skriflig / In Luce Verbi 49 (2015). [https://doi.org/10.4102/ids.v49i1.1962]
Radice, B.: Holbein's Marginal Illustrations to the *Praise of Folly*. In: Erasmus in English 7 (1975) S. 7–17.
Rebhorn, W. A.: The Metamorphoses of Moria. Structure and Meaning in *The Praise of Folly*. In: Publications of the Modern Language Association 89 (Mai 1974) S. 463–476.
Regier, W. G.: Erasmus' *Encomia*. In: Erasmus Studies 44 (2024) S. 211–224.
Rotschild, H. B. Jr.: Blind and Purblind. A Reading of *The Praise of Folly*. In: Neophilologus 54 (1970) S. 223–234.
Rüsch, E. G.: Vom Humanismus zur Reformation. Aus den Randbemerkungen von Oswald Myconius zum *Lob der Torheit* des Erasmus von Rotterdam. Basel 1983.
Saxl, F.: Holbein's Illustrations to the *Praise of Folly* by Erasmus. In: The Burlington Magazine 83 (1943) S. 274–279.
Schäfer, E.: Erasmus und Horaz. In: Antike und Abendland 16 (1970) S. 54–67.
Screech, M. A.: Erasmus. Ecstasy and *The Praise of Folly*. London 1980.
Stenger, G.: *The Praise of Folly* and Its Parerga. In: Medievalia et Humanistica, NS 2 (1971) S. 97–118.
Stolt, B.: Verlorene Narrenfreiheit. Der gescheiterte Rezeptionsprozeß von Erasmus' *Lob der Torheit*. In: Studia Neophilologica 77 (2005) S. 71–87.
Swain, B.: Fools and Folly during the Middle Ages and the Renaissance. New York 1932.
Sylvester, R.: The Problem of Unity in *The Praise of Folly*. In: English Literary Renaissance 6 (1976) S. 125–139.
Thompson, G.: Under Pretext of Praise. Satiric Mode in Erasmus' Fiction. Toronto 1973.
Van der Poel, M.: Erasmus und *Das Lob der Torheit*. In: »Wider den Müßiggang ...«. Niederländisches Mittelalter im Spiegel von

Kunst, Kult und Politik. Hrsg. von U. Zellmann [u.a.]. Düsseldorf 2004. S. 97–110.
Watson, D.G.: Erasmus' *Praise of Folly* and the Spirit of Carnival. In: Renaissance Quarterly 32 (1979) S. 333–353.
Williams, K. (Hrsg.): Twentieth Century Interpretations of *The Praise of Folly*. A Collection of Critical Essays. Englewood Cliffs 1969.

Nachwort

Erasmus – Leben und Werk

Geboren wurde Erasmus am 28. Oktober vermutlich in Rotterdam als nicht ehelicher Sohn des Priesters Rotger Gerard aus Gouda, damals ein bedeutendes Handelszentrum in Südholland, und einer verwitweten Arzttochter; das Jahr allerdings ist nicht gesichert: Erasmus' eigene Angaben schwanken zwischen 1466 und 1469. Über die Kindheit ist wenig bekannt. Seine Schulbildung empfing Erasmus zuerst in Gouda, dann in Deventer. Dort besuchte er für einige Jahre die Lateinschule des Kapitels von St. Lebuinus. Es war wohl in dieser Einrichtung, in der Erasmus nicht nur den Einfluss der immer noch stark präsenten *Devotio moderna* erfahren hat, sondern zum ersten Mal auch mit Ansätzen eines humanistischen Bildungsprogramms in Berührung kam. Der Fraterherr und Humanist Alexander Hegius war für kurze Zeit sein Lehrer, und dort begegnete er auch Rudolf Agricola. Nach dem Tod seiner Eltern kam Erasmus auf Veranlassung der für ihn bestellten Vormünder in das Augustiner-Chorherren-Kloster Steyn bei Gouda, wo er um 1488 auch seine Profess ablegte; ein Schritt, der allerdings, wie er später selbst gesteht, nicht ganz und gar aus freiem Entschluss erfolgt sei. Er fand dort aber für seine literarischen Neigungen ein fruchtbares Klima vor und nicht wenige Mitbrüder, die sich ganz den *bonae litterae* verschrieben hatten. In dieser Zeit widmete sich Erasmus eifrig dem Studium der antiken Klassiker und der Kirchenväter, besonders der Schriften von Hieronymus

und Augustinus. Daneben waren ihm aber auch die Werke italienischer Humanisten, wie die eines Lorenzo Valla, zugänglich.

1492 empfing Erasmus als Augustiner-Chorherr die Priesterweihe. Nur ein Jahr nach seiner Weihe kam er 1493 als Sekretär in die Dienste des Bischofs von Cambrai – für ihn eine wohl nicht unwillkommene Gelegenheit, den verleideten Klostermauern zu entkommen –, der ihm ab 1495 ein Theologiestudium an der Universität von Paris ermöglichte. Dieses zeitigte allerdings wenig Früchte. Zu mehrmaligen krankheitsbedingten Unterbrechungen kam Erasmus' starke Abneigung gegen die traditionelle scholastische Methode, die die theologischen Studien beherrschte, hinzu. Umso intensiver beschäftigte er sich aber in diesen Jahren mit den antiken Klassikern, und umso prägender konnte der Einfluss des Humanismus, an dessen Spitze in Paris der Trinitarier Robert Gaguin stand, auf den Geist des jungen Gelehrten wirken. Das Studium des Griechischen betrieb Erasmus in dieser Zeit zwar ohne eigentliche Anleitung und Lehrer, aber dafür mit Eifer und Erfolg. Seinen Lebensunterhalt bestritt er durch Privatunterricht in vornehmen bürgerlichen und patrizischen Häusern.

1499 begleitete Erasmus einen seiner Schüler nach England, wo er u. a. Bekanntschaft mit John Colet, John Fisher, dem künftigen König Heinrich VIII. und nicht zuletzt Thomas Morus knüpfte. Gerade mit Letzterem fühlte er sich von da an in inniger und herzlicher Freundschaft verbunden. Von England aus brach er 1506 zu einer mehrjährigen Reise nach Italien auf. Beinahe auf der Durchreise promovierte er in Turin zum Doktor der Theologie. Während seines Aufenthaltes in Venedig fand er Eingang in den Kreis

rund um den berühmten Drucker Aldus Manutius, in dessen Offizin er für einige Zeit mitarbeitete und wo er auch sein im Jahr 1500 erschienenes Erstlingswerk *Adagia* – eine umfangreiche, mit Erläuterungen und Erklärungen versehene Sammlung antiker Sprichwörter und Redensarten – in einer stark erweiterten Neufassung herausgeben konnte. 1509 kehrte Erasmus von Italien nach England zurück. Unmittelbar nach seiner Rückkehr entstanden mit dem *Moriae encomium* (*Lob der Torheit*) und dem Dialog *Iulius exclusus e coelis* (*Julius vor der verschlossenen Himmelstüre*) zwei seiner schärfsten und bissigsten Schriften. Wenig verhohlen übte er darin Kritik an den zahlreichen Missständen, die in Kirche und Gesellschaft gleichermaßen grassierten. Sein Auskommen fand Erasmus, der in den frühen Jahren seines Schaffens stets unter Geldnot litt und sich über diesen Mangel nicht selten in den Briefen an seine Freunde und Gönner beklagte, in dieser Zeit als Griechischdozent in Cambridge, eine Anstellung, aus der er zwar kein großes Gehalt bezog, die ihm aber reichlich freie Stunden für seine eigenen Studien ließ. Im Zentrum seiner Beschäftigung stand das Studium der Kirchenväter und die Arbeit an einer Ausgabe des griechischen Neuen Testaments, mit eigener lateinischer Übersetzung und Anmerkungen. Dieses konnte schließlich 1516 in Basel beim bekannten Drucker und Verleger Johann Froben, dessen Bücher für ihre Qualität und kunstvolle Ausführung bekannt waren, erscheinen. Erasmus' *Neues Testament* (*Novum instrumentum omne*) wurde nicht überall mit Begeisterung aufgenommen, blieb aber nicht ohne nachhaltigen Einfluss, markierte es doch letztlich nicht weniger als den Beginn einer eigentlichen wissenschaftlichen Bibelkritik. Der griechische Text wurde

im Wesentlichen zum protestantischen *textus receptus*: Nach der zweiten, korrigierten Auflage des *Novum instrumentum* (1519) übersetzte nicht nur Martin Luther, sie bildete auch noch hundert Jahre später die Grundlage für die englische Übersetzung in der King-James-Bibel.

1514 auf den Kontinent zurückgekehrt, wurde Erasmus 1515 in den Rat des künftigen Kaisers Karl V. aufgenommen. Vom Treiben am Hof hielt er sich allerdings erfolgreich fern, einer Einladung Karls, ihn nach Spanien zu begleiten, vermochte er geschickt auszuweichen. Diese Ernennung gab ihm aber den Anstoß für die Abfassung seines, dem jungen Herrscher gewidmeten Fürstenspiegels *Institutio principis Christiani* (*Die Erziehung des christlichen Fürsten*). In den nächsten Jahren lebte Erasmus vornehmlich in Flandern und Brabant, zuerst in Brüssel, dann in Löwen, wo er sich insbesondere den Aufbau des *Collegium Trilingue* – einer von der Universität unabhängigen Einrichtung, deren Zweck die Förderung des Studiums der drei alten Sprachen Hebräisch, Griechisch und Latein war – angelegen sein ließ. Ab 1521 weilte Erasmus in Basel, wo er in enger Verbindung mit dem schon genannten Drucker und Verleger Johann Froben arbeitete. Er war inzwischen zu einem der bedeutendsten Humanisten seiner Zeit avanciert und war nun auch durch päpstliches Privileg von den Klostergelübden, die er immer als Einengung empfand, befreit. Erasmus' Bücher fanden in ganz Europa reißenden Absatz, mit den Großen der literarischen, gelehrten kirchlichen und politischen Welt stand er in regem Briefkontakt. Rund 3200 Briefe aus seiner Korrespondenz sind erhalten. Davon hat Erasmus in verschiedenen Sammlungen einen großen Teil selbst herausgegeben. Als in Basel in den späten 1520er Jahren die

Reformationspartei endgültig die Oberhand gewann, sah sich Erasmus nach langem Zögern gezwungen, in das katholisch gebliebene Freiburg im Breisgau zu ziehen. Dort blieb er von 1529 bis 1534, ehe er gegen Ende seines Lebens noch einmal nach Basel zurückkehrte. Dort verstarb er schließlich am 12. Juli 1536.

Beredtes Zeugnis von Erasmus' Bekanntheit und Ruhm, der ihm an seinem Lebensende zuteilgeworden ist, geben die zahlreichen Epitaphien, Epigramme, Nachrufe und Gedenkreden, mit denen seine Zeitgenossen ihrer Trauer über das Ableben dieses großen Gelehrten Ausdruck verliehen. Er war einer *der* großen Meister der lateinischen Sprache seiner Zeit. Als solcher und als *das* Vorbild einer Bildung und Lebensphilosophie, die antik-humanistisches und christliches Gedankengut in einem kohärenten System zu vereinen suchte, übte er nachhaltigen Einfluss auf das Geistesleben seiner Zeit und die Literatur der folgenden Jahrhunderte aus. Die große Hochschätzung, die Erasmus vielerorts entgegengebracht wurde, fand aber nicht überall und nicht in allen Kreisen Zustimmung. Mit seiner Grundhaltung, die von einer Verbindung von *eruditio* und *pietas* getragen wurde und der es auf eine wirkliche Erneuerung von Kirche und christlicher Gesellschaft durch Rückgang auf die Quellen ankam, ohne einen vollkommenen und gänzlichen Bruch mit der Tradition, wurde Erasmus zum Stein des Anstoßes für gewisse Kräfte auf katholischer wie auf reformatorischer Seite. Erstere erblickten in ihm einen der Wegbereiter Luthers. Es waren insbesondere die Vertreter der traditionellen Theologie an den Universitäten von Paris und Löwen und die etablierten Orden, deren Gegnerschaft er sich durch seine Ausgabe des Neuen Testa-

ments und seiner seit der Veröffentlichung des *Moriae encomium* nicht verstummen wollenden Kritik an den üblen Missständen in allen Schichten der kirchlichen Hierarchie vom einfachen Priester bis zum Papst zugezogen hat. 1559 wurden auf dem Konzil von Trient alle seine Schriften von Papst Paul IV. auf den Index gesetzt; 1564 wurde die Entscheidung einer Revision unterzogen, aber nur für einen Teil und mit Einschränkungen. Aus reformatorischer Sicht wiederum ließ Erasmus es an konsequenter Haltung und einem klaren Bekenntnis zur Reformation fehlen. Bis zuletzt entzog er sich standhaft jeder einseitigen Vereinnahmung und Parteinahme. Letztlich war sein Verhältnis zu den verschiedenen Reformatoren sehr unterschiedlich. Mit Martin Luther, dem er zu Beginn nicht ohne ein gewisses Wohlwollen gegenüberstand, dessen aggressives Auftreten ihm aber widerstrebte, kam es im Streit um die menschliche Willensfreiheit (*De libero arbitrio, Vom freien Willen*) zum vollständigen Bruch, ebenso mit Ulrich Zwingli, die freundschaftliche Verbindung mit Philipp Melanchthon riss hingegen nie ab.

Lob der Torheit

Das *Lob der Torheit* hat von allen Werken des Erasmus wohl den dauerhaftesten Ruhm erworben. Die Idee, ein *Moriae encomium*, eine Lobrede auf die Torheit, gehalten von der Torheit selbst, zu schreiben, sei ihm, gibt Erasmus im Widmungsschreiben an seinen Freund Thomas Morus an, auf dem Rückweg von seiner langjährigen Italienreise gekommen, beim Ritt über die Alpen. Dabei habe ihm den eigent-

lichen Anstoß dazu der plötzlich aufflammende Gedanke an seinen lieben Freund, dem die Schrift auch gewidmet ist, gegeben: Dessen Nachname habe ihm, so Erasmus weiter, das Thema eingegeben, weckte er doch in ihm Erinnerungen an das griechische Wort für Torheit, nämlich *mōría* (μωρία). Diese Verbindung von Morus und *mōría* lässt an dieser Stelle schon den ironischen Grundcharakter des Werkes erahnen.

Über das genaue Abfassungsdatum herrscht einige Unklarheit. Mit der Arbeit am *Moriae encomium* hatte Erasmus wohl schon während der Rückreise von Italien nach England, die mehr als zwei Monate in Anspruch nahm, begonnen. Fertig ausgearbeitet und niedergeschrieben hat er die kleine Schrift dann nach seiner Rückkehr nach England im Herbst 1509 in Morus' Haus in Bucklersbury – innerhalb von nur einer Woche und geplagt von quälenden Nierenschmerzen.

Für die Publikation war die Schrift zunächst wohl nicht bestimmt gewesen, und so kursierte sie rund zwei Jahre lang nur in Manuskriptform in Erasmus' Freundeskreis. 1511 wurde sie in Paris bei Gilles de Gourmont zum ersten Mal unter dem Titel *Moriae encomium* gedruckt. Die Ausgabe, deren Textgrundlage eine schlechte handschriftliche Kopie gewesen sein dürfte und die wohl ohne Erasmus' Wissen und Zutun auf den Weg gebracht worden war, war so mangelhaft, dass sich Erasmus mehrmals davon zu distanzieren genötigt sah. Die erste von ihm autorisierte Ausgabe erschien ein Jahr später (zu den verschiedenen Ausgaben s. auch S. 259).

Der Form nach präsentiert sich das *Moriae encomium* als eine *declamatio*, eine Redeübung im Sinne antiker Rheto-

renschulen, dem Geist nach ist es ganz vom Werk des Lukian von Samosata durchdrungen. Dass er sich diesem Autor – von dem er schon 1506 gemeinsam mit Thomas Morus einige kleinere Werke übersetzt und unter dem Titel *Luciani opuscula* herausgebracht hatte – verpflichtet fühlte, daraus machte Erasmus keinen Hehl. Die Ahnenreihe seiner antiken Vorbilder nennt er im Widmungsschreiben freimütig selbst: Homers *Froschmäusekrieg*, Vergils *Mücke* und *Kräutergericht*, Ovids *Nuss*, den verloren gegangenen *Panegyricus* des Polykrates auf den Gewaltherrscher Busiris und Isokrates, Glaukons *Lob auf die Ungerechtigkeit*, das *Lob des Thersites und des viertägigen Fiebers* aus der Feder des Favorinus, Synesius' *Lob auf die Glatzköpfigkeit*, Lukians *Lob auf die Fliege und den Schmarotzer*, die *Verkürbissung des Kaisers Claudius* aus der Feder Senecas d. J., Plutarchs Dialog des Gryllus mit Odysseus, Lukians und Apuleius' Eselsromane und schließlich das *Testament des Schweines Grunnius Corocotta*. Der Mehrheit nach handelt es sich dabei um Werke, die dem Genre des ironischen Enkomions zugehören. Mit Freude hatten v. a. die Sophisten sich der Aufgabe angenommen, Dinge und Personen, die offensichtlich keines Lobes oder Preises würdig waren, zum Gegenstand einer ironischen Lobrede oder eines ironischen Lobgedichtes zu machen.

Die Torheit, der Gegenstand, den Erasmus sich für seine Lobrede ausgesucht hat, konnte aber auch noch auf eine weitere literarische Tradition zurückblicken. Sie war seit dem Mittelalter beliebtes Motiv der Narrenliteratur geworden, die auch noch zu Erasmus Zeit in voller Blüte stand. 1494 war Sebastian Brants bekanntes *Narrenschiff* erschienen, 1512 die Verssatiren *Narrenbeschwörung* und *Schel-*

menzunfft aus der Feder Thomas Murners. Der Narr war für Dichter und Schriftsteller ein Mittel zur heiteren Selbstbespiegelung und ein Sprachrohr für Kritik an den Übeln der eigenen Zeit zugleich. Der Narr konnte sich eine gewisse Freiheit im Reden und Handeln herausnehmen, die anderen verwehrt war. Ihm war man gern geneigt, manches nachzusehen, das, wenn es aus dem Munde eines anderen gekommen wäre, als unverzeihliche Beleidigung gegolten hätte.

Der Versuch einer Strukturierung und Interpretation des *Moriae encomium* sieht sich einer schillernden Masse an Themen und Gegenständen, die die Torheit auf den ersten Blick ohne erkennbare Ordnung und eher willkürlich im Laufe ihrer langen Rede anspricht, gegenüber. Grob lässt sich die Schrift in drei große Teile oder Abschnitte gliedern:

Im ersten Teil stellt sich die Torheit als die mächtigste der olympischen Götter vor. Wenn man sich nur genau umschaue, dann sei doch sie es, die eigentlich das Zepter in der Hand halte. Mit ihren Töchtern Eigenliebe, Schmeichelei, Vergesslichkeit, Faulheit und Lust habe sie sich alle Menschen – sie nimmt explizit keine gesellschaftliche Schicht und keinen Stand aus – Untertan gemacht und halte die Zügel des gesamten Weltgeschehens in ihren Händen. Ohne Dummheit, Unvernunft, Selbsttäuschung und Illusion vermöge kein Mensch ein erträgliches Leben zu fristen, ein glückliches Erdendasein zu verleben aber schon gar nicht. Die Torheit selbst, so der zwingende Schluss, ist letztendlich nicht weniger als der Quell aller irdischen Lebensfreude.

Der zweite Teil enthält eine umfassende Ständekritik, deren einzelne Vertreter Erasmus wie in einer Parade am

Leser vorüberziehen lässt. Die Torheit führt in ihrer Betrachtung durch alle möglichen Bereiche der Kultur, Wissenschaft, Religion und Politik des beginnenden 16. Jahrhunderts. Weder die Gelehrten an den Lateinschulen noch die Universitätsprofessoren, weder die Höflinge noch die Fürsten und Könige, weder die Weltgeistlichen noch die Mönche, weder die Bischöfe noch die Kardinäle werden von Kritik ausgenommen. Nacheinander werden sie alle mit strengem und ironischem, teils sogar spöttischem Blick gemustert. In den besonderen Fokus der erasmianischen Kritik – die hier über weite Strecken sogar zu einer offenen Anklage wird – geraten die Vertreter der traditionellen Universitätstheologie und das zeitgenössische Mönchstum, in dem die Missstände der Zeit einen besonders fruchtbaren Nährboden für ihre Ausbreitung gefunden zu haben scheinen.

Den dritten Teil ihrer Rede nützt die Torheit, um ihren Führungsanspruch noch einmal zu unterstreichen und mit Argumenten von verschiedensten Seiten zu stärken. Autoritäten aus allen möglichen Bereichen, v.a. aber aus der Bibel, werden dazu herangezogen. Schließlich gelingt es der Torheit, mit den Worten des Apostelfürsten Paulus darzutun, dass vor Gott nicht die Weisen Gefallen finden, sondern die Toren. Sie ist also nicht nur der Quell für ein glückliches irdisches Leben, sondern auch der Schlüssel zum ewigen Leben.

Die unglaubliche Fülle an Sentenzen, Sprichwörtern, gelehrten Anspielungen, indirekten und direkten Zitaten aus der Bibel ebenso wie aus den griechischen und römischen Klassikern, mit der Erasmus seine Torheit hantieren lässt, ließ schon bald nach der Veröffentlichung das Bedürfnis an

erklärenden Noten zum Text aufkommen. Solche Anmerkungen wurden erstmals in die bei Johann Froben 1515 in Basel gedruckte Ausgabe aufgenommen. Als Verfasser dieses Kommentars wird zwar der gelehrte Arzt Gerardus Listrius genannt, ein Großteil davon dürfte allerdings tatsächlich aus der Feder des Erasmus selbst stammen.

Dem *Moriae encomium* war gleich von Beginn an ein großer Erfolg beschieden, wovon eine lange Reihe an Neuausgaben und Nachdrucken zeugt, eine Reihe, die schon unmittelbar nach der Erstausgabe 1511 eingesetzt hat und die bis heute nie vollständig abgerissen ist. Bis zu Erasmus' Tod im Sommer 1536 ging das *Moriae encomium* durch die Hände von nicht weniger als 21 verschiedenen Druckern, in elf verschiedenen Städten. Auch zahlreiche volkssprachliche Adaptionen und Übersetzungen erschienen noch zu den Lebzeiten des Autors. Eine erste erschien schon 1512 in tschechischer Sprache, 1520 folgte eine Übertragung in französischer Sprache, 1539 in Venedig eine italienische Übersetzung, 1549 eine englische. Von großer Bedeutung für den deutschen Sprachraum wurde die Übersetzung, oder vielmehr Adaption, von Sebastian Franck, die 1534 gedruckt wurde.

Auch die Anzahl der ironischen Lobreden, die durch direkten oder indirekten Anschluss an Erasmus im Laufe der nächsten Jahrzehnte entstanden sind, ist groß, und unter ihren Verfassern finden sich nicht wenige bekannte Namen. 1512 erschien ein *Lob der Gicht* aus der Feder Willibald Pirckheimers, Cornelius Agrippa schrieb ein *Lob des Esels*, Philipp Melanchthon eines auf den Käse. Das *Moriae encomium* hinterließ aber noch anderenorts seine Spuren. Deutlich sind Nachklänge beispielsweise in Thomas Morus'

Utopia (1516) oder in den »Dunkelmännerbriefen« (1515 und 1517) auszumachen.

Die Schärfe und der bissige Spott, mit dem Erasmus seine Kritik vorträgt, riefen aber bei manchen Zeitgenossen, die sich – zu Recht oder Unrecht – davon angesprochen fühlten, schon bald heftige Gegenreaktionen hervor, besonders vonseiten der konservativen Theologen an den Universitäten. Auf dem Konzil von Trient 1559 wurden, wie schon erwähnt, durch Papst Paul IV. alle Schriften des Erasmus auf den *Index librorum prohibitorum* (*Verzeichnis der verbotenen Bücher*) gesetzt. Bei der Revision fünf Jahre später unter Pius IV. wurde ein großer Teil wieder vom Index gestrichen und wenigstens in von anstößigen Stellen purgierten Ausgaben für erlaubt erklärt, das *Moriae encomium* blieb jedoch zusammen mit den *Colloquia familiara* (*Gespräche im vertrauten Familienkreis*), in die Erasmus im Laufe zahlreicher Überarbeitungen immer mehr Kritik an der kirchlichen Hierarchie und der religiösen Praxis der Zeit hat einfließen lassen, verboten. Allein das hat der Beliebtheit der Schrift wenig Abbruch getan. Dass das *Moriae encomium* bis heute wenig an Attraktivität eingebüßt hat, wird nicht zuletzt auch durch die große Zahl an modernen fremdsprachigen Übersetzungen, die in regelmäßigen Abständen neu erscheinen, deutlich.

Stefan Zathammer

Inhalt

Anhang